하나님의 재창조

DIVINE REMAKING

책소개

더글라스 데일Douglas Dales의 《하나님의 재창조》Divine Remaking는 1217년에 태어난 성 보나벤투라St Bonaventure의 탄생 800주년을 기념하는 책이다. 보나벤투라는 수도원 및 파리와 옥스퍼드 등지의 대학에서 발전시킨 교부들의 성경 주해 및 중세의 성경 주해의 풍부한 유산을 더욱 순전하게 탈바꿈시켰다. 보나벤투라는 파리에서 가르치고 프란치스코회 총회장으로 수도회를 이끌면서 상당한 양의 누가복음 주석을 저술했다. 보나벤투라가 어떻게 성경을 이해했는지는 그의 가르침과 저술 활동의 근간이 되었는데, 이 주석은 이를 잘 보여주는 탁월한 예이다. 보나벤투라의 고유한 글 형식은 동시대의 예술 작품, 스테인드글라스, 대성당의 조각 및 채색된 원고의 아름다움과 화려한 세부 양식을 반영한다. 그의 글은 그 시대의 예술과 마찬가지로 기독교 신학과 비전을 훌륭하게 표현해냈다. 보나벤투라는 뛰어난 기억력의 소유자였다. 라틴어 성경 전체를 관통하여 의미를 도출해 내는 그의 능력은 풍부하고 유익하고 탁월하다. 그리고 잘 정돈된 그의 정신은 정교하게 조율된 영성과 목회적 직관으로 균형을 이루었다. 따라서 그가 복음서 본문에 어떻게 접근했는지 살펴보는 것은 오늘날 누구에게나 유의미한 일이 될 수 있다. 《하나님의 재창조》는 우리를 보나벤투라의 생각 속으로 이어주는 다리이다. 그러므로 이 책은 오늘날 기독교 세계에서 거룩한 진리를 찾는 모든 이들에게 누가복음에 대한 그의 통찰력을 이해할 수 있도록 돕는다.

저자소개

더글라스 데일즈Douglas Dales은 1984년부터 2012년까지 월트셔Wiltshire의 말버러 대학Marlborough College의 교목이었으며, 현재는 옥스퍼드Oxford 교구의 교구 사제로 있다. 그는 앵글로색슨 교회사 및 기타 신학 분야에 관한 여러 연구물의 저자이며, 영국 왕립역사학회Royal Historical Society의 회원이다. 그는 《앨퀸: 그의 생애와 유산》; 《앨퀸: 신학과 사상》; 《던스턴: 성자와 정치가》; 《섬을 비추는 빛: 켈트족과 앵글로색슨족의 선교와 신학 그리고 죽음을 통한 삶: 성 바울의 영적 체험》(James Clarke & Co)의 저자이기도 하다.

역자소개

한동대학교에서 영어와 경영을 전공했으며, 횃불트리니티신학대학원대학교에서 목회학 석사 영어 과정을 졸업한 후 같은 대학원에서 신학 석사로 영성학을 전공했다. 마이크 비클의 《사랑하는 하나님》을 시작으로, 리타 베넷의 《천국 여행》, 로렌 샌드포드의 《임박한 하나님의 때》, 룩 홀터의 《아름다운 상처》, 한양훈의 《Biblical Spirituality》, 《Spiritual Eyes》 등 지난 15년간 다양한 저서를 번역하며 활동하고 있다.

하나님의 재창조

DIVINE REMAKING

보나벤투라와 누가복음

ST BONAVENTURE
AND THE GOSPEL OF LUKE

더글라스 데일즈 지음

DOUGLAS DALES

정성경 옮김

피터 워커(Peter Walker) 주교에게 감사한 마음을 담아 그를 추모하며

Olim Eliensis — Amico Amicus

+

진실로 생명의 원천이 주께 있사오니 주의 빛 안에서 우리가 빛을 보리이다

[시편 36:9]

+

del cor de l'una de le luci nove
si mosse voce, che l'ago a la stella
parer mi fece in volgermi al suo dove;
…
Io son la vita di Bonaventura
da Bagnoregio, che ne' grandi offici
sempre pospuosi la sinistra cura.

Dante, Divina Commedia: Paradiso xii. 28-30 and 127-30

서문

이 책은 1217년에 태어난 성 보나벤투라(St Bonaventure)의 탄생 800주년을 기념하는 책이다. 또한 보나벤투라가 13세기 중반 프란치스코회 총회장으로 수도회를 이끌고 파리에서 가르칠 때 저술한 누가복음서에 대한 실질적인 해설을 독자들에게 소개하기 위한 목적으로 출판했다. 이 책은 라틴어로 편집되었고 1895년 이탈리아에서 출판된 그의 저작물 중 일곱 번째 책으로 구성되었다. 미국에서 활동하는 프란치스코회 학자인 로버트 카리스(Robert J. Karris OFM) 신부가 훌륭하게 번역했다. 로버트 신부의 영어 번역본은 보나벤투라의 저서를 번역해서 출간한 시리즈물 가운데 하나로, 훌륭한 서론과 철저한 색인을 포함해서 2,200페이지가 넘는 상당한 분량을 자랑한다. 이를 프란치스코회 기관인 뉴욕 세인트 보나벤처 대학교(St Bonaventure University, St Bonaventure, New York)에서 3권의 페이퍼백 책으로 출간했다. 주석에서 살펴볼 수 있듯이, 이 책은 상세한 참조를 위해 이 명작 번역에 크게 의존하고 있다. 보나벤투라가 자신의 원작에서 의도했던 것처럼, 이 책은 독자들이 이 번역본을 성경 연구와 설교를 위한 자원으로 활용하도록 고무하고 있다. 또한 현대 독자층을 위해 보나벤투라의 가르침을 바로 해석해서 제대로 전달하는 것이 목표이다. 나는 말보로 대학(Marlborough College)에서 십 대 학생들과 함께 누가복음의 의미를 가르치고 토론하는 행복한 세월을 보내는 특권을 누렸다. 책 뒷부분에 있는 참고 문헌은 보나벤투라의 독특한 성경 주석에 관한 풍부한 연구와 그의 사상에 대한 중요성을 보여준다. 이 책의 성경 인용문은 일반적으로 영문 개역판(Revised English Version)을 사용했음을 밝힌다.

보나벤투라는 수도원과 파리와 옥스퍼드 등지의 대학에서 발전시킨 교부들의 성경 주해 및 중세의 성경 주해의 풍부한 유산을 더욱 순전하게 탈바꿈시켰다. 그의 저술들은 기독교 신학과 비전의 탁월함을 표현하기 위해 13세기 유럽 전역에서 제작된 아름답고 정교하고 질서 있는 예술 작품, 자수, 스테인드글라스, 대성당 조각품, 채색된 원고 등을 여러 면에서 정확하게 반영하고 있다. 성경에 대한 보나벤투라의 이해는 그가 가르치고 저술한 모든 것의 근간이 되었다. 그러므로 이 책은 누가복음에 대한 보나벤투라의 통찰력을 그의 말로 이해할 수 있게 돕는다. 또 아시시의 성 프란치스코(St Francis of Assisi)를 염두에 두고 누가복음을 읽기 원하는 모든 독자에게 간결한 필휴 안내서를 제공한다. 따라서 이 책은 보나벤투라의 사상의 가교 역할을 한다. 보나벤투라는 뛰어난 기억력의 소유자였다. 라틴어 성경 전체를 관통하여 의미를 도출해내는 그의 능력은 풍부하고 유익하고 탁월하다. 잘 정돈된 그의 정신은 정교하게 조율된 영성과 목회적 직관으로 균형을 이루었다. 따라서 그가 복음서 본문에 어떻게 접근했는지 살펴보는 것은 오늘날 누구에게

나 유의미한 일이 될 수 있다. 신학자이자 영적 스승으로서, 오늘날 기독교인의 삶에 보나벤투라가 얼마나 중요한 인물인지 더 알려지길 바란다. 이 책이 그에게 더욱 폭넓게 접근할 수 있는 기회를 제공하고, 더욱 인정받게 되기를 바라는 마음으로 이 책을 출간한다.

더글라스 데일즈 Douglas Dales

2016년 대림절, 글레브 하우스, 피스모어, 버크셔
The Glebe House, Peasemore, Berkshire

역자 서문

2021년 10월 해외를 나가는 일이 어려운 시기였음에도 불구하고, 한양춘 목사님의 의지와 하나님의 인도하심 아래 독일 프랑크푸르트 도서박람회에 우여곡절 끝에 참가하게 되었다. 전 세계적으로 가장 큰 도서박람회 가운데 하나였지만, 전염병의 여파로 참여한 출판사들이 현저히 적었고, 그 가운데 기독교 서적을 조금이라도 포함하고 있는 출판사는 다섯 손가락 안에 꼽을 수 있었다. 이런 어려운 여건 속에서 만나게 하신 것이 더글라스 데일즈 박사님이 저술하신 보나벤투라에 관한 책이였다. 이 책은 박사님의 보나벤투라 시리즈 가운데 첫 번째 책으로, 보나벤투라가 대학교수 초임 시절에 가장 먼저 쓴 것으로 알려진 누가복음 주석을 심도 있게 다루고 있다.

《하나님의 재장조》*(Divine Remaking)*라는 이 책의 제목을 이해하기 위해서는 보나벤투라의 영성 신학을 어느 정도 이해하고 있어야 한다. 자연에는 하나님의 흔적과 형상이 남아있기에, 보나벤투라는 영적 여정의 출발점을 자연으로 보았다. 그러나 그는 하나님의 흔적일 뿐인 것을 뛰어넘어야 하며, 따라서 인간 안에 새개져 있는 하나님의 형상인 영혼 안으로 들어가야 한다고 주장한다. 그리고 이 영혼은 궁극적으로 하나님께 나아가야 하는데, 이 모든 것을 실제로 가능하게 하는 것이 그리스도이시다. 보나벤투라는 하나님의 형상을 창조된 형상(imago creationis)과 재창조된 형상(imago recreationis)으로 분류한다. 창조된 형상의 범주 안에 있는 인간 영혼은 '기억,' '지성,' '의지'라는 능력을 소유하고 있고, 재창조된 형상의 범주 안에 있는 영혼은 '믿음,' '소망,' '사랑'의 능력을 동시에 소유한다.[1] 이렇게 창조된 형상을 재창조된 형상으로 재형성 시키는 분이 바로 그리스도이시다. 더글라스 데일즈 박사님께서 이 책의 제목을 《하나님의 재창조》로 하신 이유는 보나벤투라의 누가복음 주석이 하나님의 형상으로 창조되었지만 타락한 인간을 그리스도께서 어떻게 재형성하시는지 잘 보여주고 있기 때문이지 않을까 조심스럽게 추측해 본다.

상대적으로 잘 알려진 토마스 아퀴나스와 같은 시대를 살면서 동방 교회에 큰 영향력을 끼친 보나벤투라와 그의 저서를 소개할 기회가 주어져서 개인적으로 기쁘게 생각한다. 문자적이고 도덕적인 해석에 익숙한 독자들에게 영적 해석이 처음에는 생소하게 느껴질 수 있다. 그러나 성경이 성례전적인 측면이 있고, 그렇기에 영적 해석이 인류를 영원한 본향인 천국으로 인도한다고 믿은 보나벤투라와 함께 누가복음의 이야기들을 다시 읽어나갈 때, 새로운 깨달음과 은혜가 있을 것이다. 이 책을 번역하기에는 매우 부족한 실력이지만, 책을 선정하고 계약하

1 유해룡, 보나벤투라의 영성신학 小考

고 번역하는 모든 과정 가운데 하나님의 인도하심을 느꼈기에 용기를 낼 수 있었다. 전적으로 모든 것을 맡겨주시고 믿어주신 한양훈 목사님께 감사드리고, 무엇보다 번역할 당시 어려움을 겪을 때마다 지혜를 주시고 깨닫게 해주신 주님께 감사드린다.

2022년 10월 22일 쾌청한 가을날에

정성경

목차

CHAPTER 1
소개

소개

성 보나벤투라

보나벤투라는 1217년경 당시 교황의 영토였던 오르비에토(Orvieto)와 비테르보(Viterbo) 사이의 언덕 꼭대기 마을인 바그노레지오(Bagnoregio)에서 태어났다.[1] 그의 아버지 죠반니 디 피단차(Giovanni di Fidanza)는 의사였고, 그의 어머니는 마리아 라텔라(Maria Ritella)였다. 보나벤투라의 이름은 그의 아버지 이름을 따서 죠반니였다(Giovanni).[2] 아마도 작은 프란치스코회 수도원이 바그노레지오에 있었을 것으로 추정되며, 그곳에서 보나벤투라가 교육을 받고 그의 영성이 형성되기 시작했다고 알려져 있다. 보나벤투라는《아시시 프란치스코의 전기》*(Life of St Francis, the Legenda Maior)* 서문에서 프란치스코에 대해 다음과 같이 말한다:

> '내가 아직 소년이었을 때, 아직도 생생하게 기억하듯이, 나는 죽음의 문턱에서 그의 기도와 공로에 의해 살아 돌아왔다. 그러므로 내가 입을 다물고 그를 찬양하지 않는다면, 나는 내가 배은망덕한 죄로 비난을 받을까 두렵다. 나는 신이 프란치스코를 통해 내 생명을 구했다는 것을 인정하며, 나는 그

의 힘을 내 몸 안에서 경험했다는 것을 깨닫는다.'[3]

보나벤투라가 아직 어렸을 무렵인 1226년에 사망한 프란치스코에 관한 이 중요한 개인적인 증언은 프란치스코회 신학자이자 영성을 지닌 작가로서 그의 소명과 노력을 뒷받침해주었다. 그리고 머지않아 1257년에 그는 프란치스코회 전체를 이끄는 지도자 자리를 수락한다. 《아시시 프란치스코의 전기》의 요약본에서 보나벤투라는 어머니의 기도와 서약이 자신에게 치유의 기적을 끌어냈다고 공표했다.[4] 그는 1274년 7월 15일 추기경의 자격으로 제2차 리옹 공의회(Council of Lyons)에 참석하던 도중에 선종했다.

1235년, 유능한 십 대였던 보나벤투라는 학업을 마치기 위해 프란치스코회가 이미 자리를 잡고 신학 교육을 하던 파리로 유학을 갔다. 그리고 1243년에 그는 프란치스코회에 입회했다. 1248년에 이르러서는 대학에서 강의할 수 있는 자격을 얻었고 1254년에 신학 석사학위를 받았다. 하지만 보나벤투라는 대학 내부의 정치적인 이유로 프란치스코회 총장이 되기 직전인 1257년까지 공식적으로 부임할 수 없었다. 당시 유럽 전역의 32개 지방에는 30,000명 이상의 수사들들이 있었다. 프란치스코와 성 클라라(Clare)의 여성 추종자들도 그의 수도회를 돌보는 일을 맡았다. 그 후 보나벤투라는 종종 파리로 돌아와 가르쳤지만, 순회적인 삶을 살았다. 프란치스코회를 감독하는 그의 여정은 그를 이탈리아, 프랑스, 독일, 영국으로 인도했다. 1265년 교황 클레멘스 4세(Pope Clement IV)는 그를 차기 요크(York) 대주교로 임명했다. 하지만 보나벤투라는 프란치스코회 지도자 자리를 포기하는 것을 거부했다. 그러나 1273년 보나벤투라가 추기경들의 요청에 응해 추천한 새 교황 그레고리오 10세(Pope Gregory X)는 그를 알바노(Albano)의 주교 추기경이 되도록 강요했다. 이 자격으로 그는 교황을 보좌하기 위해 리옹 공의회에 참석했고 거기서 그는 공식적으로 주교 추기경 자리를 내려놓았다. 교황 사절단이 추기경이 되기 위한 소환장을 가지고 왔을 때 보나벤투라는 피렌체(Florence) 근처의 무겔로(Mugello)에 있는 프란치스코회 수도원에서 몸을 씻고 있었다고 한다. 그는 사절단에게 그가 임무를 마칠 때까지 기다리라고 했고 추기경의 모자를 근처에 있는 나무에 걸라고 명령했다.

가톨릭과 정교회를 막론하고, 리옹 공의회 도중에 예기치 못하게 사망한 보나벤투라로 인해 모든 사람이 애통해했다. 그는 지인들에게 큰 사랑을 받았다.[5] 공의회 공식 성명에서 보나벤투라는 다음과 같이 묘사되었다:

> '그는 지식이 풍부하고 웅변이 뛰어났으며 거룩함, 삶, 행동, 관습에 있어서 뛰어난 사람이었다. 하나님과 사람의 사랑을 받은 그는 선하고, 상냥하고, 경건하고, 자비롭고, 덕이 넘쳤다. 하나님께서 그에게 너무나 특별한 은혜를 주셨기 때문에, 그를 만난 사람은 누구든지 그를 향한 진심 어린 사랑의 마음이 일어났다.'[6]

1482년 교황 식스투스 4세(Pope Sixtus IV)에 의해 시성 된 그는 리옹에 묻혔다. 그리고 1588년에 '세라핌 박사'(Seraphic Doctor)라는 칭호로 교회 박사로 선포되었다. 리옹에 있는 그의 성당은 이후 프랑스 혁명가들에 의해 훼손되었다.

보나벤투라는 파리에서 영국의 신학자 알렉산더 헬렌시스(Alexander of Hales)를 만났다. 알렉산더는 자신의 경력이 끝나갈 때쯤 프란치스코회에 입회했으나, 여전히 교수로서 파리 대학에서 계속 가르쳤다. 그는 1245년에 사망했지만 보나벤투라에게 강력한 인상을 남겼다. 보나벤투라는 자신을 알렉산더의 영원한 제자이자 계승자로 여겼다. 알렉산더 또한 보나벤투라의 성품과 그가 소유한 재능에 깊이 감명을 받아 그에게서 '아담이 타락한 증거를 발견할 수 없다'고 생각했다. 보나벤투라는 알렉산더와 그의 후계자 존 로셀(John of Rochelle)의 영향을 받아 성서 연구에 깊은 뿌리를 둔 아우구스티누스적 방식으로 신학에 접근했다. 그는 추후에 추기경에 임명된 도미니코회 신학자 성 셰르의 위그(Hugh of St Cher)를 만났을 가능성이 크다. 보나벤투라가 그에게 진 빚은 누가복음 주석과 다른 저서들에서 명백히 드러난다. 그는 당시 파리의 또 다른 뛰어난 도미니카회 소속 교수인 알베르투스 대제(Albert the Great)의 업적을 알고 있었고 자신의 저서에 직접 그의 《명제집 주석》*(Sentence Commentary)*을 인용했다.

상대적으로 파리의 신생 대학교는 아리스토텔레스의 다양한 문헌들을 꾸준히 흡수해서 당시 기독교 신학의 발흥을 주도했고 이는 아랍어 및 기타 출처의 문헌들이 처음으로 라틴어 번역본으로 읽혀질 수 있게 해 주었다. 알베르투스와 이후 토마스 아퀴나스(Thomas Aquinas)의 지도 아래 이것들은 가톨릭 신학이 어떻게 접근되고 가르쳐질 것인지, 그리고 철학이 기독교 교리 및 전통과 함께 상대적으로 자율적인 주제로 어떻게 간주 될 것인지에 결정적인 영향을 미쳤다. 보나벤투라는 아리스토텔레스를 존경하고 그의 신학을 활용했음에도 불구하고 이런 경향을 따르지 않았다. 실제로 그는 13세기 내내 파리 대학을 괴롭혔던 격렬한 비판과 논쟁에 직접 관여하지 않았지만 그의 저작들, 특히 그의 미완성작 *Collations on the Hexaemeron* (헥사메론: 1273년 부활절파와 오순절파 사이에서 6일 창조설에 대해 논한 일련의 회담을 기록한 책-역자주)에서 철학의 허세에 반기를 들었다.

보나벤투라 신학의 기초는 성경적이며 그의 사상의 중심에는 그리스도의 복음이 있었다. 그래서 대학교수 초임 시절에 시작한 그의 첫 번째 저서인《누가복음 주석》*(Commentary on Luke's Gospel)*이 특별히 의의가 있다. 누가복음 주석은 1248년에 그가 공식적으로 성경을 가르칠 때 시작해서 아마도 1254년에서 1257년 사이에 완성되었을 것으로 추측된다.[7] 누가복음 주석은 그의 다른 주석서인《전도서》와《요한복음 주석》과 어깨를 나란히 한다. 완성된 그의 누가복음 주석은 수도회 총장으로서 그의 노고를 엿볼 수 있으며 프란치스코회가 폭풍우를 헤치며 나갈 수 있도록 인도해 주었다. 그리고 수도회가 활용할 수 있는 그의 설교가 널리 퍼지면서 그들의 교육과 설교 수준을 향상하는 데 도움을 주었다. 그의 설교 가운데 380개가 아직 현존하고 있다. 스테판 랑톤(Stephen Langton)과 다른 이들이 대학에서 개발한 현대 설교의 정교한 패턴에 의해 설교자로서 보나벤투라의 업적과 명성이 형성되었다. 여기에는 성경 구절의 주제와 기도가 수반되었다. 그러고 나서 주제와 본문에 내포된 내용을 세 부분으로 세분화했고 각각의 부분마다 세 개의 하위 절을 두어 상세하게 기술했다.[8] 보나벤투라에게 있어서 그의 설교는 프란치스코가 지니는 영적 중요성과 그를 기리는 데 집중되어 있었다. 그의

《누가복음 주석》의 목적은 성인의 모범과 그를 기억하는 일에 충실한 설교를 가능하게 하는 것이었다.

1250년에서 1252년 사이에 보나벤투라는 피터 롬바드(Peter Lombard)의《명제집》*(Sentences)*에 대해 공식적으로 언급했다.《명제집》은 성경과 교부들에서 발췌한 기독교 신학의 백과사전적 개요로 구성되어 있었기 때문에 당시 파리 대학의 표준으로 사용되었다. 비록 그의《요한복음 주석》과 다르게 학교에서 가르치기 위한 공식적인 도구가 아니라 주로 프란치스코회 설교자들이 활용하도록 고안되었지만, 보나벤투라의《명제집 주석》과《누가복음 주석》은 많은 연관성이 있다. 보나벤투라가 파리 대학에서 10년 이상 정기적으로 가르친 산물인 다른 저작들도 남아있다. 그중에 가장 주목할 만한 책은 그의 기독교 신학을 훌륭하게 요약한《신학서설》*(Breviloquium)*이다.[9] 그는 수도회 총회장이 된 이후에도 창세기 1장을 다루는《헥사메론》*(Hexaemeron)*에 대한 그의 생각을 더 자세하게 설명하기 위해서 파리 대학에 돌아오곤 했다. 이 작품은 현재 그의 제자들에 의해 두 가지 교정판으로 남아있으나 보나벤투라가 추기경으로 임명되는 바람에 완성하지 못했다.《신학서설》은 부분적으로 보나벤투라가 반대한 특정 철학의 경향과 싸우기 위한 목적으로 저술되었지만, 그의 사상의 가장 정교한 절정을 선사한다.

13세기 파리 대학교는 진정한 불화의 온상이기도 했다. 도시 주민들과 대학 관계자들의 사이 그리고 대학 교수진과 교회 당국 사이가 좋지 않았다. 세속적인 지식인들은 더 저렴한 학비로 많은 학생을 끌어모아 그들의 경쟁자인 도미니크회와 프란치스코회와의 관계를 악화시켰다. 또한 기독교 신학 교육산업에도 아리스토텔레스적인 사상과 사고가 끼치는 영향이 전통적인 성서와 아우구스티누스의 가톨릭 교리 안에서 점점 더 증가했다. 대학들이 자율권을 주장하려고 시도했지만 탁발수도회, 도미니코회, 프란치스코회는 그들의 요구에 순응하지 않았고 교황에게 보호를 요청하는 데 성공했다. 한동안 그들의 교수 자리가 이의제기를 받았기 때문에 토마스 아퀴나스와 보나벤투라 모두 처음에는 교수직을 맡을 수 있는 공식적인 허가를 받지 못했다. 이 외에도 일부 신학자들은 탁발수도회가 청빈을 강조하는 것이 기독교를 파괴하는 것이라고 공격하기 시작했다. 보나벤투라와 토마스 아퀴나스는 1256년에 자신들을 변호했다. 교황 알렉산데르 4세는 윌리암 생타무르(William of St Amour)가 이끄는 사도적 빈곤에 대한 성직자들의 항의를 비난했다. 또한 탁발수도회 배경을 가진 신학 석학들에 대한 입장이 교착 상태에 빠지자 이를 타개하기 위해 대학 문제에 개입하기도 했다. 이렇게 유해한 분위기 속에서 1257년에 아퀴나스와 보나벤투라가 마침내 교수직에 임명되었다.

그러나 보나벤투라는 프란치스코회 총장이었던 파르마의 요한이(John of Parma) 갑자기 사임하는 바람에 자신의 새로운 직책을 누릴 수 없었다. 1257년 2월 2일 요한의 추천으로 보나벤투라는 교황의 참석 아래 로마에 있는 프란치스코회 교회인 산타 마리아 인 아라 코엘리(Santa Maria Ara Coeli)에서 그의 후임자로 임명받았다. 이 시기에 프란치스코회는 프란치스코의 엄격하고 엄숙한 본보기를 그대로 따르기를 원하는 자들과 이제는 유럽 전역과 교회에 널리 퍼진 종교 개혁 운동의 틀 안에서 그 정신을 수용하려는 자들 사이에서 일어난 갈등으로 인해 분열되었다. 이러한 상황은 프란치스코의 뜻과 고행을 강조하는 〈회칙서〉*(Rule)*

의 첫 번째 판의 존재로 인해 더욱 복잡하게 되었다. 한편, 교황이 승인한 이 회칙의 후기 버전은 프란치스코회 생활의 적절한 수용과 발전을 위한 기초가 되었다. 보나벤투라에게 있어 이 문제는 현실적이면서도 개인적이었다. 규모가 커진 수도회는 규칙이 필요했고 교회와 수녀원을 세워야 했다. 그리고 프란치스코회 수사들은 효과적으로 설교하기 위해서 기독교 신학 교육을 받아야 했다. 이 때문에 교육 서적과 다른 유용한 서적들을 제공해야 했지만 프란치스코는 자신과 주변 사람들을 위한 책은 삼갔다. 다른 한편으로 그는 파도바의 안토니오(Antony of Padua)를 프란치스코회 초대 신학자 또는 독서자(lector)로 위촉했다. 보나벤투라와 다른 수사들에게 배움은 복음을 위해 봉사하는 금욕적인 노동이었다. 따라서 그 문제는 그에게 매우 중요한 개인적인 사안이었다. 책은 그의 노동에 필요한 도구이지 '소유물'이 아니었다. 배움은 청빈을 옹호하는 것을 포함해서, 프란치스코회 선교와 생활 방식을 수호하는 데 필수 불가결한 요소였으며 효과적인 목회와 설교의 기초가 되었다.

보나벤투라는 그의 저서 《성 프란치스코의 대전기》*(Life of the St Francis)* 11장에서 프란치스코회 생활인 성경 연구에 관해서 프란치스코의 본보기와 프란치스코를 기리는 일에 일치한다고 생각되는 것만 가르쳤다. 그는 프란치스코가 고등교육을 받지는 않았지만 그의 지성은 '영원한 빛의 광채'로 조명을 받아 성경의 의미를 깊이 파고들 수 있었다고 언급했다. '선생님의 배움 밖의 영역에 그리스도를 사랑하는 자로서의 애정이 일어났다.' 프란치스코는 보나벤투라와 같은 사람들을 포함, 학식 있는 사람들이 수도회에 입회하는 것을 어떻게 생각하느냐는 질문에 '우리가 읽었듯이 독서보다 기도를 더 많이 하신 예수를 본받아 기도

한다면' 그들이 성경을 공부하게 되어 기쁘다고 답했다. 그들의 지식은 거룩한 삶으로 이어져야 하며 그들의 삶은 '순전히 겸소함을 증가시키는 방식으로' 본을 보이고 설교를 뒷받침해야 한다고 했다.[10] 다른 곳에서 보나벤투라는 사람들이 성경을 알 뿐 그 의미를 한 번도 맛보지 못한다면 아무 소용 없다는 프란치스코의 깨달음을 인용했다.[11]

프란치스코회 기독교의 발전 전반에 걸쳐 내재한 '청빈'의 의미에 관한 이러한 긴장은 이탈리아 남부 피오레의 요아킴(Joachim of Fiore)이 수도원장으로 있던 일부 프란치스코회의 격렬한 영적 운동에 의해 악화되었다. 요아킴은 세심한 성경 연구를 통해 구약성서의 세부 내용과 신약성서의 성취 사이의 미세한 일치를 알아차렸다. 이로부터 그는 미래의 기독교 발선도 성경 본문 안에 내포되어 있다고 추론했다. 사실 역사의 구조는 삼위일체적이다. 구약은 아버지의 시대였고 신약은 아들의 시대였으며 지금은 성령의 시대가 임박했다. 그리고 프란치스코는 그 전조로서 요한계시록의 '살아 계신 하나님의 인을 가지고 해 돋는 데로부터 올라오는' 천사였다.[12] 보나벤투라의 전임자인 파르마의 요한(John of Parma)은 이 종말론적 신학에 동조했다는 이유로 자리에서 물러났으며 공식적으로 이단으로 정죄 받았다. 파르마의 요한의 거룩함과 명성은 의심의 여지가 없었기 때문에 그를 정죄하는 일은 보나벤투라에게 주어진 첫 번째 불행한 과제였다. 차후에 교황 아드리안 5세(Adrian V)에 신출될 고위 인사인 추기경의 개입으로 인해 그는 투옥되지 않고 은퇴하여 수도원에 머물 수 있었다. 그러나 파르마의 요한과 그의 추종자들을 동정한 사람들은 보나벤투라를 절대로 용서하지 않았다. 실제로 그가 프란치스코회를 체계화하는 과정에서 불가피하게 수도회를 최초의 뿌리에서 멀어지게 했기 때문에 보나벤투라의 역할은 양면성은 띤다. 그리고 이는 후대에 좀 더 영적인 것을 추구하는 프란치스코회 사이에서 그의 업적을 흐리게 했다. 그러나 다른 프란치스코회 수사들에게 보나벤투라는 사실상 그들의 수도회의 두 번째 창립자이자 가장 위대한 신학자였다.

그러므로 보나벤투라 이전에 있었던 도전은 유럽 전역의 프란치스코회들 사이에서 상충하는 세력과 기대 사이의 균형을 유지하는 것과 교회 내부의 많은 비판에 직면해서 그들의 평판, 정통성, 효율성을 보호하기 위해 보편화된 노동을 질서 있게 감독하는 것이었다. 1259년에 그는 아레초(Arezzo) 근처에 있는 라 베르나(La Verna)로 피정을 떠났다. 그곳은 33년 전에 프란치스코가 성흔을 받은 곳이었다. 거기에서 보나벤투라는 그의 가장 빛나는 저서 중 하나인 《하나님께로 나아가는 영혼의 순례》*(Journey of the Mind into God)*를 저술했다.[13] 이 놀라운 책은 그의 뛰어나고 강력한 영적 신학을 담고 있어서 지금까지 고전으로 남아있다. 보나벤투라는 그의 논문 〈예술의 신학으로의 환원에 대하여〉*(On the Reduction of the Arts to Theology)*에서 자신의 영적 혈통을 개괄적으로 설명했다.[14] '신성한 성경은 다음의 세 가지 진리, 즉 그리스도의 성육신, 인간의 생활 양식, 그리고 영혼과 하나님의 연합을 가르친다. 첫 번째는 믿음에 관한 것이고, 두 번째는 도덕에 관한 것이며, 세 번째는 궁극적인 목표이다.' 아우구스티누스(Augustine)에 이어 안셀무스(Anselm)가 믿음을 가르치며 교회의 박사들을 지도했고, 그레고리오(Gregory)에 이어 베르나르(Bernard)가 도덕을 가르쳤다. 그리고 디오니시우스(Dionysius)에 이어 성 빅토르의 리처드(Richard of St Victor)가 관상을 가르쳤다. 그러나 보나벤투라의 마음속에서 영적인 빛인 성경에 관한 성 빅토르의 위그(Hugh of St Victor)의 삼중 주해가 이 모든 것을 능가했다.[15]

《순례기》*(Itinerarium)*는 보나벤투라 자신의 기독교적 삶과 사고에 대한 프란치스코의 중심성을 반영한다. 그리고 이는 1260년 프란치스코회 나르본 사제단(Franciscan Chapter of Narbonne)의 요청으로 프란치스코의 생애를 집필하게 되면서 더욱 강화되었다. 그는 남아있는 프란치스코회 친구들과 추종자들을 통해 면밀하게 연구했다. 1261년에 전례용으로 사용하기 위한 소책자를 저술하기 시작했고 두 책 모두 아마도 1263년에 완성되었을 것이다. 보나벤투라는 그 해에 파도바의 성 안토니우스(St Antony in Padua)의 유물을 옮기는 작업을 감독하기도 했다. 1266년 파리의 또 다른 총회에서는 보나벤투라가 집필한 프란치스코의 생애를 공식적인 성인의 삶으로 규정했다. 그리고 프란치스코회 생활에 관한 다양한 기준이 초래하는 혼란을 줄이기 위해 모든 이전의 버전들을 파기했다. 1268년 보나벤투라는《가난한 이들의 변호》*(Apologia Pauperum)*에서 프란치스코회 생활 방식에 대한 추가적인 공격으로부터 프란치스코회를 다시 방어해야 했다. 보나벤투라에게 있어서 프란치스코와 그의 초기 추종자들이 실천했던 것과 같은 엄격한 청빈은 그가 때때로 '그리스도의 제자들'이라고 언급했던 영적인 사람들(viri spirituales)에게 여전히 실행 가능하고 바람직한 그리스도인 삶의 목표로 남아있었다. 청빈은 프란치스코회이 기독교 삶의 중심에서 고유한 소명으로 소중히 여겨지고 보호돼야만 했다. 그는《성 프란치스코의 대전기》*(Life of the St Francis)*에서 가난 또는 청빈을 167번 언급했다. 그의 생애를 구성하는 데 있어서 보나벤투라의 관심사는 프란치스코나 그의 직계 추종자들을 알지 못하는 자라나는 세대에게 프란치스코회의 소명이 지니는 의미를 명확하게 정의하는 것이었다.

파리에서 이후 십 년간 전통적인 신학자들과 아리스토텔레스의 중세 이슬람 주석가 아베로에스(Averroes)의 교리를 옹호하는 급진적인 교사들 사이에 격렬한 논쟁이 있었다. 그 배후에는 보나벤투라의 제자이자 신학에 대한 아우구스티누스적 접근을 지지한, 훗날 캔터베리(Canterbury)의 대주교가 된 프란치스코회의 요한 페캄(John Pecham)과 아리스토텔레스 철학의 특정 원리를 기독교 신학에 통합하고자 했던 토마스 아퀴나스(Thomas Aquinas)의 분열이 자리하고 있었다.

보나벤투라는 이 중요한 시기에 여러 차례 파리에 있었고 그의 권위는 새로운 신학에 도전하는 사람들의 집요함 때문에 더욱 필요했다. 중요한 쟁점은 철학이 이제 기독교 신학과 함께 가면서도 독자적인 원리로 작동할 수 있느냐 하는 것이었다. 만약 그렇다면 철학의 고유한 권위는 무엇이며 그 경계는 어디에 있는지가 중요했다. 기독교 진리가 궁극적으로 성경에 포함된 계시의 권위에 근거하므로 보나벤투라는 철학이 기독교 진리에 심각한 위험을 끼치지 않으면서 독자적으로 발전할 수 없다는 태도를 고수했다. 안셀무스(Anselm)와 아우구스티누스(Augustine)의 위대한 원칙인 '지성을 추구하는 믿음'(Fides Quaerens intellum)은 계시에 기반을 둔 기독교 신앙 자체가 거룩한 진리를 이해하는 방향으로 이성을 이끌며, 그것이 유일한 기초, 권위, 지배 원칙이라 주장했다. 보나벤투라에게 하나님의 말씀이신 그리스도는 참된 지식의 열쇠였고, 모든 진리의 근저에 숨겨진 중심이었다.[16] 파리 대학교에서 "모든 것의 스승인 그리스도"(Christum omnium Magister)라는 제목으로 설교했을 때 그는

이를 분명히 밝혔다.[17]

이 확신은 그의 모든 글과 가르침의 과정이 그리스도를 중심에 두게 했다. 특히 1273년 헥사메론(Hexaemeron)에 대해 토론할 때 극명하게 드러났다. 그러므로 그리스도는 기독교에서 신학과 철학의 유일하고 확실한 중심이시다.[18] 이러한 이유로 성경은 모든 기독교 배움의 중심이며 교부들의 가르침에 의해 설명된다. 보나벤투라는 '철학의 물이 성경의 포도주와 너무 많이 섞여서 포도주가 물로 변하지 않도록 하라'고 충고했다.[19] 보나벤투라는 철학과 관련된 기독교 신학의 본질에 관해 토마스 아퀴나스와 그의 뒤를 이은 사람들의 핵심 교리에 도전했다. 로마 가톨릭교회 내에서 스콜라주의(Scholasticism)와 토마스주의(Thomism)의 지배는 이후 시대부터 오늘에 이르기까지 보나벤투라가 상대적으로 쇠퇴할 수밖에 없었던 이유를 부분적으로 설명해준다.

보나벤투라의 마지막 위대한 업적은 비테르보(Viterbo)에 모인 추기경들의 요청에 따라 그들에게 조언함으로써 1271년 그레고리오 10세(Gregory X)가 교황에 선출되도록 도운 일이다. 이는 결국 1274년 봄에 교황이 소집한 리옹 공의회(Council of Lyons) 일을 돕기 위해 보나벤투라 자신이 추기경에 임명되는 계기가 되었다. 리옹 공의회의 목적은 탁발수도회의 지위를 확립하고, 교회 생활 내의 문제를 다루고, 이슬람의 지배로부터 예루살렘을 구해내기 위한 계획을 수립하는 것이었다. 또한 엉주의 샤를(Charles of Anjou) 왕의 위협에 맞서 다시 한번 서방의 도움을 기대했던 비잔틴 제국의 황제 미카일 팔라이올로구스(Michael Palaeologus)의 명령으로 가톨릭과 정교회의 화해를 도모하기 위해 소집되었다. 이 움직임은 공식적인 신학 용어로 에큐메니컬(ecumenical)이라 정의되었는데 그들의 재결합이 합의될 수 있었던 이유 가운데 하나는 보나벤투라가 끼친 긍정적인 영향 때문일 것이다. 그러나 그의 슬프고 갑작스러운 죽음으로 인해 이 둘의 재결합이 탄력을 받을 기회를 빼앗겼을지도 모르나 결국에는 황제도 그리스 주교나 아토스산(Mount Athos)의 수사들에게 합의를 강요할 수 없었다. 에큐메니컬은 당사자들에게는 정치적으로 계획되고 신학적으로 결함이 있는 것으로 여겨졌다. 결국 그들 사이에 균열이 다시 발생했고 이후 수 세기 동안 비잔티움 제국과 교황 사이에 곪은 상처로 남게 되었다.

보나벤투라의 저술들은 매우 놀라웠다. 라틴어로 기록된 그의 책은 19세기 말 이탈리아에서 아홉 권의 분량으로 출판되었다.[20] 그는 라틴어 성경 전체를 분석하고 기억하는 천재성이 있었기 때문에 그의 책은 한결같이 수준이 높았다. 동시에 그의 글에는 훌륭한 영적 직관과 목회적 감수성이 배어 있었다. 프란치스코에 대한 보나벤투라의 충성심은 일관되고 친밀했으며 그는 많은 사람이 프란치스코의 삶과 고통에서 목격한 것들에 관해 영적인 의미를 숙고하도록 제시했다.[21] 프란치스코는 보나벤투라와 주변 사람들에게 진정으로 그리스도와 같은 인물이었다. 따라서 성경의 언어, 특히 복음서의 언어는 보나벤투라의 증언으로 새로운 직접성을 갖게 되었고 이는 전통적인 성서 주석 방식에 도전하여 새롭게 발전시켰다. 보나벤투라는 모든 현실을 이해하고 변화를 수반하는 하나님의 사랑에 참여할 수 있는 열쇠는 그리스도라고 확신했다. 이것이 인간이 지금의 모습으로 창조된 이유이다. 발타사르(Balthasar)는 '십자가의 혼인적 가난이 하나님의 마음을 드러낸다'고 했다. 그리고 십자가에 못 박힌 그리스도를 품은 자들은 이에 필적할 만한 자기희생적 사랑을 쏟아낸다. 그들은 그리스도의 영광이 그가 받은 경멸 속에 숨겨져 있음을 깨우쳤다. 왜냐하면 '실제로 계셨고 지금도 계시는 그리스도 안에서만 우리는 하나님을 경험하기' 때문이다.[22] 그분의 부활은 인간이 완전한 개인으로 그리고 몸을 가진 실체로 영원히 존재할 운명임을 확증한다. 보나벤투라는 그를 가까이서 따랐던 사람들에게 지대한 영향을 미쳤다. 다음 세기에 그에 대한 기억은 다소 시들해졌으나 1482년에 그가 성인으로 시성 되고 1588년에 교회 박사로 선언되면서 되살아났다. 보다 최근에는 보나벤투라의 신학이 요셉 라칭거(Joseph Ratzinger, 교황 베네딕토 16세)의 신학에 깊은 영향을 미쳤다. 베네틱토 16세가 피오레의 요아킴(Joachim of Fiore)이 불러온 위기에 대응하기 위해 역사에 접근하는 보나벤투라의 방식을 연구한 것은 매우 값지다.[23] 보나벤투라의 저술들은 현재 미국의 프란치스코회 학자들이 영어로 번역하고 있다.[24]

각주

1장 소개

1. 이 전통적인 보나벤투라의 출생일을 놓고 여전히 약간의 논쟁이 있으나 이는 파리에서 보나벤투라의 대학 경력과 일치한다. 일부 학자들은 1221년을 선호하는데 그는 1274년 리옹 공의회에서 53세의 나이로 사망한 것으로 보고되었다.

2. 보나벤투라에 대한 초기 전기가 존재하지 않기 때문에 그의 초기 생애에 대해 자세히 알려진 것이 거의 없으나, 그의 작품 중 프렌체 버전의 마지막 권에 간결하게 요약되어 있다. 보나벤투라의 생애와 그 중요성에 관한 가장 좋은 설명은 에티엔 질송(Etienne Gilson)의 *The Philosophy of Bonaventure* (London, 1938) 첫 장에 등장한다. 또한 크리스토퍼 컬런(Christopher M. Cullen)이 *The Oxford Great Medieval Thinkers series* (Oxford, 2006)에서 보나벤투라를 적절하게 소개하고 있다. 보나벤투라가 기독교 신학자이자 철학자로서 갖는 의미에 대한 유용하고 간략한 소개는 피터 딜라드(Peter S. Dillard)의 *A Way into Scholasticism*이 있다. 이 책은 성 보나벤투라의 *The Soul's Jorney into God,* (Cambridge: James Clarke & Co, 2011)와 함께 읽으면 좋다. 보나벤투라와 관련해서 가장 최근에 권위 있는 심포지엄은 J.M. Hammond(eds et al.)의 *A Companion to Bonaventure* (Leiden, 2014)이다.

3. 성 프란치스코의 생애는 The Classics of Western Spirituality (New York, 1978)의 시리즈물인 E. Cousins (tr.), *Bonaventure: The Soul's Journey into God; The Tree of Life; The Life of St Francis* 참조; 이 인용문은 182페이지에 있다.

4. Timothy Johnson (ed.), *Bonaventure: Mystic of God's Word – Selected Spiritual Writings* (New York, 1999) 135 참조. 이 책은 생애에 관해 더 짧게 번역되어 있다.

5. 'Quicumque eum videbant, ipsius amore incontinenti capebantur ex corde.'

6. Cited in T. Johnson, *Bonaventure the Preacher,* in J.M. Hammond (eds et al.) A Companion to Bonaventure 434.

7. 프란치스코회 연대기 작자 살림베네에 따르면, 보나벤투라는 1248년에 성서 연구 학사 과정을 강의했을 것이다. 그는 1254-7년쯤에 석사학위를 받았다.

8. Johnson, *Bonaventure the Preacher* 참조.

9. D. Monti (tr.), *Bonaventure – Breviloquium* (New York, 2005).

10. Cousins (tr.), *Bonaventure: The Soul's Journey into God; the Tree of Life; the Life of St Francis* 280-81.

11. 헥사메론에 대한 그의 모음집 22.21. In J. de Vinck (tr.), *The Works of Bonaventure: Cardinal, Seraphic Doctor & Saint* (Paterson, New Jersey, 5 vols; 1960-70).

12. 요한계시록 7:2; 단테는 피오레의 요아킴을 낙원(Paradise)에, 보나벤투라를 파라디조(Paradiso)에 두었다, canto xii.139-41.

13. 《순례기》(Itinerarium)는 Cousins (tr.), *Bonaventure: The Soul's Journey into God; The Tree of Life; The Life of St Francis,* from the series, The Classics of Western Spirituality (New York, 1978)에 읽기 좋게 번역되어 있다.

14. Z. Hayes (tr.), *Bonaventure – On the Reduction of the Arts to Theology* (New York, 1996).

15. Ibid. cap.5, p.45.

16. 보나벤투라의 신학을 가장 잘 소개하고 있는 것은 일리아 델리오의 *Simply Bonaventure – An Introduction to his Life, Thought and Writings* (New York, 2001)와 그녀의 *Crucified Love – Bonaventure's Mysticism of the Crucified Christ* (Quincy, Illinois, 1998)이다. 보나벤투라의 기독론은 재커리 헤이즈의 *The Hidden Centre*

– *Spirituality & Speculative Christology in St Bonaventure* (New York, 1981)을 통해 가장 쉽게 접근할 수 있다.

17. Johnson (ed.), *Bonaventure: Mystic of God's Word – Selected Spiritual Writings* (New York, 1999) 152-66 참조.

18. *Ipse est medium omnium scientiarum;* Gilson, *The Philosophy of Bonaventure* 31.

19. Ibid. 33.

20. *Doctoris Seraphici S. Bonaventurae Opera Omnia, Tom. VII – Commentarius in Evangelium S. Lucae* (Quaracchi, Italy, 1895).

21. 어떤 면에서 보나벤투라는 예수님의 생애와 관련해서 네 번째 복음서 저자와 같은 시간과 성찰의 관계에 있다. 이는 특히 그의《성 프란치스코의 생애》에 잘 드러난다.

22. H. Urs von Balthasar, *The Glory of the Lord: A Theological Aesthetics, Vol. 2* (tr. A. Louth et al.; Edinburgh, 1984) 358 and 351.

23. Joseph Ratzinger, *The Theology of History* (tr. Zachary Hayes OFM; Chicago, 1971); 그리고 Aidan Nichols OP, *The Thought of Benedict XVI – An Introduction to the Theology of Joseph Ratzinger* (London, 1988 and 2005) 참조.

24. Under the aegis of The Franciscan Institute, St Bonaventure University, St Bonaventure, New York 14778, USA.

CHAPTER 2
렉시오 디비나

렉시오 디비나

수도원의 렉시오 디비나

성경 주해는 보나벤투라가 가르치고 저술한 모든 것의 기초이다.[1] 그러므로 그의 걸작 《누가복음 주석》*(Commentary on Luke's Gospel)*은 프란치스코회 신학자이자 지도자로서 그의 마음과 영적 관점을 이해하는 데 매우 중요한 열쇠이다. 그의 주석서는 동시대 사람들에게 탁월하다고 평가받았으며 실제로도 그러하다.[2] 2,200페이지 이상의 인쇄된 영어 번역본과 라틴어 인쇄판은 사실상 전부 폴리오(folio: 초창기에 유럽에서 인쇄된 대형 책-역자주)로 구성되어 있기 때문에 그 양이 상당하고 내용도 심오하다.[3] 그는 설교를 준비할 때 자신의 주석서가 참고되길 바랐다. 오늘날에도 우리는 그의 주석서를 유용하게 사용할 수 있다. 보나벤투라의 주석서는 신학자로서 그의 사상에 프란치스코회 일원으로서 그의 헌신이 더해져 이룬 균형을 정확하게 반영하고 있다. 보나벤투라는 학교에서 발전시킨 성경에 관한 철저한 분석적 접근을 완전히 통달했고 수도원의 전통인 렉시오 디비나가 지닌 가장 깊은 영적 욕구와 통찰력을 보존하는 탁월한 기술을 보유하고 있었다.[4] 보나벤투라의 목표는 간단했다. 복음의 효과적인 설교를 가능하게 하면서 성 프란치스코(St Francis)에 의해 새롭게 정의되는 영적이고 복음적인 직접성을 평가하는 것이었다. 만약 프란치스코가 진정으로 그리스도와 같았다는 사실이 복음서 본문을 통해 확증되면 그의 모범을 따르는 그리스도인의 생활과 복음 전도에 어떤 의미였으며, 이것이 어떻게 제대로 전달될 수 있었을까?

기독교 성경 주해의 뿌리는 복음서에서 발견된다. 유대교 성경을 급진적으로 해석하셨고 또한 그 진정한 의미를 이뤘다고 주장하신 예수님과 바울의 가르침이 그 뿌리이다. 예를 들어, 바울은 고린도에 보낸 두 번째 편지에서 선포했다. '그가 또한 우리를 새 언약의 일꾼 되기에 만족하게 하셨으니 율법 조문으로 하지 아니하고 오직 영으로 함이니 율법 조문은 죽이는 것이요 영은 살리는 것이니라.'[5] 성경에 대한 이러한 접근 방식의 위대한 대표자는 오리게네스(Origen)였다. 그는 그 이전에 알렉산드리아의 필로(Philo of Alexandria)에게 영향을 받았다. 둘 다 성경 본문에 대한 비유적 접근 방식을 발전시켰다. 오리게네스의 가장 영향력 있는 주석 가운데 하나는 문자적 의미 이상의 해석이 필요한 찬가(Canticle) 또는 아가(the Song of Songs)이다.[6] 문자적 의미의 어려움은 텍스트 안에 숨겨진 도덕적, 영적 의미에 대한 더 깊은 탐구를 요구한다. 게다가 구약 성경은 예표 또는 모형을 통해 그 자체로 신약의 메시지를 담고 있다. 그 예로 이사야 53장의 고난의 종은 복음서와 그리스도의 인성에 비추어 볼 때만 명확하게 이해할 수 있다. 아우구스티누스(Augustine)는 427년에 완성한 자신의 저서 《기독교 교양》*(De Doctrina Christiana)*에서 이 상징적인 해석 방식을 더욱 발전시켰다. 그리고 이는 이후에 서방교회의 모든 중세 성경 주해의 중요한 토대가 되었다. 아우구스티누스는 성경 말씀이 영적 직관으로 그리스도의 내적 임재와 가르침을 분별하는 촉매제라고 가르쳤다. 성경의 많은 의미는 하나님의 말씀이신 그리스도 안에 계시가 된 거룩한 진리의 다양한 본성을 반영한다. 묵상(meditation)과 지적인 관조(intellectual contemplation)를 바탕으로 기도하고 가르칠 때 기독교 진리는 활기를 띤다. '주의 빛 안에서 우리가 빛을 보리라… 주의 말씀은 내 발에 등이요 내 길에 빛이니이다.'[7]

누구보다도 이 전통과 초기 중세 교회에 대한 접근을 가능하게 한 사람이 그레고리오 1세(Gregory the Great)였다. 그는 특히 《성 베네딕토의 생애》*(Life of St Benedict)*에서 그의 삶을 육성하고 장려한 수도원 전통을 통해 이를 이루었다. 그레고리오 1세가 자신과 동일시했던 인물인 욥기를 다룬 《욥기해설》*(Moralia)*과 에스겔과 복음서를 다룬 그의 많은 설교집은 서방의 수도원 생활에서 발전된 렉시오 디비나와 성경적 주해의 필수적인 양식을 결정했다.[8] 그레고리오 1세는 성경이 인간 존재의 진정한 목표이자 의미인 영생의 더 깊은 실제에 대한 희망과 약속을 담고 있으며, 성경은 인간의 삶을 도덕적 수렁에서 빠져나오도록 안내하는 빛이자, 하나님과 그의 백성 사이의 직접적인 의사소통이라고 가르쳤다. 이 소통을 주관하시는 핵심 주체는 성령이시다. 성령님은 성경의 필자들 안에 내주하시고, 독실한 기독교 독자들의 마음과 생각에도 개인적으로나 공동체적으로 현존하신다. 성경은 진지한 생각과 묵상으로 주의 깊게 소화해야 하는 '생명의 양식'이다. 기도와 같은 '되새김질'(chewing over) 또는 '반추'(rumination)는 수도원 렉시오 디비나의 본질이자 존재 이유이다.

그레고리오(Gregory)는 기독교 신앙의 다양한 진리가 세대마다 뷰

별 되듯이 성령의 임재가 텍스트의 문자에서 비롯되는 풍부하고 다양한 해석에 생각의 문을 열어 준다고 가르쳤다. 예수께서 '진리의 성령이 너희를 모든 진리 가운데로 인도'하신다고 말씀하셨기 때문이다.[9] 기독교 진리는 기도하는 마음으로 읽을 때 지속해서 스며든다. 따라서 효과적인 설교는 진리가 자연스럽게 흘러나온다. 모든 설교와 독서는 진리의 표현일 뿐만 아니라 필연적으로 해석이기 때문이다. 이러한 영적이고 지적인 과정의 근간에는 '기도할 때는 하나님께 말하고 읽을 때는 하나님께서 말씀하신다'라는 고대 기독교 원칙이 자리하고 있다. 렉시오 디비나가 결정적으로 성공할 수 있었던 이유는 전례(liturgy)와 독서(reading)을 통해 신중하게 기억을 함양해서다. 렉시오 디비나는 그레고리오 이후 수 세기 동안 발전한 베네딕토 수도원 생활의 중심에 있었다.[10] 이러한 성경 접근법의 가장 영향력 있는 주창자는 베다(Bede)이다. 그는 교회론을 다룬 《성막과 성전》*(De Tabernaculo and De Templo)*에서 주해의 강력한 전형을 제공했다.[11] 그는 그레고리오의 주석서와 설교들을 자신의 주석서와 설교집으로 보완하는 방법으로 그의 제자가 되는 길을 모색했다. 교회 박사로서 베다의 위상은 중세 시대 탁월한 성경 교사로서 그레고리오를 거쳐 아우구스티누스(Augustine), 암브로시우스(Ambrose)와 히에로니무스(Hieronymous)에 이르는 풍부한 영적 사제의 전통을 중재하고 접근할 수 있게 만든 그의 중요한 역할에 있다. 누가복음 주석에서 보나벤투라는 다른 어떤 교부적 권위를 지닌 자들보다도 베다를 가장 많이 인용한다. 베다의 누가복음 주석 및 다른 저술에서 직접적으로 참조하기도 하고, 일반 주해서를 인용할 때는 종종 간접적으로 참조했다.[12] 이것을 12세기 초에 라옹의 안셀모(Anselm of Laon)와 그의 제자들이 발전시켰다. 그 형식은 성경 본문을 그 의미에 대해 언급한 교부들의 관련 발췌문으로 둘러싸고 세부 사항을 설명하는 행간 주석을 삽입하는 것이었다. 이러한 백과사전적 접근은 용어들이 거의 성경 본문만큼 중요하게 됨에 따라, 성경 주석의 범위와 성격을 크게 확장시키는 효과를 가져왔다. 이 형식은 12세기 중반 파리에서 만들어낸 피터 코메스터(Peter Comestor)의 복음서 주석에서 가장 먼저 명확하게 눈에 띈다.

파리의 성경 주해

라옹의 안셀무스(Anselm of Laon)의 직접적인 계승자와 후계자는 1110년 파리에 세워진 성 빅토르 수도원의 교회였다(the abbey of St Victor).[13] 그들은 광범위한 학문과 깊은 영적 헌신을 결합하려고 노력했고, 유럽 전역에서 많은 학생을 끌어들였다. 성 빅토르의 위그(Hugh of St Victor)는 《연학론》*(Didascalicon)*에서 기독교 연구의 균형 잡힌 틀을 제시하면서 이 비전을 완벽하게 보여주었다.[14] 그는 예술과 과학을 주의 깊게 익히면 성경 본문의 역사적 현실과 의미를 적절하게 이해하는 데 도움이 될 것이라고 확신했다. 성경에 숨겨진 더 깊은 의미에 접근하기 위해서는 교부들로부터 파생된 정통 기독교 교리가 필수적이었다. 이를 바탕으로 진정한 관상이 진행될 수 있다. '모든 자연은 하나님에 관해 말하고 모든 자연은 인간을 가르치기' 때문이다.[15] 성경 속의 역사는 세계사를 이해하는 열쇠이다. 인류의 구원은 현실을 변화시키는 성례전을 통해 이뤄지며 이러한 양상은 성경 곳곳에 뚜렷하게 나타난다. 그러므로 텍스트에 기록되어 있는 실제 문자는 모든 진정한 이해의 닻으로 풍유적인 추측을 억제하고 이단에 저항한다. 위그의 뒤를 이어 성 빅토르의 리처드(Richard)와 앤드루(Andrew)가 성경에 대한 그의 접근을 발전시켰다. 리처드의 걸작 〈벤자민 마이너〉*(Benjamin Minor)*와 〈벤자민 메이저〉*(Benjamin Major)*는 풍부한 관상 신학으로 인해 영향력이 있었다.[16] 앤드루는 논란이 되는 문헌에 대해 유대인 학자들과 상의하고, 이것이 유대인과 기독교인들 모두에게 지니는 의미에 대해 논의하며 더 깊이 성경을 연구했다.

12세기 파리 대학은 성경 과목을 가르치면서 급속도로 성장하게 되었다. 피터 코메스터(Peter Comestor), 피터 캔터(Peter the Chanter), 스테판 랑톤(Stephen Langton)의 지도 아래 성경 연구는 특히 교회의 도덕성과 지도력과 관련하여 신학 연구의 중심이 되었다. 성경의 장과 절을 구분하기 시작한 것이 스테판 랑톤 때부터였고, 대부분이 그의 디자인의 산물이라는 점에서 그는 영구적인 흔적을 남겼다. 그는 또한 13세기 파리에서 출판된 벌게이트(Vulate) 라틴어 성경의 고정된 텍스트를 확립하는 데 도움을 주었다. 실제로 그 어떤 시대나 장소도 이보다 더 철저하고 체계적으로 성경과 성경 주해에 접근하지 못했다. 그리고 보나벤투라를 형성하는 데 도움을 준 사람들이 13세기 전반부에 이를 계속 이어가는 데 중심적인 역할을 했다.[17] 스테판 랑톤은 1206년 파리를 떠나 캔터베리(Canterbury) 대주교가 되었다. 얼마 후, 아빙던의 에드먼드(Edmund of Abingdon)는 옥스퍼드 대학을 설립하는 것을 돕기 위해 떠났다. 그로부터 십 년 후인 1229년에 도미니크회가 파리에 연구 센터를 열었고, 얼마 지나지 않아 1231년에 프란치스코회가 그 뒤를 이었다. 보나벤투라는 경력이 끝날 무렵에 프란치스코회에 입회한 영국 신학자 헬렌시스의 알렉산더(Alexander of Hales)에게 자신이 진 빚을 명시적으로 선언했다. 보나벤투라의 《누가복음 주석》은 도미니크회 추기경이 된 성 셰르의 위그(Hugh of St Cher)의 동시대 작품에 크게 의존했다. 이들은 사복음서 모두를 주해한 최초의 수사들이었다.[18]

1225년 성 셰르의 위그(Hugh of St Cher)는 교회법과 신학을 가르치는 교사로 도미니코회에 가입했다. 그는 빠르게 파리 도미니크 수도회의 고위 인사가 되었다. 그는 1236년 교직 생활을 포기하고 1244년 교황 인노첸시오 4세(Pope Innocent IV)가 추기경으로 임명할 때까지 프랑스에서 도미니크회를 관장했다. 그의 복음서 주석은 도미니크회에 소속되기 이전 자신의 가르침에 기초하고 있다. 위그는 유능한 조력자들로 구성된 팀과 함께 전통적인 노선을 따라 복음서의 의미를 도출하기 위해 광범위한 자료를 수집하기도 했고, 피터 코메스터(Peter Comestor)와 피터 캔터(Peter the Chanter)와 같은 최신 학문도 통합했다. 예를 들어, 그는 성 요한 크리소스토모스(St John Chrysostom)의 요한복음 설교집의 라틴어 번역본을 사용한 최초의 인물이다. 그는 또한 처음으로 클레르보의 베르나르(Bernard of Clairvaux)의 신학을 상당량 포함시켰는데 그 가운데 일부는 보나벤투라의 《누가복음 주석》에서도 찾아볼 수 있다. 스테판 랑톤(Stephen Langton)과 피터 캔터(Peter the Chanter)처럼 위그의 주석서는 성직자와 평신도들을 교육하여 교회의 삶을 개혁하고 새롭게 만들고자 하는 실질적인 도덕적 목적이 있었다. 도미니칸으로서 위그는 설교와 그 중요성에 대해 할 말이 많았다. 설교의 생명력은 훈련되고 정통한 연구와 거룩한 독서에서 나왔고, 기도와 신비로운 관상으로 이어졌다. 오직 거룩한 사랑을 체험한 설교자만이 청중들의 마음과 생각 속에 그 사랑을 점하시킬 수 있다.

알렉산더(Alexander)의 경력은 위그(Hugh)와 거의 일치했다. 그는 아마도 위그의 작품을 알고 있었을 것이다. 그는 파리에서 교육을 받았으며 대략 1223년에서 1227년에 신학 석사학위를 받았다. 1236년에 뒤늦게 프란치스코회에 입회했고, 제1차 리옹 공의회(Council of Lyons)가 열린 1245년에 사망할 때까지 파리에서 가장 유명한 교사였다. 그는 처음으로 직접적인 성경 본문이 아닌 피터 롬바드(Peter Lombard)의 《명제집》*(Sentences)*에 기반한 강의를 한 엄청난 신학자였다. 《명제집》은 교부 신학과 주석의 완전한 개요서로 구성되어 있으며 이후 모든 중세 신학 연구의 중심 틀이 되었다. 《정규 토론집》*(Quaestiones Disputatae)*과 《명제집》에 관한 《주해》*(Glossa)*는 알렉산더가 프란치스코회에 소속되기 전에 만들어진 것으로, 그의 나머지 저작물의 대부분을 차지한다. 그의 복음서 주석 중에 일부는 성 셰르의 위그(Hugh of St Cher)의 작품에 대한 지식을 드러내고 있지만, 정확히 언제 저술했는지는 명확하지 않다. 위그와 유사한 교부들의 문헌을 사용했지만, 그의 자료 중 일부는 라옹의 안셀무스(Anselm of Laon) 및 그 계통과 관련된 이전의 주석에서 가져왔다. 알렉산더의 접근은 때때로 신학자로서 그의 연구에 영향을 받아 분석적이었으며 그는 복음서 본문을 지나치게 프란치스코회적 방식으로 접근하지 않았다. 알렉산더와 동시대 인물이자 보나벤투라의 스승으로 추정되는 사람은 요한 로셸(John of La Rochelle)이며 그는 사복음서 강의를 남겼다. 그 역시 프란치스코회 출신으로 1236년부터 1245년에 사망할 때까지 파리에서 가르쳤다. 그는 성 셰르의 위그와 알렉산더 헬렌시스의 저서들을 활용했지만 청빈과 같은 주제를 다룰 때는 더 노골적으로 프란치스칸이었다. 그는 또한 수도회 생활 내부의 학문과 배움을 수호하는 일과 수사들의 보호자인 교황의 권위를 지키는 일에 관심을 가졌다.

세기 중반 파리의 탁발 수도사들에게 거센 비난이 쏟아졌지만 주석에서 그에 합당한 증거를 거의 발견할 수가 없다. 보나벤투라와 아퀴나스(Aquinas)는 이 문제와 싸워야 했다. 수사들은 대학과 다른 곳에서 영향력 있고 위신이 높았다. 따라서 수사들의 생활 방식에 대한 도전은 '복음서를 어떻게 읽어야 하고 적용해야 하는가?'라는 날카로운 질문으로 이어졌다. 교황 프란치스코 베네딕토 16세(Benedict XVI, Francis)는 다음과 같이 말했다:

> 감히 산상수훈의 말씀을 자신의 삶에 실현하고 예수 그리스도의 정신과 복음의 즉각적인 요구를 기독교인의 삶의 유일한 규범으로 삼으려는 전례 없는 시도를 했다. … 프란치스코의 사건은 너무 정경화된 전통의 전체 개념을 효과적으로 산산조각 냈다.[19] 프란치스코의 삶은 말씀을 가까이하며 발전했으며, 그는 성경을 이해하고 성경에서 우리에게 말씀하시는 주님과의 즉각적인 만남 속에서 문자 그대로 군말 없이(sine glossa) 순전한 삶을 살기를 원했다. … 사도적인 삶(vita apostolica)이 프란치스코에게 현실이 되었다.[20]

피오레의 요아킴(Joachim of Fiore)과 추종자들은 프란치스코를 성령의 새로운 시대의 전조라고 여겼을 정도로 그리스도와 같은 그의 삶은 큰 영향력을 끼쳤다. 동시에 다른 기독교인들은 프란치스코회 생활양식이 극단적이고 부패하며 기생적이라고 도전했다. 이로 인해 프란치스코를 기념하는 일과 그가 지니는 영적 중요성이 퇴색되었다. 《누가복음 주석》에서 보나벤투라는 이러지도 저러지도 못하는 상황에서 시급하지만 정통적인 길을 가야 했다. 그렇게 함으로써 보나벤투라는 프란치스코의 관점에서 본 복음서의 실제 본문에 확고하게 프란치스칸의 길을 닦았다. 그리고 자신이 계승하고 그 안에서 형성되었던 성경 주석과 거룩한 독서의 전통을 선별적으로 정의했다. 그러므로 그의 작품은 설명과 교육뿐 아니라 변혁의 위대한 작품이었으며, 프란치스코에 의해 예시되고 조명된 그리스도의 생애에 대한 설득력 있는 지침서이기도 했다.

보나벤투라의 성경 접근법

'성경 전체는 세 가지 진리, 즉 그리스도의 영원한 세대와 성육신, 인간의 생활양식, 영혼과 하나님의 연합을 가르친다.' 이 핵심적인 정의는 보나벤투라가 성경 주석에 어떻게 접근했는지 설명하고 있다.[21] 기독교 신학을 공부하는 프란치스코회 학생들을 위한 지침서인《신학서설》(*Breviloquium*)의 서문에서 그는 주석서의 적용을 매우 주의 깊고 능숙하게 발전시켰다. 이 책은 마침 대학에서 온전히 가르치기만 했던 그가 수도회 총회장이 된 1257년에 출간되었다.[22] 보나벤투라는 글을 시작하며 자신의 청중이 내주하시는 그리스도를 경험할 수 있도록 성령께서 힘을 주시고 청중들이 성도들의 교제 안에서 '사랑 가운데서 뿌리가 박히고 터가 굳어지고,' '모든 지식을 능가하는' 그리스도의 사랑의 '너비와 길이와 높이와 깊이'를 알기를 기도했다. 인간 삶의 목표는 '하나님의 모든 충만한 것으로 채워지는' 것이기 때문이다.

보나벤투라에게 성경은 삼위일체 하나님으로부터 끊임없이 흐르는 계시의 원천이다. 성령의 은사는 성경 안에 있는 권위의 근원이신 하나님의 말씀인 그리스도에 대한 비전을 가능하게 한다. 그러므로 그리스도 안에서 기도하는 믿음은 성경을 이해하는 데 필수적인 전제 조건이다. 성경은 인간이 구원받기 위해 알아야 하는 모든 것을 제공한다. 성경은 문자적이며 또한 상징적인 언어로 우주의 넓이, 인류 역사와 그 미래의 길이, 영생에 이르는 인간 운명의 높이, 하나님의 사랑을 거부하고 그로 인해 최후에 정죄를 받은 사람들이 경험하는 깊이를 다룬다. '어떤 고귀한 거울처럼 성경은 인간의 능력에 부합하는 방식으로 자연적으로뿐만 아니라 초자연적으로' 창조된 현실의 모든 집합체를 반영하도록 설계되었다.[24] 동일한 틀을 사용해서 보나벤투라는 훌륭하고 다양한 글들을 담고 있는 성경의 폭넓음, 성경이 서술하는 역사와 그 종말의 길이, 성경이 다루는 보이지 않는 영적 권력의 위계의 높이, 그리고 다양한 수준에서 해석될 수 있는 성경의 깊이를 개략적으로 설명했다. 보나벤투라는 기독교 주해의 전통적인 네 가지 틀을 지지했다. 문자적이기 때문에 역사적인 해석, 믿음을 시사하는 우화적 해석, 덕과 관련된 도덕적 해석, 그리고 영적 해석이 있다. 그는 성경이 그 성격과 영향 면에서 성례전(sacramental)적이기 때문에 영적 해석은 인류를 천국으로 또는 영원한 본향으로 인도하는 것을 의미했다.[25] 이 네 가지 틀은 하나님, 그리스도, 구속, 믿음에 관해 말하는 성경 고유의 메시지를 반영한다. 텍스트의 불규칙성과 때로는 모호한 성질은 예수께서 포대기에 싸여 구유에 계시듯이 하나님의 숨겨진 지혜를 감추고 있다. 따라서 이해 수준이 다른 모든 사람이 성경에 접근할 수 있도록 하는 동시에 성경을 이해하는 데 있어 인간의 자만을 억제한다. 더욱이 '하나님은 말씀으로만 말하는 것이 아니라 행위로도 말씀하신다. 말씀은 행하는 것이고 행하는 것은 말하는 것이기 때문이다.'[26]

성경은 인간을 창조주 하나님께 인도하기 위해 피조물과 상호작용한다. 바른 이해를 위한 전제 조건은 그리스도를 믿는 믿음과 하나님을 향한 자발적인 갈망이다. 구원은 '단순한 추측'에서 오는 것이 아니라 '의지에서 오는 경향'이 있기 때문이다.[27] 성경의 권위는 하나님으로부터 나오며 회개와 마음의 변화를 유도해야 한다. 성경 연구는 절대 단순한 지적 훈련이 아니다. 그러므로 성경을 가르치기 위해서는 문자적인 의미에 전념해야 하고 장기간 부지런히 기도하는 마음으로 읽는 것이 필요하다. 보나벤투라 자신도 분명히 말했듯이 '성경의 문자를 경멸하는 사람은 결코 성경의 영적 의미를 해석하지 못할 것이기 때문이다.'[28] 보나벤투라는 아우구스티누스의 《기독교 교육론》*(De Doctrina Christiana)*과 더불어 로버트 그로스테스트(Robert Grosseteste)의 최신작인 《법률의 폐지에 대하여》*(De Cessatione Legalium)*를 바탕으로 성경의 모든 본문을 충실하게 해석할 수 있는 기본 규칙을 수립했다.[29] 성경의 사중 구조는 본질적으로 '이해할 수 있는 십자가'를 형성해서 창조된 세계 전체와 인류 역사의 의미를 분별할 수 있다. 이것을 지침 삼아 기독교 신학에 접근하는 사람은 겉으로 보기에 뚫릴 수 없는 성경의 숲에서 길을 잃을 필요가 없다. 대신에 나침반과 마찬가지로 보나벤투라는 모든 기독교 신앙에 흐르는 선함의 첫 번째 원리인 하나님에 대한 믿음을 사용해서 자신의 《신학서설》*(Breviloquium)*에서 '성경의 진리는 하나님으로부터 나온 것이며, 하나님을 다루는 것이며, 하나님을 따르며, 하나님을 그 목적으로 한다'는 것을 연역적으로 증명했다.[30] 따라서 신학은 신성한 계시와 권위에 기초하고 있으면서도 인간 이성이 사랑과 화합하여 적절하게 기능하는 것을 가능하게 하는 그 고유한 통일성과 질서의 측면에서 참된 과학이라 할 수 있다.

보나벤투라는《누가복음 주석》에서 이러한 성경 주해의 원칙을 매우 효과적으로 실천에 옮겼다. 그는 누가복음을 네 부분으로 나눠서 구성했다. 처음 세 장은 성육신의 신비를 묘사했다. 2부에 해당하는 제4장에서 제21장은 누가복음을 더욱 확장시켜서 말과 행동으로 그리스도가 하신 설교의 가르침을 제시했다. 3부는 그리스도의 수난 후반부인 누가복음 22장과 23장을 다루는데 그는 이를 수난의 약(the Medicine of the Passion)으로 표현했다. 마지막 24장은 부활의 승리에 대해 말하고 있다.[31] 이 주석서에서 보나벤투라가 얼마나 명료하고 질서 있게 발전시켜 나가는지 본다면 충격을 받을 것이다. 그는 누가의 작품이 지닌 본질적인 구조와 의도를 날카롭게 주목할 뿐만 아니라 그의 주석서 또한 이와 비슷한 형태를 띤 주장과 주해를 담고 있는 많은 단락으로 구성되어 있다. 보나벤투라는 종종 어떤 단어가 라틴어 성경 전반에 어떻게 사용되었는지 그리고 그리스도의 빛에 비추어 볼 때 그것이 지닌 영적 의미가 무엇이지 보여준다. 복음서의 드라마는 구약의 암시라는 풍부한 배경에서 발생한다. 이는 또한 성경의 나머지 부분에 나오는 사도들의 증언과 더불어 교회 교부들의 가르침과 프란치스코에 의해 밝게 조명된다.

누가복음 주석의 라틴어판은 보나벤투라가 자기 이전의 주석가들의 자료를 어디에 배치했는지 보여주는 많은 상세한 설명들로 가득하다. 이 중 일부는 특히 성 셰르의 위그(Hugh of St Cher)와 클레르보의 성 베르나르(Bernard of Clairvaux)에 의존해서 발전시킨 영어판 주석에 잘 드러나 있다. 영어 번역본의 각 권의 색인을 보면, 풍부한 성경 참고 문헌뿐만 아니라 보나벤투라가 활용한 광범위한 교부들의 자료 및 기타 자료들이 수록되어 있다. 그의 성경에 대한 지식은 아주 놀랍고 오늘날에도 여전히 매우 유익하다.

그의 주석에 대한 보나벤투라의 서문은 두 부분으로 구성되어 있다. 첫 번째 부분에서 그는 누가복음 4장에서 나사렛 예수의 첫 설교가 지니는 중요성을 설명한다. 그는 설교에 대한 자신의 기대를 확증하기 위해 이를 사용한다. 그리고 이 설교와 그 수용이 어떻게 이 특정 전도자가 취한 접근 방식의 전형이며 실제로 예수님의 전체 사역에 대한 전형인지 보여준다. 예수께서 설교하신 이사야서 본문의 어조와 내용이 프란치스코에 대한 기억과 모범과도 직접적인 관련이 있음을 보는 것은 어렵지 않다. 그리고 나서 보나벤투라는 누가복음과 사도행전의 저자인 전도자 누가의 독특한 속성과 강조점을 끌어내기 위해 히에로니무스(Hieronymous)가 전한 누가복음의 서문을 포함시킨다. 그는 결론에서 '초기 교사들은 후임자들에게 해석할 것을 남겨두어야 한다'고 지적한다.[32] 누가복음서의 저자는 보나벤투라가 자신의 글에 공감하면서 동시에 정통하고 유창하게 해석할 사람인 것에 동의할 것이다.

각주
2장 렉시오 디비나

1. J.G. Bougerol, *Bonaventure as Exegete,* in J.M. Hammond (eds et al.) *A Companion to Bonaventure* (Leiden, 2014) 167-87.

2. 프란치스코회 연대기 작가 살림베네가 이것을 'pulchra et optima est'라고 묘사한 것은 많은 이들을 대변한 것이다.

3. In all, 604 pages in the Quaracci edition.

4. Innocenzo Gargano OSB, *Holy Reading – An Introduction to Lectio Divina* (ed. D.J. Dales; Norwich, 2007); 그리고 Duncan Robertson, *Lectio Divina – The Medieval Experience of Reading,* (Collegeville, Minnesota, 2011) 참조.

5. 고린도후서 3:6.

6. J. Christopher King, *Origen on the Song of Songs as the Spirit of Scripture* (Oxford, 2005) 참조.

7. 시편 36:9 그리고 119:105.

8. Jean Leclercq OSB, T*he Love of Learning & the Desire for God – A Study of Monastic Culture* (tr. C. Misrahi; London, 1978) 참조.

9. 요한복음 16:13.

10. Mary Carruthers, *The Book of Memory – A Study of Memory in Medieval Culture;* 그리고 *The Craft of Thought – Meditation, Rhetoric & the Making of Images,* 400-

1200 (Cambridge, 1990 and 1998) 참조.

11. Arthur G. Holder (tr.), *Bede: On the Tabernacle* (Liverpool, 1994) 그리고 Sean Connolly (tr.), *Bede: On the Temple* (Liverpool, 1995).

12. Leslie Smith, *The Glossa Ordinaria: The Making of a Bible Commentary* (Leiden, 2009) 참조.

13. Beryl Smalley, *The Study of the Bible in the Middle Ages* (Oxford, 1952) 참조.

14. T. Harkins and F. van Liere (eds), *Interpretations of Scripture: Theory – A Selection of the Works of Hugh, Andrew, Richard & Godfrey of St Victor & of Robert Melun* (New York, 2013)에서 번역된 것을 찾을 수 있다.

15. Ibid 88.

16. 성 빅토르의 리처드의 이 작품은 Classics of Western Spirituality 시리즈에 있다; G.A. Zinn (tr.), *Richard of St Victor: The Twelve Patriarchs, the Mystical Ark, Book III of the Trinity* (New York, 1979).

17. 스테판 랑톤에 관한 최고의 연구는 F.M. Powicke, *Stephen Langton* (Oxford, 1928)이다.

18. Beryl Smalley, *The Gospels in the Schools c.1100-c.1280* (London, 1985) 참조.

19. 때때로 지나치게 많은 주석으로 텍스트와의 직접성을 멀어지게 할 수 있는 주해에 관한 언급이다.

20. J. Ratzinger, *The Theology of History in St Bonaventure* (tr. Z. Hayes; Chicago, 1971) 80-81.

21. Z. Hayes OFM (tr.), *On the Reduction of the Arts to Theology* (New York, 1996) 45.

22. Dominic Monti OFM (tr.), *Bonaventure – Breviloquium* (New York, 2005).

23. 에베소서 3:14-19.

24. D. Monti (tr.), *Bonaventure – Breviloquium* (New York, 2005) 4.

25. Ibid. 13.

26. Ibid. 15.

27. Ibid. 17.

28. Ibid. 19.

29. Ibid. 19-21.

30. Ibid. 23; 각주 57: 이것은 '하나님은 신학의 효율적이고, 물리적이고, 공식적이고, 최종적인 원인'이라는 고전적인 아리스토텔레스의 설명과 일치한다.

31. Robert J. Karris OFM (ed.), *Commentary on the Gospel of Luke* (New York, 2001) I. xxxixf.

32. Ibid. I.23-4.

CHAPTER 3

탄생 내러티브

탄생 내러티브

섭리의 목적

성 보나벤투라는 복음의 후원자인 데오빌로에게 헌정된 누가의 서문에 대한 세심한 고찰과 함께 누가복음의 실제 본문에 대한 해설을 시작한다.[1] 그는 복음서 저자가 사도들과 다른 목격자들의 간증을 토대로, 자신보다 앞선 사람들의 모범을 따라 질서 있는 내러티브를 만든 동기를 밝히고 있다. 보나벤투라는 저자로서 누가의 충실함, 질서, 근면과 예수에 관한 진리 확립이라는 그의 최종 목표에 특별히 주의를 기울이며 강조한다. 다른 전도자들과는 다르게 누가는 책임감이 있다고 생각되는 확실한 인물을 염두에 두고 글을 썼고, 이 인물은 동시에 모든 진정한 기독교 신자들을 대표한다.[2] 복음서 저자는 서문에서 적절한 절차에 따라 자신의 자료를 성실하고 질서 있게 참작해서 복음서를 구성했음을 밝힌다. 만일 그 질서가 지혜와 선을 증명한다면 그것은 반드시 이 성경에 부여되어야 한다. 질서는 지혜의 샘에서 나와 완전한 선이라는 목표로 인도하며 그러기 때문에 진정으로 복음적인 성경이라고 할 수 있다.[3] 보나벤투라에게 있어 이 타고난 질서에 대한 감각은 중요했고 그의 기질과 분석적 사고에 매력적으로 다가왔다. 지금 우리가 가지고 있는 성경은 그 완전한 성격과 권위로 인해 입증되었는데, 이는 완성된 텍스트의 일관성과 성경 어휘의 완전한 울림으로 나타난다. 성경은 본질적으로 하나님의 말씀이신 예수 그리스도의 인격 안에서 분명하게 계시 된 하나님의 마음이다.

그리스도의 성육신의 신비는 하나님의 섭리 안에서 준비되었다. 그리고 이것은 각각의 이야기가 가지고 있는 세부적인 요소들에 대해 구약에서 선례를 찾는 방식으로 반영되었다. 섭리의 목적은 세례 요한의 출생과 예수님의 탄생을 대조하는 것에서도 드러난다. '동정녀의 수태보다 불임이던 자의 임신이 먼저 이뤄졌다. 세례 요한의 출현은 왕의 탄생을 기대하게 했다. 두 사건 모두 하나님의 섭리였고 이로 인해 하나님께서는 마땅히 찬양을 받으셔야 한다.'[4] 사가랴의 제사장직과 엘리사벳의 한결같은 헌신은 이스라엘을 향한 부르심과 하나님의 율법의 견고함을 압축해서 보여준다. 이 부부는 하나님과 백성들의 눈에는 정직하고 의로웠으나 그들 조상 아브라함과 사라와 똑같은 딜레마에 빠져 있었다. '그러지만 이 불임의 치욕은 죄로 인한 벌이 아니라 하나님의 영광을 나타내기 위함이었다.'[5] 천사가 태중에 있는 아기의 이름을 '요한'으로 지어 주었다는 사실 자체가 실로 섭리의 목적이 고의적임을 확증시켜주었다. 선지자 이사야는 '여호와께서 태에서부터 나를 부르셨고 내 어머니의 복중에서부터 내 이름을 주셨다'고 고백했다.[6] 더욱이 세례 요한이 마리아의 음성을 듣고 움직였을 때, '사람의 눈에 그는 아직 살아있지 않았지만 그럼에도 불구하고 그는 존재했다.' 하나님께서 예레미야에게 '내가 너를 모태에 짓기 전에 너를 알았고, 네가 배에서 나오기 전에 너를 성별하였다'고 말씀하셨다.[7] 요한이 광야에서 주님의 길을 예비한 것이 이사야 선지자의 예언을 성취한 것으로 볼 수 있는 이유는 이러한 숨겨진 의도 때문이다.[8] 보나벤투라는 공감이 가는 사가랴의 의심과 아브라함의 믿음을 대조한다. 바울은 아브라함이 '바랄 수 없는 중에 바라고 믿었다고' 극찬한다.[9]

마리아는 하나님의 섭리를 가장 잘 구현한 인물로 묘사된다. 보나벤투라는 '그녀는 최근에 발견되었거나 우연히 발견된 것이 아니라 영원 전부터 택함을 받았고, 가장 높으신 분에 의해 미리 알려지고 하나님을 위해 보존되었으며, 족장들이 예고하고 선지자들에 의해 약속된 것'이라고 말한 베르나르(Bernard)의 말을 인용한다.[10] 불타는 떨기나무, 꽃이 만발한 아론의 지팡이, 이슬로 뒤덮인 기드온의 양털은 모두 예레미야와 이사야가 예언한 인물에 대한 상징이다. 마리아는 예로부터 '명예로운 사랑, 존경, 지식, 거룩한 희망'을 낳는 사람으로 묘사되었다.[11] 예레미야는 수수께끼 같은 말을 남겼다. '주께서 땅 위에 새로운 것을 창조하셨으니 여자는 남자를 둘러싸게 될 것이다.'[12] 구약 성경에 나오는 불임 여성에 관한 모든 예시는 마리아의 태에 기적적으로 예수께서 잉태되는 길을 닦았다.[13]

하나님의 섭리는 예수 탄생 내러티브에 나오는 시를 통해 찬양을 받는다. 예를 들어 마리아는 아브라함, 이삭, 야곱, 모세에게 주신 약속을 따라 축복을 받는다. 또한 '그들의 축복이 그녀에게 성취되었기' 때문에 마리아는 구약의 축복받은 여자들 가운데 포함되어야 한다.[14] 마리아의 성모의 노래(the Magnificat)는 '주님께 사로잡혀 있고 주님의 통치 아래 겸손한' 자의 반응이었다.[15] 또한 거룩한 동정녀인 자신을 찬양하는 일은 하나님의 온전하신 목적을 포용하는 것으로 '그녀의 찬가는 약속된 모든 축복이 성취된 것을 보여주며, 따라서 모든 찬미와 찬가 그리고 심지어 모든 말씀의 성취를 가져온다.'[16]

거룩함의 본성

보나벤투라에게 제사장 사가랴와 신실한 예배자 시므온은 모두 거룩함의 내적 의미와 실제를 대표한다. '제사장 스가랴가 선한 사람인 것과 하나님의 친구였다는 잘 알려진 사실을 보여 주기 위해 그는 헤롯과 대조되어 언급된다.'[17] 누가가 여기서 고귀한 결혼과 제사장직의 위엄을 결부시켰기 때문에 그의 아내 엘리사벳 또한 제사장의 혈통을 따라 이 거룩함을 온전하게 공유했다.[18] 성전에서 책무를 다하는 사가랴의 헌신은 그가 천사를 대면할 수 있는 환경을 조성했다. '제사장의 마음이 하나님의 임재에 마땅히 주의를 기울일 때 제사장의 직무가 올바르게 준행되어지기 때문이다.'[19] 천사의 메시지에 대한 망설임은 '그가 인간의 무력함에 빠져 있었기 때문에 이해가 된다. 이 장면에서 우리는 기적적인 사건을 고려할 때 더 고상한 이유를 찾아야 한다는 교훈을 배울 수 있다.'[20] 한편으로 성전에서 자신을 기다리던 사람들 앞에서 사가랴의 침묵은 그를 관상의 절정에 이른 사람처럼 보이게 했다. 또한 그의 침묵은 하나님의 말씀이신 그리스도의 임재 앞에서 선지자들과 율법의 침묵을 나타냈다.[21] 예레미야애가의 말씀에 따르면 '사람이 여호와의 구원을 바라고 잠잠히 기다리는 것'이 좋다.[22]

사가랴라는 이름은 '하나님을 기억하는 자'라는 뜻이고 요한이라는 이름은 '은혜의 선물'이라는 뜻이다. 그러므로 '은혜로 요한이 되기를 원하는 사람은 먼저 하나님께서 기억하시는 사가랴가 되어야 한다.'[23] 이에 따라 보나벤투라는 성경의 예시들에 비추어 하나님의 신비의 의미를 되짚는다. 특히 믿음을 고양시키는 찬양, 감사를 불러일으키는 유익, 두려움을 불러일으키는 판단, 희망을 심어주는 약속, 순종을 요구하는 계명, 모방을 위해 주어진 본보기들, 긍휼을 유발하기 위한 과거의 중보들, 기쁨을 주는 위로들, 찬양을 불러일으키는 역사들, 그리고 우리가 간구해야 할 영적 은사들이라는 다양한 면에서 놀라운 성찰과 실질적인 설교 개요를 제공한다. 이는 보나벤투라의 포괄적이고 질서 있는 사고방식, 표현의 명확성, 성경 지식을 잘 보여주는 사례이다. 그는 독자들이 스스로 성찰하고 설교를 할 수 있도록 기본적인 틀을 제시한다.[24] 사가랴의 노래(Benedictus)는 그의 내적 경건함을 정확히 반영하고 있으며 이스라엘의 믿음과 예배의 모든 전통을 대표하고 그 정당성을 입증한다.

성전에 있는 시므온도 마찬가지로 이스라엘의 신실함을 상징한다. 보나벤투라는 그의 증언이 지니는 중요성을 세 가지로 요약하면서 시므온 고유의 장점과 그의 말에서 얻은 영감, 그리고 공감과 자기 부인에서 비롯된 예수님의 어린 부모를 향한 긍휼에 대해 언급한다. 그는 넉방 있고 진실한 사람이었는데 '이 두 가지가 사람은 거룩하게 만든다.'[25] 시므온의 덕은 그의 명성, 경건한 생활 방식 및 내적 은혜에 반영되었다. 시므온은 내주하시는 성령께 순종하여 습관대로 예배하기 위해 성전에 왔다. 그리고 그는 순간 자신이 무엇을 보고 있는지 깨달았다. '어린아이를 알아보고 붙드는 이 노인의 헌신을 보라. 그는 두 팔로 아이를 감싸며 그리스도께 완전히 자신을 내보인다.'[26] 시므온의 노래(Nunc Dimittis)는 '그가 다른 것은 아무것도 기다리지 않았다'는 사실에서 비롯된다.[27]

그리스도는 '경건함, 지혜, 위엄의 세 가지 탁월함으로 성전에 들어오시면서 영광을 받으신다. 경건과 관대함에서 구원이 온다. 지혜에서 빛이 나오고, 위엄으로부터 영광과 찬양이 나온다. 그러므로 구원은 참으로 만민을 위한 것이로 이방인에게는 빛이요 이스라엘에게는 영광이다.'[28] 또한 시므온의 노래는 그리스도의 평화와 구원, 빛과 영광을 찬양한다.

> '그는 중재자이기 때문에 평화이시다. 그는 구속자이기 때문에 구원이시다. 그는 선생이기 때문에 빛이시다. 그는 상을 주시는 분이기에 영광이시다. 그리스도에 대한 이 네 가지 사실은 완벽한 찬미와 찬송을 담고 있다. 평화로 성육신하시고, 빛으로 설교하시고, 구원으로 구속하시고, 영광으로 부활하시는 그리스도는 실로 복음의 가장 간략한 전형이다.'[29]

시므온의 거룩함에 대한 최종적 정당성은 그가 증인으로서 '다른 이를 불쌍히 여겨 고난을 받기까지 자기를 낮추는' 자기 부정에 의해 입증되었다.'[30] 예수님의 부모를 향한 시므온의 축복은 그들에게 위로와 격려를 주었다. 이는 마리아가 목격하게 될 그리스도의 수난을 암시하면서 동시에 '어떤 식으로든 그 일에 대한 책임이 부모에게 있다고 생각하지 않게 해준다.'[31] 보나벤투라는 이전의 다른 교부들과 동일하게 '마리아가 진정으로 그를 사랑했기 때문에 그와 함께 괴로울 정도로 고통받았다'고 주장했다. 이는 증인으로서 마리아도 마음속으로 순교했기 때문이다.[32]

천사의 존재

보나벤투라는 천사의 존재를 진지하게 받아들였던 교회 시대에 살았다. 예를 들어 그의 《신학서설》(Breviloquium)을 보면 하나님께 반역하지 않는 천사들의 역할과 지위를 다룬 위-디오니시우스(pseudo-Dionysius)의 《천상 품계》(Celestial Hierarchy)에서 파생된 고전 기독교의 가르침이 반복적으로 나온다.[33] 보나벤투라는 다음과 같이 말했다:

> '그들은 어디로 보냄을 받든지 하나님 안에서 움직인다… 관상에 있어서 이성의 예리함은 주로 그들이 거룩하고 지극히 크신 이를 예배하고, 그 진리를 이해하고, 그 선함을 갈망하는 데 도움이 된다.'[34]

성육신의 방식과 의미에 대한 논의에서 보나벤투라는 가브리엘 천사가 마리아에게 수태를 알린 것이 에덴동산에서 타락한 천사가 이브를 유혹한 일을 어떻게 역전시켰는지 설명했다. 더 나아가서 '만일 이 회복이 보편화되려면 천사, 여자, 남자가 성육신의 신비에 동의하는 것이 가장 적합하다. 천사가 선언하고, 처녀가 임신하고, 남자가 잉태된 자손이다.'[35] 마지막으로 보나벤투라는 속죄소를 관상했다. 그는 하나님의 거룩한 본성(nature)과 거룩한 위격(persons)이 그리스도의 인격(person) 안에서 하나가 되는 것을 바라보고 있는 언약궤 양쪽 끝에 자리한 두 그룹에 대해 자신의 《순례기》*(Itinerarium)*에 묘사했다.[36] 관상에 있어서 천사의 역할을 그는 항상 중요하게 여겼다.

그래서 보나벤투라는 주석에서 누가복음의 예수 탄생 내러티브를 다룰 때 가브리엘에게 세심한 관심을 기울인다. 그의 사상은 클레르보의 베르나르(Bernard of Clairvaux)의 글에 크게 영향을 받았다. 그는 성모 마리아에 관한 한 설교에서 '하나님께서는 인류가 멸망한 것을 아셨던 것과 같은 방식과 순서로 다시 인류와 자신을 화목하게 하신 것을 기뻐하셨다'고 말했다.[37] 가브리엘은 선지자 다니엘에게 긴 환상 가운데 나타나 '지극히 거룩한 이'가 기름 부음을 받을 때 예루살렘 성전이 회복될 것이라고 예언한 장본인이기 때문에 사가랴와 마리아 모두에게 적절한 사절이었다.[38] 가브리엘은 사가랴 제사장 앞에 나타나 자신이 하나님 앞에 서 있는 사람임을 밝혔고 큰 두려움과 경외심을 불러일으켰다.[39] 그러나 어린 처녀를 향한 천사의 접근은 이미 하나님의 사랑을 받는 자로서의 깊은 존경과 세심함을 보여주었다. 가브리엘은 '무서워하지 말라'고 하며 그녀를 안심시켰다.[40] 마리아는 순결 때문만이 아니라 겸손과 온유함으로 인해 하나님의 은총을 입었다.[41] 보나벤투라는 마리아 이전에 그녀와 비슷하게 하나님께 축복을 받은 성경에 기록된 모든 거룩한 사람들에 대해 다채롭게 묘사한다.

교부들이 오랫동안 동정녀 탄생과 관련지어 왔던 이사야와 예레미야의 고전적 예언과 더불어 보나벤투라는 이사야서의 마지막 장에 특별한 주의를 기울였다.[42] '시온은 진통을 하기 전에 해산하며 고통을 당하기 전에 남아를 낳았으니, 이러한 일을 들은 자가 누구이냐?'[43] 그는 마리아가 '어찌 이런 일이 있을 수 있습니까? 저는 아직 처녀입니다'고 말한 것이 사가랴와 다르게 의심이 아니라 어떻게 하면 적절하게 동의할 수 있을지 모색한 것이라고 지적한다. 이미 언급된 다니엘의 예언이 그녀를 통해 성취될 것이다.[44] '성령의 능력으로 말미암아 네가 열매를 맺었으니 사람의 아이를 낳는 것이 아니요, 하나님의 아이, 곧 죄인이 아닌 거룩한 자라.'[45] 가브리엘이 그녀의 젊은 시절과 순결을 조심스럽게 전달한 결과, 마리아는 믿음의 말씀을 마음에 새겼고 뱃속에 하나님의 아들을 잉태했다.[46] 그러므로 '천사는 그녀를 떠났지만 하나님의 아들은 그녀와 함께 있었다.'[47]

보나벤투라는 천사들이 예수께서 베들레헴에서 탄생하실 것이라는 사실을 알려준 목자들에게도 큰 관심을 보였다. 목자들은 타고난 주의 깊음으로 천사들의 존재를 알아차렸다. 목회자로서든 관상가로서든 모든 그리스도인은 이런 깨어있음이 필요하다. 이 경우에는 '부드러운 정적이 만물을 뒤덮고 시간은 흘러 한밤중이 되었을 때 전능한 말씀이 하늘의 왕좌에서 뛰어내린' 것이다.[48] 천사들은 자신들을 낮춰서 인간의 조력자이자 교사로서 접근했고 이런 그들의 출현 방식은 '그들이 사역에 있어서 친근하고 겸손했음'을 시사한다.[49] 천사들은 목자들이 가난하고, 단순하고, 깨어있었기 때문에 그들을 찾아왔다. 천사는 '무서워하지 말라. 좋은 소식을 너희에게 전하노라'라는 말로 다시 한번 확신과 희망을 심어준다.[50] 말구유에 보잘것없이 누워있는 아기는 하나의 역설적인 표적으로 목자들에게 가시화된다. 이로부터 '그리스도가 어떻게 그리고 누구에 의해 발견되었는지 보여준다.'[51] 수많은 천사가 나타나 하나님의 선하심과 지혜와 권능과 공의가 이제 성육신하신 아들에게 나타남을 찬양한다. 그러나 하나님의 영광이 인간의 평화보다 먼저다. '하나님의 영광을 찬탈하려는 사람은 아무도 평화를 소유할 수 없기 때문이다.'[52] 하나님의 영광은 그리스도의 가난과 겸손한 자기 비움을 통해 드러났다.[53]

겸손과 숨겨짐

《신학서설》*(Breviloquium)*에서 보나벤투라는 다음과 같이 말한다:

> '선생이신 그리스도는 육신으로는 겸손하시되 그의 신성 안에서는 높임을 받으셨다. 그러므로 그리스도와 그분의 가르침은 겸손하지만, 그 의미는 심오하다고 봐야 옳다. 또한 그리스도께서 강보에 싸인 것과 같이 성경에 있는 하나님의 지혜도 겸손한 이미지로 뒤덮여야 한다.'[54]

따라서 보나벤투라 주석에서 누가복음 탄생 내러티브를 다룰 때 신실한 백성들 가운데 나타난 하나님의 겸손하고 숨겨진 역사는 매우 중요한 주제이다. 예를 들어 엘리사벳이 임신 중에 몸을 숨긴 것은 그녀의 겸손과 단정함 때문이었다. 그러므로 우리는 예수님의 비유에 등장하는 밭에 묻힌 보물과 같이, 거룩한 것들에 대한 개념이 처음에는 숨겨져야 한다는 것을 영적으로 배웠다. 그레고리오 1세(Gregory the Great)의 말에 따르면 '이 보물은 일단 발견되면 보호를 위해 숨겨진다.'[55] 비록 누가복음 탄생 내러티브가 지금은 주목받는 누가복음의 서문이 되었지만 원래는 매우 사적인 이야기였다. 이 이야기들은 자칫하면 오해받기 쉬웠던 예수님 가족의 소중한 추억이었다. 이야기에서 증명된 여러 사실의 성격을 고려할 때 이 내용들은 아마도 수년 동안 비공개로 남아있어야 했을 것이다. 누가가 이 내러티브에 쏟은 관심과 애정의 정도는 오랫동안 이 이야기들을 소중히 여기고 지켜온 자들이 그에게 부여한 신뢰의 척도를 보여준다.

마리아는 가브리엘의 선포에 대한 응답으로 '나는 주의 여종이오니 말씀대로 내게 이루어지이다'라는 중요한 말을 한다.[56] 보나벤투라는 베르나르(Bernard)를 따라 성모 마리아가 하나님의 은총을 받기 위해 자신을 겸손하게 하는 모습을 관찰한다. 그녀의 겸손은 그녀가 받은 은혜만큼이나 특별했다. 베르나르가 언급했듯이 '영광을 받을 때 겸손해지는 것은 매우 위대하고 드문 미덕이다.'[57] 사랑에서 우러나온 마리아의 동의는 그녀의 마음이 소망하던 기도이기도 했다. 마리아의 내면의 기도에 대한 베르나르의 설명은 다시 한번 보나벤투라의 생각을 인도한다. 하나님의 말씀은 '고요하게 영감받은 말씀, 개인적으로 성육신한 말씀, 육신을 입으신 말씀을 통해' 그녀 안에서 성취될 수 있을 것이다.[58] 어린 시절의 경건함은 그녀에게 영감을 주었고 이와 같은 반응을 가능하게 만들었다.

하나님께서 어떻게 그리스도 안에서 인간에게 오셨는지에 관한 이 원리는 보나벤투라가 성육신이 어떻게 실현되었는지 그 영적 중요성을 강조하는 방식에 지대한 영향을 끼쳤다. 그는 성모의 노래(Magnificat)를 언급하면서 '우리의 영혼이 주를 위해 자진해서 포로로 잡혀 있고 주님의 통치 아래 겸손할 때 진정으로 주를 영화롭게 한다'고 했다.[59] 그리스도 안에 드러난 하나님의 겸손은 '자기를 비워 종의 형체를 가지신' 그분의 신성한 존엄성을 반영한다.[60] 어머니의 겸손은 아들의 겸손과 일치했고 또한 아들의 겸손을 기대하게 했다. 이는 하나님께서 겸손하고 통회하는 마음을 어떻게 여기시는지 시편과 선지자들이 가르친 것과 일맥상통한다.[61] 앞으로 이 겸손한 정신이 사람들이 하나님의 기적에 반응하고 생각하는 방식을 결정해야 한다.[62] 이 정신은 또한 세례 요한이 주님의 선구자로서 공적 사역을 준비하면서 영적으로 양성되던 동안 광야에서 은둔한 것에서도 표현되었다. '온전하게 살려는 자는 도시를 버리고 광야를 찾아야 한다.'[63] 요한은 이 대목에서 자신보다 앞서 왔던 엘리야의 본을 따랐고 성 바울의 형성적 경험도 고대했다. 그러므로 보나벤투라는 프란치스칸들의 금욕적 관상 영성을 지지한다.

예수께서 베들레헴에서 탄생하신 것에 관한 보나벤투라의 주석은 매우 전통적이지만 '여자에게서 나시고 율법 아래서 나신' 그리스도의 겸손을 주장한다는 점에서 급진적이다.[64] 예수님의 가난과 겸손은 '예수님의 생애 속에 감춰진 하나님 자신의 본성을 표현한다.'[65] '유다 족속들 가운데 작은' 이름 없는 베들레헴은 그리스도께서 오시는 것을 숨기는 데 기여했다.[66] 보나벤투라는 다음과 같이 말한다. '그리스도께서 한 곳에서 태어나시고, 다른 곳에서 잉태되시고, 또 다른 곳에서 살아나셨음을 주목하라. 이는 성육신의 신비가 헤롯과 다른 불경건한 사람들에게 숨겨지게 하기 위함이다.'[67] 그의 주석은 비록 그보다 훨씬 이전 인물이지만 안디옥의 이그나티우스(Ignatius of Antioch)가 에베소 교인들에게 보낸 편지에서 다음과 같이 말한 것과 일치한다. '이제 마리아의 동정과 그녀의 해산은 주님의 죽음과 마찬가지로 이 시대의 통치자에게 숨겨졌다. 세 가지 신비가 크게 선포되었지만 하나님의 침묵 속에서 이루어졌다.'[68] 보나벤투라가 〈생명의 나무〉*(The Tree of Life)*를 묵상하며 말한 것처럼 '그는 겸손에서 시작하셨지만 우리의 구원과 영원한 공의가 되셨다. 겸손은 모든 미덕의 뿌리이자 수호자이다.'[69] 보나벤투라가 누가복음 주석을 구성한 방식을 살펴보면 처음에 그리스도의 겸손은 예수께서 가난한 출생에 순응하시는 것으로 표현되었다. 그리고 율법에 순종해서 예수께서 할례를 행하시고 성전을 방문하신 것으로도 표현되었다. 갈보리의 그림자는 이미 처음부터 드리워져 있었다.

마리아의 기억

누가복음에 기록된 예수 탄생 내러티브의 권위와 진실성과 관련해서 가장 중요한 것은 마리아의 기억이다. 특히 본인과 관련된 이야기를 할 때는 더욱 그렇다. 마리아와 요셉은 나사렛과 베들레헴의 독실한 유대인 가정의 한 중심에 있었고 이런 맥락에서 예수 탄생의 숨겨진 드라마가 시작되고 보존되었다. 세례 요한의 출생과 관련해서 사가랴와 엘리자베스도 마찬가지다. 특히 마리아의 역할에 대한 주요 지표는 반복적으로 등장하는 다음의 말에서 엿볼 수 있다. '마리아는 이 모든 말을 마음에 새기어 생각하니라.'[70] 세례 요한의 출생은 더 폭넓은 친척들과 지역 사람들에 의해 기억되고 언급된다.[71] 이런 전조들은 탄생 내러티브 안에 언급되는 특정한 이름들과 더불어 사복음서에서 실제 목격자들의 증언이 얼마나 중요한지를 보여준다. 이들의 증언은 차후에 공식적으로 기억되고 최종적으로 기록된다.[72] 또한 누가복음의 숨겨진 전통에 대한 신중한 문체와 표현은 구약 성경의 헬라어 번역본인 70인역(the Septuagint)을 연상시킨다. 이 복음의 전통을 최종적인 서면 형태로 구성한 사람들은 그들이 성경을 편찬하고 있다는 사실을 알았다. 그런 점에서 누가는 이미 신중하게 정의된 어떤 것의 관리인이었다.[73] 보나벤투라는 '주의 말씀을 내 마음에 두었나이다'와 같은 시편 119편의 말씀과 정신을 마리아가 이루었다고 언급했다.[74] '그러므로 마리아는 하나님의 신비를 담은 궤(the Ark)가 되었다.'[75]

보나벤투라는 전례 용어와 시로부터 큰 영향을 받았고 특히 베르나르(Beranrd)와 같은 이전 시대의 교부 주석가들에게 영향을 받아 주님의 어머니이자 중심인물인 마리아에 대해 공들여 설명했다. 그는 처녀로서 그녀의 영적인 중요성은 바울의 주장에 비추어 설명했다. '시집가지 않은 자와 처녀는 주의 일을 염려하여 몸과 영을 다 거룩하게 하려 한다. 그녀의 목표는 자신의 영이 드려진 것과 같이 자신의 몸도 주님께 바치는 것이다.'[76] 베르나르는 더 나아가 마리아를 '마음과 몸을 모두 동정녀로 서원한' 사람이라고 묘사했다.[77] 보나벤투라는 히에로니무스(Hieronymous)와 마찬가지로 구약 예언의 성취로 '마리아'라는 이름의 의미를 '바다의 별'로 해석했다.[78] 이번에도 베르나르(Bernard)를 따라 보나벤투라는 '누가가 그녀를 동정녀라고 부르는 이유는 그녀가 하나님에 의해 준비되었고 우연히 발견되지 않았음을 보여주기 위함'이라고 했다.[79] 그녀의 위엄은 사랑스럽고 칭찬받을 만하며 존경할 만하다고 묘사된다. 이러한 특성은 언약궤의 세 가지 내용물, 즉 달콤하고 매력적인 만나, 권위 있는 아론의 지팡이, 존귀하고 인정받을 만한 율법과도 관련이 있다.[80] 보나벤투라는 다음과 같이 결론짓는다. '선포된 말은 매우 특별하다. 왜냐하면 하나님께서 성막에 거하신 것같이 탁월하고 독특한 방식으로 그녀와 함께 계시기 때문이다.'[81] 마리아는 이스라엘 역사에서 그녀 이전의 모든 신실한 자들, 특히 성경의 거룩한 여성들과 함께 언급되며 칭송을 받는다. '자신의 순결함으로 인해 동정녀는 심란했지만 탁월한 지성 때문에 혼란스러워하지는 않았다'라는 보나벤투라의 말은 하나님의 지혜로 기도하는 그녀의 타고난 자질을 의미했다.[82]

보나벤투라의 마리아에 대한 몰두는 분명했다. 그는 야곱이 목격한 천사가 오르던 거룩한 사다리, 하나님의 집, 천국의 문으로 그녀를 묘사했다.[83]

> '성문을 통과하는 것같이 마리아를 통하지 않으면 아무도 이제 천국에 들어갈 수 없다. 하나님이 그녀를 통해 우리에게 오신 것처럼 우리도 그녀를 통해 하나님께로 돌아가야 한다. 그러므로 그녀를 집, 문, 사다리에 빗대어 볼 수 있다. 그리스도를 품었기 때문에 '집'이고, 그리스도가 탄생했으므로 '문'이고, 하나님을 향해 올라가기 때문에 '사다리'이다.'

보나벤투라는 마리아가 엘리사벳을 돌보기 위해 기꺼이 달려간 것과 이를 가능하게 한 그녀의 큰 너그러움에 주목하면서 그녀를 '가장 큰 자비의 어머니로서 사랑과 존경과 완전한 확신을 가지고 접근해야 할' 인물로 칭찬했다.[84] 남편 요셉을 향한 마리아의 충실함에 대해서도 그는 비슷한 결론을 내렸다.[85]

그러므로 탄생 내러티브의 메시지 자체가 '우리가 그리스도를 찾기 원한다면 먼저 마리아에게 가야 한다는' 것이다.[86] 다른 글에서도 보나벤투라가 마리아에게 집중하는 것이 명확하게 보인다. '마리아조차 양치는 목자들에 의해 믿음이 더 확고해졌다'라는 글에서 그가 마리아의 인간적인 면모에 민감했음을 알 수 있다.[87] 그의 마음속에 그녀는 이상적인 인물이 아니었다. 이것은 시므온이 그녀에게 한 다음과 같은 예언에 대한 그의 주석에 잘 드러난다. '이 아이는 표적이 될 운명이지만 거절을 당하게 될 것이고 당신의 마음은 찔릴 것이다.'[88] 보나벤투라는 이를 '연민의 칼'이라고 표현하면서 '쇠가 그의 영혼을 뚫었다'라는 요셉의 운명을 묘사한 시편의 쓰라린 말씀을 떠올린다.[89] 베르나르(Bernard)는 다음과 같은 결론을 내린다. '칼이 당신의 영혼을 찔렀으므로 우리는 당신을 증인 이상으로 선포할 수 있다.'[90] 보나벤투라는 이 말에 크게 공감하며 살을 덧붙였다. '마리아가 그를 진정으로 사랑했기 때문에 그녀는 깊은 애정을 가지고 그와 함께 고통을 겪었다.' 십자가에 못 박히신 그리스도이자 그녀의 맏아들에 관한 증언은 그녀를 고통과 사랑 안에서 그와 하나 되게 했다.

《아시시 프란치스코의 전기》*(Life of the saint)*에서 보나벤투라는 복음서의 이 순간을 두 번 언급할 때 성흔을 받은 프란치스코를 염두에 두고 있었다. 프란치스코(Francis)가 라 베르나(La Verna)에서 십자가에 못 박히신 그리스도를 안고 있는 천사의 환상을 보았을 때 그는 압도되었고 그의 마음은 기쁨과 슬픔이 뒤섞였다. 그는 그리스도께서 천사 아래에서 자비로운 모습으로 자신을 바라보는 것 때문에 기뻤다. 그러나 그리스도가 십자가에 못 박히신 모습은 슬픔이 깃든 연민의 칼로 그의 영혼을 찔렀다.[91] 보나벤투라는 이 사건이 프란치스코가 평생 진실하게 그리스도를 따르게 되는 계기가 되었다고 보았다. 이는 가장 먼저 그의 생애 초기에 환상으로 처음 암시되었고, 성흔의 고통을 받고 견뎌낸 이후에 죽음에 이르러서야 완성되었다. '당신이 회심 초기에 보게 된 환상이 이제 이루어졌다. 그 환상은 연민 어린 슬픔의 칼로 당신의 영혼을 찔렀다.'[92] 마리아처럼 프란치스코도 고통을 수반하는 사랑 안에서 그분을 닮아갔기에 그는 그 사랑과 고통으로 인해 진정으로 '그리스도를 지닌 자'(Christ-bearer)가 되었다.[93]

예수님의 가난

프란치스코회의 영적 신학의 핵심은 구유에 싸이고 십자가에서 벌거벗은 가난한 그리스도를 따르는 것이다. 프란치스코(Francis)는 이 진리를 당시의 소작농들에게 전하기 위해 성탄 구유에 대한 신심을 고안했다. 보나벤투라는《아시시 프란치스코의 전기》*(Life of St Francis)*에서 청빈의 중요성에 대해 다음과 같이 말했다. '이 거룩한 사람은 가난이 하나님의 아들의 가까운 동반자임을 보았다. … 그는 자주 눈물을 흘리며 예수 그리스도와 그의 어머니의 가난을 떠올렸다.'[94] 프란치스코의 이런 확신은 성체 안에 실재하는 그리스도의 임재와 밀접한 관련이 있었다. 그는 언젠가 이렇게 말했다:

'하나님의 아들 하나님은 너무 겸손하셔서 우리의 구원을 위해 작은 빵의 형태로 자신의 몸을 숨기십니다. 하나님의 겸손을 보고 그 앞에서 여러분의 마음을 쏟아내십시오. 스스로 낮추십시오… 그리고 자신을 위해 어떤 것도 숨기지 마십시오. 그러면 당신에게 자신을 온전히 드리시는 분께서 당신을 온전히 영접하실 것입니다.'[95]

성 클라라(St. Clare)의 첫 번째 편지에서 그녀는 '자신을 사랑하고 포용하는 자에게 영원한 부를 주는 복된 가난'을 칭송하며, '주 예수 그리스도가 다른 모든 것보다 자신을 낮추시며 포용한 하나님 중심의 가난'에 대해 말한다.[96] 그러므로 보나벤투라가 예수님의 탄생과 관련된 주석에서 예수님의 탄생과 예수님 가족의 가난 그리고 가난한 목자들이 그를 처음으로 찬양했다는 사실을 강조한 것은 놀랍지 않다. 아우구스티누스(Augustine)가 말했듯이 '교만한 사람은 오직 겸손한 하나님에 의해서만 구원받을 수 있다.'

성모의 노래(Magnificat)에서 부와 권력의 전도를 축하하는 것이 두드러진다. '그의 팔로 힘을 보이사 마음의 생각이 교만한 자들을 흩으셨고, 권세 있는 자를 그 위에서 내리치셨으며, 비천한 자를 높이셨고, 주리는 자를 좋은 것으로 배불리셨으며, 부자는 빈 손으로 보내셨도다.'[97] 보나벤투라(Bonaventure)는 인간의 일과 그릇된 가치에 대한 이 신성한 심판의 메시지의 일관성을 강화하기 위해서 구약성경의 여러 구절을 서술하는데, 특히 간절히 원했던 아이 사무엘을 성전에 바치며 한나가 부른 노래를 인용한다.[98] 그는 또한 고린도 신자들에게 보낸 첫 번째 편지에서 바울의 의견을 인용한다.

'그러나 하나님께서 세상의 미련한 것들을 택하사 지혜 있는 자들을 부끄럽게 하려 하시고, 세상의 약한 것들을 택하사 강한 것들을 부끄럽게 하려 하시며, 하나님께서 세상의 천한 것들과 멸시받는 것들과 없는 것들을 택하사 있는 것들을 폐하려 하시나니, 이는 아무 육체도 하나님 앞에서 자랑하지 못하게 하려 하심이다.'[99]

성경 전반에 걸쳐 도움이 필요한 자들에게 하나님께서 베푸신 관대함은 '참된 후함은 가난한 자에게 베푸는 것이지 부자에게 베푸는 것이 아님을' 시사한다.[100]

《생명 나무》*(The Tree of Life)*에서 보나벤투라는 그리스도의 탄생을 다음과 같이 묘사한다:

'그는 위대하고 부요하였으나 우리를 위하여는 작고 가난하게 되셨다. 그는 집을 떠나 마구간에서 태어나셨고, 포대기에 싸이셨고, 처녀의 젖으로 영양을 공급받으셨고, 소와 당나귀 사이에 있는 구유에 누이기를 선택하셨다. … 내 영혼아, 이제 이 신성한 구유를 받아들여라.'[101]

예수께서 태어나신 방식에 대해 언급할 때 보나벤투라는 적절한 의복, 환대 또는 침대도 없는 마리아의 가난을 강조한다. '그가 정말로 누더기를 걸친 극빈자로 불릴 수 있도록' 옷 조각으로 아기를 싸야 했다.[102] 그러나 구유는 '빵집'이라는 뜻의 베들레헴과 마찬가지로 생명의 빵인 그리스도를 위한 그릇이 되었다. 그러므로 '그가 구유에 뉘어졌다는 것은 육신을 입음으로 말미암아 소박하고 겸손한 자들의 양식'이 되신 것을 의미한다.'[103] 보나벤투라는 누가복음 주석에서 예레미야에 대한 흥미로운 구절을 여기와 다른 곳에 인용한다. '환난 때에 그들의 구원자이신 이스라엘의 소망이시여, 당신이 이 땅에서 이방인과 같으리요, 아니면 묵을 곳을 찾기 위해 길을 떠나는 나그네와 같으리요?'[104] 보나벤투라는 다음과 같이 결론을 내린다:

> '이 불쌍한 어머니는 그분께서 우리를 초대하셔서 우리가 가난을 포용하고 그분의 극심한 빈곤으로 풍요로워질 수 있도록 가난한 그리스도를 낳았다. 그는 '부유했지만 당신을 위해서 가난해지셨으므로' 우리가 그리스도의 편에 서야 한다… "가난하지만 많은 이들을 부유하게 하는 것과 같이, 가진 것이 없지만 모든 것을 소유한 것 같이 말이다."'

그리스도는 우리를 위해 어린아이가 되셨을 뿐만 아니라 그는 또한 우리를 위해 하찮게 되셨고 멸시를 받으셨고 겸손과 궁핍과 가난으로 이루어진 완전함을 나타내 보이셨다.[105] 그리하여 프란치스코회 영성의 진정한 토대가 시편의 말처럼 드러나게 되었다. '나는 가난하고 젊었을 때부터 고생하고 있다.'[106] 《아시시 프란치스코의 전기》*(Life of the Saint)*에서 보나벤투라는 프란치스코의 삶이 점점 그리스도와 닮아가는 모습을 묘사하면서 이 단어들의 의미를 보여주었다.

'천사들은 다른 부류의 사람들보다 목자들에게 먼저 나타났다. 그리스도가 가난한 자들을 위해 오셨고' 그들은 매우 가난했기 때문이다.[107] 그들의 소박한 삶과 세계관은 하나님의 계시와 명령을 열어 주었고, 그리스도는 그들에게 '가난하고 거지'(poor and a beggar)로 나타나셨다.

가난과 겸손의 이 역설적인 표징은 '그가 가난한 사람들을 해방하려고' 오셨기 때문에 목자들이 그분께 가까이 갈 수 있게 해 주었다.[108] 마찬가지로 예수님의 부모님도 성전에서 가난한 자들이 드리는 제사를 드릴 수밖에 없었다.[109] 보나벤투라는 예수님의 삶을 에워싸고 있는 세 가지 형태의 제물, 즉 예수님의 부모님이 율법에 순종해서 예수님을 맏아들로서 겸손하게 바친 것, 예수께서 성전에 오셔서 가난한 자로서 제사드린 것, 그리고 예수께서 자신을 십자가에 바치신 것을 언급한다.[110]

마지막으로 성전에 있는 나이가 많이 든 거룩한 선지자 안나의 모습은 거룩한 예배라는 맥락에서 완전히 관상에 몰두한 사람을 대표한다. 그녀는 관상이 지속될 수 있도록 금식과 철야의 훈련을 실천했다.[111] 기독교적 관상은 십자가를 포용하는 것을 통해 하나님의 자기희생적인 은혜와 겸손을 받기 위해 '헐벗은 그리스도 앞에 헐벗은' 상태로 하나님의 사랑의 임재 안에 거하는 영혼의 가난을 의미한다. 바울의 말처럼 '우리는 십자가에 못 박히신 그리스도를 전한다… 하나님의 미련한 것이 사람의 지혜보다 지혜롭고 하나님의 약함이 사람의 강함보다 강하기 때문이다.'[112]

각주

3장 탄생 내러티브

1. 누가복음 1:1-4.

2. 헬라식 이름 '데오빌로'는 '하나님을 사랑하는 자'라는 뜻이며, '하나님의 사랑을 받는 사람'을 말하기도 한다.

3. I.29.

4. I.30.

5. I.34: 보나벤투라는 요한복음 9장 3절에 나오는 맹인에 대한 예수님의 판결에 주목한다.

6. I.41: 이사야 49:1 [REB, 개정 영국 성경].

7. I.44: 예레미야 1:5.

8. I.46: 이사야 40:3.

9. I.48: 로마서 4:18-20.

10. I.62: 출애굽기 3:2; 민수기 17:8; 사사기 6:37-8; 예레미야 31:22; 이사야 7:14.

11. I.64: 집회서 24:18 [벌게이트 24:24] — 변형된 텍스트이다.

12. I.69: 예레미야 31:22 — 이것이 보나벤투라가 자주 인용하는 벌게이트역 본문의 의미이다.

13. I.76.

14. I.88.

15. I.92: 집회서 3:21.

16. I.102.

17. I.32.

18. I.34.

19. I.37.

20. I.48.

21. I.51-2: 보나벤투라는 여기서 '사도들의 목소리와 선지자들의 침묵'이라고 세례 요한에 대해 언급한 크리소스토모스의 말을 인용한다(세례 요한에 관한 마태복음강론 16장).

22. 벌게이트역 예레미야애가 3:26, 성 이그나티우스가 에베소서 15장 2절에 대해 보낸 편지에 흥미로운 언급을 한 것을 참조: '예수의 말씀을 진정으로 소유한 자는 그분의 침묵도 들을 수 있다.' M.W. Holmes (tr.), *The Apostolic Fathers* (3rd edn Michigan, 2007) 195.

23. I.112: 누가복음 1장 59절의 일반 주해서(Glossa Ordinaria)를 통해 보나벤투라는 이런 의미들을 히에로니무스로부터 파생시켰다.

24. I.112-13.

25. I.185.

26. I.188-9: 보나벤투라는 시므온의 헌신과 사랑에 대한 열정을 나타내기 위해 찬가(Canticle)를 인용한다.

27. I.191.

28. Ibid.

29. I.192.

30. I.194.

31. I.195.

32. I.197: 보나벤투라는 다마스커스의 존, 베르나르 및 히에로니무스를 참조해서 자신의 주장을 뒷받침한다.

33. 보나벤투라의 사상에 지대한 영향을 끼친 위-디오니시우스(pseudo-Dionysius)의 저술의 번역본: C. Luibhéid (tr.), *Pseudo-Dionysius – The Complete Works,* from the series, Classics of Western Spirituality (New York, 1987).

34. Monti, *Breviloquium* II.8.iii. p.83.

35. Ibid. IV.3.iii and iv pp.140-41.

36. Boehner, *Itinerarium* VI.5-6 pp.35-6.

37. I.55.

38. 다니엘서 9:24 – 벌게이트역 인용: 지성소(Sanctus sanctorum).

39. 누가복음 1:19.

40 누가복음 1:30.

41. 보나벤투라는 다시 한 번 베르나르를 인용한다(Coughlin, *On the Perfection of Life* II.3 p.149).

42. 이사야 7:14 그리고 예레미야 31:22.

43. 이사야 66:7-8.

44. 다니엘 9:24 – vide supra 각주 37 참조.

45. I.74.

46. I.78.

47. I.81.

48. 지혜서 18:14.

49. I.154.

50. 누가복음 2:10.

51. I.160.

52. I.163.

53. 빌립보서 2:7-8 참조.

54. Monti, *Breviloquium* Prologue 4.p.15.

55. I.54: 마태복음 13:44 참조; 인용문은 그레고리오 1세의 복음 설교 중 하나에서 발췌한 것이다(9 in D. Hurst (tr.), *Gregory the Great – Forty Gospel Homilies* (Michigan, 1990) 62-3).

56. 누가복음 1:38.

57. I.78: 베르나르의 네 번째 설교 '동정녀 어머니의 영광에 관하여'를 축약한다.

58. I.80: 베르나르의 동일한 설교를 인용하고 있다.

59. I.92.

60. I.p92-3: 빌립보서 2:6-7.

61. 보나벤투라는 이사야 66장 2절과 시편 138편 6절을 예로 든다.

62. I.111.

63. I.133.

64. 갈라디아서 4:4.

65. I.135: 일리아 델리오의 십자가에 못 박힌 사랑을 인용하고 있다. *Crucified Love: Bonaventure's Mysticism of the Crucified Christ* (Quincy, Illinois, 1998) 91.

66. 미가 5:2.

67. I.141-2: 누가복음 2장 4절에 대한 베다의 주석을 반복하고 있다.

68. Letter to the Ephesians 19: Holmes, The Apostolic Fathers 197-8.

69. E. Cousins (tr.), *The Tree of Life* I.5, in *Bonaventure: The Soul's Journey into God, The Tree of Life, & the Life of St Francis,* The Classics of Western Spirituality (New York, 1978) 129.

70. 누가복음 2:19 그리고 2:51.

71. 누가복음 1:66 – 영어 개역 성경(RV)과 동일하게 벌게이트역도 '이것들을 그들의 마음속에 쌓아둔다'고 말한다.

72. R. Bauckham, *Jesus & the Eyewitnesses,* (Michigan and Cambridge, 2006) 참조.

73. 바울은 고린도전서 11장 23절과 15장 3절에서 최후의 만찬과 부활에 관한 확립된 전통과 관련하여 바로 그러한 위치에 있다고 말한다.

74. 시편 119:11 – In corde meo abscondi eloquia tua.

75. I.170.

76. 고린도전서 7:34: 벌게이트역의 라틴어는 파르테노(parthenos)를 번역하기 위해 처

녀(virgo)라는 단어를 사용한다. 그리스어 본문에는 많은 변형이 있지만 모두 그녀의 미혼 신분을 강조한다.

77. I.60: 베르나르의 두 번째 설교 '성모의 영광에 관하여'(On the glories of the Virgin Mother)에서 발췌한 것이다.

78. I.61: 야곱에게서 떠오를 별을 예언한 민수기 24장 17절을 참조.

79. 이러한 확신은 11월 21일에 있는 동정녀 마리아의 자헌 기념일(Presentation of Mary)의 전례 거행에서 왔으며 그녀의 독실한 부모인 요아킴과 안나, 그리고 그녀의 어린 시절에 관한 초기 외경 전통에 기초하고 있다.

80. I.64: 풍부하고 전통적인 기독교 예표론적 주해.

81. I.65.

82. I.68.

83. 창세기 28:17.

84. I.89.

85. I.p104-5.

86. I.168.

87. I.169.

88. 누가복음 2:34-5.

89. I.p196-7; 시편 105:18 – 벌게이트역을 따르는 성공회기도서(BCP) – 철이 그의 영혼을 통과했습니다(ferrum pertransiit animam eius).

90. I.197 – 헬라어로 '증인'은 또한 '순교자'이다.

91. Cousins (tr.), *The Life of St Francis,* in *Bonaventure: The Soul's Journey into God,*

The Tree of Life, & the Life of St Francis, 189, 305.

92. Ibid. 313.

93. 빌립보서 3:10 참조. 이것이 보나벤투라의 짧은 영적 소책자의 주제이자 목적이다. The Five Feasts of the Child Jesus, in T. Johnson (ed.), *Bonaventure: Mystic of God's Word – Selected Spiritual Writings,* (New York, 1999) 139-52; 그리고 in E. Doyle (tr.), *Bonaventure: Bringing forth the Christ – Five Feasts of the Child Jesus* (Oxford, 1984).

94. Bonaventure, *The Life of St Francis,* pp.239-40.

95. R.J. Armstrong and I.C. Brady (tr.), *Francis & Clare – The Complete Works* (New York, 1982) 58.

96. Ibid. 192.

97. 누가복음 1:51-3.

98. I.100-101: 사무엘상 2:7-8.

99. 고린도전서 1:27-9.

100. I.100.

101. Op. cit. Cousins, *The Tree of Life,* I.4, 128-9.

102. I.145: 여기에서 보나벤투라는 성탄에 관한 베르나르의 네 번째 설교와 그의 전임사인 성 세트의 위그의 주석에 크게 의존한다.

103. I.146-8.

104. 예레미야 14:8: 보나벤투라는 누가복음 24장 13-35절에서 부활하신 후 엠마오로 가는 길에 제자들에게 나타나신 그리스도에 관해 나중에 그의 주석에서 이 본문을 인용한다.

105. I.150-51: 고린도후서 8:9 그리고 6:10 인용.

106. 시편 88:16; 시편 87:16의 벌게이트역은 Pauper sum ego, et in laboribus a iuventute mea이다.

107. I.155.

108. I.158-9.

109. I.181.

110. I.182: 보나벤투라는 그리스도께서 자신을 드리신 것을 지지하기 위해 이사야서 53장 7절의 벌게이트역을 인용한다: Oblatus est quia ipse voluit.

111. I.202-3.

112. 고린도전서 1:23 그리고 25.

CHAPTER 4

세례 요한

세례 요한

약속의 자녀

보나벤투라가 글을 쓸 때 세례 요한은 예수님의 복음 이야기에 있어 근본적으로 중요한 인물이었다. 이런 세례 요한의 중요성은 동시대 프란치스칸들이 그들의 설립자를 이해하는 데 있어 요한이 차지하는 중요성과 일치했다. 《아시시 프란치스코의 전기》*(Life of the Saint)*에서 보나벤투라는 프란치스코를 요한과 명시적으로 동일시한다. 그는 광야로 나가서 '최고 수준의 청빈한 삶'을 확립하고, 요한처럼 '엘리야의 영과 능력으로' 충만해질 것을 임명받았다.[1] 당시 프란치스칸들에게 중요하면서도 분열을 야기했던 질문은 세례 요한이 그리스도의 오심을 예고했던 것처럼 프란치스코가 성령의 새로운 시대를 예고하는 종말의 '천사'였는지, 그리고 만약에 그렇다면 어떤 면에서 그러했는지였다.[2]

수도원 전통 전반에 걸쳐 엘리야와 요한은 금욕적인 생활의 선구자이자 천사 같은 삶과 사명에 참여한 인물로 여겨졌다. 예수님과 가장 가까운 제자 중 일부는 처음에 세례 요한을 따랐었다. 누가복음 전반에는 강력한 금욕주의 성향이 있다. 그리고 누가의 두 번째 글인 사도행전에서 그는 요한의 남은 제자들이 예수님께 접붙여진 사실을 염두에 두고 있었다.[3] 모든 복음서에서 두 제자 집단 사이의 지속적인 관계에 대한 민감성을 감지하는 것은 어렵지 않다. 예수께서는 돌아가실 때까지 요한과 요한의 순교와 어느 정도 비교를 당하셔야 했다.

전통적인 교부들의 주해와 마찬가지로 보나벤투라는 요한과 예수님의 탄생 이야기 사이에 세심한 유사점을 도출했다. '선구자의 도래가 왕의 잉태를 예고하는 것과 같이 불임이던 자의 잉태가 동정녀의 잉태를 앞서기 때문이다.'[4] 그는 또한 요한의 부모의 존엄, 결혼, 거룩함에도 많은 관심을 기울인다. 나이가 많이 들어 아이를 낳을 수 없는 부모가 아들을 얻은 것은 신실한 이스라엘의 대표자인 그들에게 사적으로 주어진 약속만은 아니었다. 이는 또한 하나님의 백성이 가진 모든 역사적 소명을 성취하는 것이기도 했다. 요한의 삶은 거룩함과 미덕, 내적 거룩함을 반영하는 삶의 엄격함으로 특징지을 수 있다.[5] '영혼의 능력을 채우시는 분은 오직 성령이시기 때문에' 그는 성령의 은혜로 충만했다.[6] 결과적으로 메시아의 도래를 예고하는 엘리야의 권세를 받은 요한의 가르침은 많은 이들을 개종시켰다.[7] 세례 요한은 모범적인 설교자가 되었고 보나벤투라가 이 복음서의 주석서를 기록한 이유인 모든 프란치스칸들의 모범이 되었다.

엘리사벳과 마리아의 만남은 아직 태어나지 않은 두 자녀의 삶을 결정짓는 특징을 드러냈다. 마리아가 서두른 이유는 연로한 엘리사벳에 대한 연민과 하나님에 대한 한결같은 헌신 때문이었다. 이로부터 우리는 '완전함을 얻고자 하는 사람은 서두를 필요가 있다는 것을 알 수 있다.'[8] 마리아의 문안 인사는 사랑의 음성이었고 이 소리는 신랑의 음성을 기뻐하는 소명을 받은 엘리사벳의 태중에 있는 아이의 첫 태동을 앞당겼다.[9] 엘리사벳의 큰 기쁨의 외침은 '하나님의 사랑은 결코 결과가 없지 않다'고 그레고리오 1세(Gregory the Great)가 요약한 진리를 반영하고 있다.[10] 그녀는 '말씀의 소리'(voice of the Word)가 될 아들의 사역을 고대했다. 엘리사벳은 마리아를 '복을 받은 이'(blessed)라고 칭송했는데 보나벤투라는 구약 성경 전체를 참고해서 이 단어를 해석했다. 그들의 축복이 마리아에게 성취가 되었기 때문이다.[11] 보나벤투라가 탄생 이야기를 언급하는 방식을 보면 이 신실한 여성들의 역할을 매우 강조하고 있다. 보나벤투라의 다른 영적 저서들도 여성들의 민감한 영적 생활에 관심을 보이고 있다.[12]

제사장 사가랴가 약속된 아들이 태어난 것에 대해 경의를 표하는 사가랴의 노래(Benedictus)는 구약의 약속이 성취되는 풍부한 태피스트리(tapestry: 다양한 색실로 그림을 짜 넣은 직물이나 직물을 제작하는 기술-역자주)이다. 성령이 충만하게 임하셔서 터져 나온 그의 노래는 이스라엘의 모든 소망을 취합했다. 이처럼 요한의 부모는 모두 예언의 영으로 충만했다.[13] 보나벤투라는 이 노래가 이미 진행 중인 '성육신의 신비, 속량의 대가, 부활의 승리'를 알리면서 동시에 구속을 축하하고 있다고 설명한다. 그리하여 선지자들과 족장들에게 주신 약속이 마침내 성취되고 있었다. 보나벤투라는 선포된 내용을 넓은 범위에서 자세히 설명하기 위해 성경 전체를 참고해서 사가랴의 노래의 단어 하나하나가 지닌 풍부한 울림을 보여준다. 하나님의 약속과 자비는 절대 실패하지 않기 때문이다. 하나님의 구원의 최고의 척도는 두려움을 없애는 것이다. '이것은 그리스도를 통해 우리에게 선물로 주신 치료제'이다.[14] 하나님을 섬기는 것은 개인 생활의 거룩함과 타인을 향한 정의를 의미하며 이를 이루기 위해서는 외골수적인 인내가 필요하다.

세례 요한은 지극히 높으신 분의 선지자가 될 것이다. 그의 거룩한 본성은 그리스도를 닮았고 그의 인성은 예수님의 선구자이다. 그는 믿음의 지식과 사랑의 애정, 이 두 가지로 주님의 오실 길을 예비할 것이다. 그는 전령의 목소리로 믿음의 길을 준비했고 환하게 타오르는 등불로서 사랑의 길을 준비했다. 구원에 대한 지식의 은사는 거저 주어지지만 그 특징은 죄 용서이다.[15] 주님의 임재는 인간의 삶을 위로하고, 깨우치고, 지도하며 사람들을 자신에게로 인도한다. 보나벤투라는 설교 개요로 사가랴의 노래에 대한 주석을 마무리한다. 여기서 그는 광범위한 성경 본문을 사용해서 하나님께서 반복적으로 방문하시는 방식과 의도를 설명한다. 그 목적은 죄인을 바로잡고, 참회하는 자를 옹호하며, 무지한 자를 깨우치고, 부지런한 자를 격려하며, 순종하는 자를 보호하고, 관상하는 자들을 더욱 열매 맺게 하며, 영적인 갈등에 휘말린 사람을 돕고, 고통을 위로하며, 인내하는 사람에게 상을 주기 위해서이다. 보나벤투라의 개요의 목적은 실용적인 설교와 가르침을 위한 것뿐만 아니라 성경의 모든 증언을 통해 하나님께서 그의 백성을 다루는 일관성을 보여주는 것과 거룩한 질서와 영감을 받은 글로써 성경의 완전성과 권위를 뒷받침하는 데 있었다.

광야

광야는 요한이 형성되고 증인으로 세워진 곳이자 누가복음 안에서 중요한 역할을 하는 장소이다. 또한 예수께서 기도를 드리시기 위해 자주 물러난 곳이기도 하다. 누가는 초기 기독교의 가장 중요한 뿌리 가운데 하나, 즉 수도자에 버금가는 금욕 생활에 헌신하라는 요구를 소중히 여기고 기록했는데 이는 요한과 예수님의 가르침에도 분명하게 드러난다. 이 복음주의적 증인의 현실을 구현해 낸 것은 프란치스코의 타고난 천재성 때문이다. 사복음서 모두 '"주의 길을 예비하라"고 광야에서 외치는 자의 소리'로 요한에 대해 증거한다.[16] 보나벤투라에게 있어 '누구든지 완전하게 살고자 하는 자는 도시를 버리고 사막을 찾아야만 했기 때문에' 요한이 어린 시절 사막으로 은둔한 사실은 중요했다.[17] 엘리야와 마찬가지로 이 준비는 차후에 그의 예언적 가르침과 사역의 기초가 되었다. 성령의 충만함을 받은 요한의 설교와 가르침은 완전했다.[18] 그는 하나님께서 선지자들에게 자주 말씀하셨던 환경에서 양육되었다.[19] 호세아 선지자도 말했다. '내가 그녀를 광야로 데리고 가서 그녀의 마음에 말할 것이다.'[20]

요한의 금욕적 헌신은 회개를 촉구하는 토대가 되었다. 그가 베푼 세례는 그 자체로 메시아의 오심을 준비하는 금욕적인 행위였다. '그는 잠자는 자들을 깨워서 빛을 깨달을 수 있게 한다.'[21] 보나벤투라는 선지자의 계보를 잇는 요한의 본질적인 메시지를 확증하기 위해 구약의 여러 구절을 인용했다. 하나님의 계명에 순종하는 것이 주님의 도를 따르는 열쇠이다. 주님의 도는 의도와 생각, 애정과 말과 행동을 바로잡는다. 또한 고난 중에 위안을 주고 결국에는 보응을 베푼다. 이사야의 예언 속에는 하나님께서 겸손한 자를 높이시고 교만하고 부유한 자의 가식은 전도시키는 것이 내포되어 있다. 오직 이 관점에서만 겸손한 메시아를 분별할 수 있는데 요한의 생활 방식이 이 진리를 증명했고 이와 관련된 계시를 준비했다. 또한 요한의 생활 양식은 헤롯의 부패를 포함한 주변 사람들의 그릇된 가치에 도전했고 모든 부류의 사람들을 자신에게 끌어당기는 설교자로서 그의 권위의 기초를 제공했다.

요한의 설교는 하나님의 사랑과 열정이 결합되어 있는 것이 특징이다.[22] 그는 청중들에게 '내가 멀리 도망하여 광야에 있는 도피처에 이르리라'고 말한 시편 기자의 정신으로 기회가 열려 있을 때 회개의 광야로 들어가라고 요청했다.[23] 또한 요한의 말은 나중에 예수님의 말씀처럼 그의 청중에게 재앙이 임박했음을 경고하는 신성한 심판을 담은 엄중한 메시지였다. 그의 호소는 각기 다른 처지에 있는 다양한 계층의 사람들을 향한 것이었기 때문에 보편적이었다. 보나벤투라는 다양한 저서에서 '세속적으로 지혜로운 사람들보다 단순한 자가 배우고자 하는 열망이 더 크다'고 말한다.[24] 급진적이긴 하지만 사람에게 꼭 필요하지 않은 여분의 의복과 음식을 나누어 주라는 요한의 지시는 항상 자선을 베풀 의무에 관한 성경의 가르침을 반복하는 것이었다. 이런 구제는 주는 사람에게 실제 비용이 들기 때문에 희생적이어야 한다. 구제는 단순히 불필요한 것을 나누는 것이 아니라 진정으로 도움이 필요한 사람에게 조건 없이 베푸는 관대한 사랑의 행동이어야 한다. 보나벤투라는 이것이 단순히 도덕적인 충고가 아니라 왜 절대적인 명령인지를 매우 주의 깊게 설명한다.[25] 따라서 프란치스코(Francis)와 그의 추종자들은 초기 기독교 때부터 존재했던 가치를 다시 말하고 보여주고 있다. 세리와 군인들은 억압적인 정권을 대표했고 백성들은 그 아래서 노동을 했다.

요한이 이런 자들과 어울렸다는 점에서 그는 예수님의 선구자였다. 그는 세리와 군인들과 교제하는 것을 두려워하지 않았고 자신을 향해 무력을 행사할 수 있는 사람들에게 위축되지도 않았다. 실제로 '자기 자신에게 가장 엄격했던 요한은 약한 자들을 긍휼히 여겼고' 그래서 각자의 그릇에 맞게 메시지를 조절했다.[26] 설교자 요한은 또한 목회자였다. '여기서 요한의 설교의 위대한 힘이 나타난다. 그는 가장 세속적으로 보이는 사람들을 자신에게 끌어들였다.'[27] 군인들에게 탐욕적으로 행동하지 말라고 도전하면서, 보나벤투라는 적절한 절차에 따라 합법적으로 허가된 그리고 도덕적으로 정당화될 수 있는 제한적인 폭력의 조건들과 목적들을 상세하게 설명했다. 영광을 추구하는 것과 인간의 복수심은 전쟁을 항상 불법으로 만든다. 이런 인간의 오만함을 제지할 수 있는 것은 전쟁뿐이다.[28]

요한이 자신이 메시아인지 질문을 받았을 때 그는 오실 이, 곧 '나보다 능력이 많으신 분'에 대해 증거했다.[29] 요한은 절대적으로 겸손했다. 그는 그리스도의 신발 끈조차 풀기를 원치 않았다. 그래서 '하나님께서 요한을 지극히 큰 자라고 여기실 때 그는 자신을 지극히 작은 자로 여겼다.'[30] 프란치스코(Francis)를 기념하는 일은 보나벤투라와 동시대인들에게 이 복음적인 진리를 제공했고 현실로 만들었다. 요한이 예견했던 세례는 성령의 역사였다. 불이신 성령께서 오순절에 사도들의 머리 위에 임하셨다.[31] 보나벤투라는 이것을 하나님의 참된 사랑의 불씨로 해석한다. 그러나 동시에 이 불은 구속하고 변화시키는 일을 하기 위해 고통과 정화, 유혹을 수반할 수 있다. 요한의 메시지는 임박한 하나님의 심판 가운데 하나이자 밀과 쭉정이를 가려내는 키질이다. 보나벤투라에게 있어 공부, 선행, 기도에서 오는 행복을 수반하는 교회 생활은 이미 거룩한 '모임'의 방식을 보여준다. 여기에는 설교, 생활 양식, 하나님의 율법과 약속을 배우는 것과 성례전의 의미를 이해하여 평화 속에서 단결하고, 빛으로 충만하고, 현세와 내세에서 찬양하는 것도 포함된다.

요한이 헤롯의 부패에 도전했기 때문에 요한의 예언 사역은 궁극적으로 그의 자유와 생명을 앗아갔다. 요한이 살해당한 사건은 예수님의 사역에 암울한 그림자를 드리웠으며 예수님의 운명을 예고하는 전조였다. 요한은 순교를 통해 이전에 존재했던 신실한 선지자들 가운데 한 사람이 되었다. 선지자들은 모두 순교로 죽음을 맞이한 것으로 여겨졌고 이들의 죽음은 그리스도의 죽음을 예고했다.[32]

세례와 시험

보나벤투라는 주석에서 세례 요한이 예수님께 세례를 베푼 일을 언급할 때 예수님의 겸손을 강조했다.[33] 그는 이 일이 예수님이 어떤 분이신지 명확하게 보여준다고 생각했다. 보나벤투라는 예수께서 '종의 형태를 취하심으로' 경험하신 세 가지 모욕에 관해 이야기한다.[34] 첫째는 회개의 징표로 세례를 받으려는 죄인들과 자신을 동일시하신 것이다. '그리스도는 세례를 받으러 온 이들이 겸손하다고 생각하셨다.'[35] 둘째는 예수님이 자신의 종이자 선구자인 요한에게 세례를 받으신 것이다. 보나벤투라는 완전한 겸손을 열등한 사람에게 복종하는 것이라고 정의했다. 예수께서 이처럼 세례를 받으신 이유는 요한의 사역을 확증하시고 겸손의 본을 보이려고 하셨기 때문이다. 또한 예수님께서 세례를 받으신 그 순간에 실제로 신성하게 된 물은 차후에 성례전적인 중생의 도구가 되었다. 마지막으로 예수님은 자신의 아버지이신 하나님께 기도하시므로 겸손을 나타내 보이셨다. 보나벤투라는 히브리인들에게 보낸 편지에서 중요한 내용을 가리키며 '예수님은 공생애 기간에 자신을 죽음에서 구원하실 수 있었던 하나님께 큰 울부짖음과 눈물로 기도와 탄원을 드렸고, 이런 그분의 헌신으로 인해 하나님께서 기도를 들으셨다'고 했다.[36] 복음서는 예수님의 설교와 사역의 숨겨진 토대로서 예수님의 규칙적이고 사적인 기도 생활을 여러 번 강조하는데 이는 예수께서 고통 가운데 계시고 죽음을 맞이하는 상황에서 극명하게 드러난다.[37]

예수님의 세례는 사역이 시작된 것을 알리고 확증했을 뿐만 아니라 성부 하나님과 성령과의 관계를 드러낸 신의 현현이었다. 보나벤투라는 이것을 매우 전통적인 용어로 설명하면서 동시에 자신만의 특징적인 강조점을 가지고 설명한다. 삼위일체는 빛과 비둘기와 하나님의 음성으로 계시가 된다. 하늘이 열리며 거룩한 영광의 빛을 발산했으며 예수님의 세례는 그분을 통해 하늘의 문이 열렸음을 보여준다.[38] 크리소스토모스(Chrysostom)와 그레고리오 1세(Gregory the Great)에 이어 보나벤투라도 비둘기를 그리스도의 방식이 온유하고 순결하다는 표시로 해석했다. 더 나아가서 그는 복음서에서 성령께서 세 가지 방식, 즉 세례를 받으실 때 비둘기로, 변화산에서 구름으로, 오순절에 불로 출현하신 것이 영적 관상의 길을 발전시켰다고 지적했다.[39] 아버지의 음성은 예수님을 그분의 기뻐하시는 아들로 인정한다. 이는 '나를 기쁘게 하는 모든 것이 네게 있다'라는 말씀이기 때문에 매우 특별한 관계이다.[40] 이를 바탕으로 보나벤투라는 기독론의 핵심 원칙을 다음과 같이 선언했다. '그리스도는 아버지의 말씀과 가장 유사하시며 아버지를 나타내시므로 아버지께 가장 큰 기쁨이 되신다. 아버지는 자기 안에 있는 말씀에게 말씀하시기 때문에 우리에게도 말씀하신다.'[41] 좀 더 현대적인 언어로 표현하자면 '하나님은 그리스도와 같으시고 그 안에 그리스도와 같지 않은 것이 전혀 없으시다.'[42] 성 바울의 말에 따르면 '그리스도 안에 삼위일체의 모든 충만함이 체현되어 있다.'[43]

그리스도에 대한 이러한 믿음의 진실과 실상은 누가복음과 마태복음에 기록된[44] 그리고 마가복음에 암시된 시험당하시는 예수님의 이야기에서 입증된다.[45] 보나벤투라는 이 본문에 대한 전통적인 주석을 영적 생활에 관한 논문으로 발전시킨다. 그는 마귀의 동기를 먼저 분석한다. 그리스도가 받은 은혜에 대한 부러움, 고립되고 취약한 상태에 계신 예수님을 향한 악의, 하나님과의 관계에서 자신이 누구인지에 대한 의심, 그리고 누가 봐도 알 수 있는 예수님의 필요를 이용하는 순전한 기회주의가 있다. 여러 측면에서 마귀가 사용하는 이 범죄 수법(modus operandi)은 에덴동산의 유혹 이야기와 매우 흡사하다.[46] 세례받으실 때 예수님 안에 있는 성령의 충만함이 넘치기 시작하셨는데, 그 첫 번째 증거는 예수님을 광야로 인도하시고 고대의 원수와 대적하도록 이끄신 분이 성령이셨다는 사실이다. '성령의 인도하심을 받는 것이 자비로운 행위인 이유는 "누구든지 하나님의 영으로 인도함을 받는 사람은 하나님의 아들이기 때문이다."'[47] 광야로 인도되는 것은 하나님의 임재와 음성이 가장 잘 감지되고 들릴 수 있는 환경으로 인도되는 것이다. 마귀는 오직 침입자로 광야에서 자기 영역을 확보할 수 있다. 그리스도께서 광야에 체류하시는 것은 모세와 엘리야의 경험을 통해 예견된 일이었다. 두 인물 모두 사막에 거주했으며 거기에서 하나님의 계시를 받았다.

세 복음서가 예수님의 생애에서 이 순간을 묘사하는 다른 방식에서 보나벤투라는 흥미롭고 독특하게 영적 지도를 끌어낸다. 마가는 예수께서 성령에 의해 '몰렸다'(driven)라고 말하고, 마태는 예수께서 그곳으로 '안내'(conducted)를 받았다고 표현하지만, 누가는 그것을 성령의 '인도'(leading)라고 부른다. 이는 사람이 세 가지 방식, 즉 두려움, 진리에 매료됨, 선에 대한 사랑에 의해 참회의 광야로 인도를 받는 것을 의미한다. 그러므로 성경에서 경고(warning), 충고(advice), 약속(promise),이 세 가지 패턴을 쉽게 발견할 수 있으며, 이는 인간의 세 가지 동력과 일치한다.[48] 주님께서 금식하신 기간은 그분의 인간되심과 그에 따른 육체적 필요를 보여주었다. 그리고 마귀의 의심을 샀다. 예수께서 죄를 범하도록 악에 의해 시험을 받으신 데는 세 가지 동기가 있다. 마귀는 영원하지 않은 세 가지를 사랑하게 하므로 예수님을 덫에 걸리게 하려 했다. '첫 번째 시험은 열등한 것, 즉 육체를 다룬다. 또 다른 시험은 외부, 즉 세상에 대해 다룬다. 마지막 유혹은 내부, 즉 인간 영혼의 탁월함을 시험한다. 첫 번째 시험에서 인간은 육체적이게 되고, 두 번째 시험에서 호기심이 생기며, 세 번째 시험에서 주제를 넘게 된다.'[49] 마귀는 예수님을 탐식과 탐욕, 교만으로 유혹해서 에덴동산 이야기의 내리막길을 되풀이하고자 했다.[50] 돌을 떡으로 바꾸려는 첫 번째 시험은 예수께서 진짜 누구이신지 드러내는 것이었다. 마귀는 그분의 신성을 두려워했기에 그분의 인성을 넘어뜨리려 했다. '그러나 예수님 안에 하나님의 겸손하지만 확고한 반응은 이 악하고 교만한 유혹과 충돌한다. 왜냐하면 예수님의 반응은 신성을 숨기시면서 육욕을 피하셨기 때문이다.' 예수께서 성경 말씀으로 대적을 물리치신 것은 '자신의 지혜를 나타내시면서 동시에 자신의 힘은 숨기시고 공의를 보전하신' 행동이었다.[51] 또한 예수님은 하나님의 자기희생적인 깊은 자제력을 드러내시는데 이것이 바로 성육신의 특징이다.

두 번째 시험은 세속적인 권력과 인간의 영광에 관한 것이었으며 아마도 초강대국이었던 로마인들의 모습을 반영했을 것이다. 그러나 예수님께서 자신을 인도하도록 허락하신 겸손은 고난받는 하나님의 종으로서 수난을 예고한다.[52] 산은 권력의 상징이 되기도 하지만 떨어지면 치명적일 수 있는 높은 곳이다. 마귀는 대담하게도 본질적으로 일시적이기 때문에 금방 탄로 날 세상의 거짓된 매력으로 그리스도를 유혹하려고 시도한 것이다. 권력을 소유하고 그것을 분배할 수 있다는 마귀의 주장은 그의 기만적인 악의와 자만심의 깊이를 드러낸다. '모든 무질서한 권능은 마귀에게 귀속되기 때문이다. 마귀는 교만해서 모든 권능을 자기에게 귀속시킨다. 모든 질서 있는 권능은 하나님으로부터 나온다.' 그러나 마귀는 '인간이 자발적으로 그에게 엎드리지 않는 한 인간 위에 설 수가 없어서' 경배를 받고자 했다.[53]

그러므로 마귀의 약속은 태초에 아담과 하와에게 그랬던 것처럼 본질적으로 사기성을 띤다. 예수님의 대답은 특히 하나님만을 경배하는 것과 관련이 있었기 때문에 성경의 가치와 권위를 보여주었다.

유혹은 영혼을 손상하기 위해 항상 마음에 가해지는 공격이다. 이것은 인류의 타락이 빚은 비극적인 유산이다. 우리는 주기도문에서 유혹이 우리를 짓누르고 악 앞에서 무력하게 만드는 상황에 빠지지 않기를 기도한다. 세 번째 유혹은 한 마디로 끈질긴 설득이었다. 마귀가 보여준 비전은 예루살렘 성전과 성전이 상징하는 것과 관련해서 예수님의 사명과 그분의 마음을 향한 공격이었다. 성전 '꼭대기'는 서기관들이 그랬던 것처럼 사람들에게 연설하기 위한 최고의 장소였다. 마귀는 선택적으로 시편 91편의 단어를 인용하며 예수께서 자발적으로 엎드리도록 유도했고 마귀 자신의 비참한 타락을 모방한 오만한 행동으로 예수님을 유혹하려 들었다. '이로부터 우리는 고양(exaltation)과 굴욕(humiliation)은 항상 서로 얽혀 있다는 것을 배운다.'[54] 보나벤투라는 또한 문맥에서 벗어나 성경 본문을 인용하는 것이 어리석은 짓임을 지적한다. '자신의 이익을 위해 목적에 맞게 권위를 조정하는 것은 악마적인 행동이 확실하다.'[55] 예수님은 다시 성경을 인용하셔서 '주 너의 하나님을 시험하지 말라'고 답변하셨다.[56] 이것이 모든 종류의 유혹에 대한 최후의 보루인 이유는 하나님과 인간 사이의 근본적인 신뢰 관계에 관한 문제이기 때문이다.

마귀의 시험은 예수께서 참으로 인내와 순종으로 온전하게 인간이 되셨다는 것을 확증해준다.[57] 마귀는 '사막에서 금욕적인 삶을 사는 자들에게 가장 큰 노력을 쏟는데' 그는 인간과 자주 싸우는 바로 그 자리에서 굴욕을 맛보았다.[58] 보나벤투라는 은둔과 영적 갈등의 모든 수도원 선농을 분명히 염두에 두고 있다. 마귀는 하나님께서 허락하시는 동안만 시험할 수 있다. 그는 아첨하는 뱀 같이, 삼키려는 사자와 같이 인간을 노린다. 보나벤투라는 마귀가 처음으로 예수님을 시험할 때는 사냥발린 말로 유혹했지만, 겟세마네와 십자가에서 그리스도를 시험할 때는 고통으로 그분을 깨뜨리기 위해 필사적이었다고 말한다.[59] 그러므로 마귀는 '자신의 때'를 기약했다. 이 첫 번째 시험을 통해 예수께서 사역하시는 동안에 그리고 마지막 순간에 계속해서 어떤 종류의 압박을 받으셨는지 엿볼 수 있다.

예수님과 요한

누가복음과 마태복음은 모두 예수님에 대한 세례 요한의 증언을 옹호하기 때문에 거의 동일한 전통을 기록하고 있다.[60] 마태는 요한이 헤롯에게 체포되어 감옥에 있는 순간을 활용했다. 누가복음에는 예수께서 나인 성 과부의 죽은 아들을 일으켜 세우는 일이 먼저 나온다. 부활은 예수가 메시아라는 탁월한 징표이기 때문이다. 이는 '큰 선지자가 우리 가운데 일어나셨다!'라는 대중의 반응에서 입증된다.[61] 요한은 제자 중 두 명을 보내 예수께서 정말로 '오실 그이'가 맞는지 확인했다.[62] 보나벤투라는 이것을 추종자들의 분노와 의심을 잠재우기 위한 것으로 이해했다.[63] 그들이 보는 앞에서 행해진 다양한 치유의 기적은 구약에서 약속한 대로 예수께서 정말 메시아라는 것을 확인시켜 주었다.[64] 예수님은 성경의 예언서에서 가져온 언어로 요한에게 답변하셨고 '누구든지 나로 말미암아 실족하지 아니하는 자는 복이 있다'라는 경고도 함께 덧붙이셨다.[65] 요한은 예수님의 기적을 보지 못했지만 계속 믿었고 그의 제자들은 기적 중에 일부를 실제로 보았기 때문에 믿게 된다.[66] 보나벤투라는 그리스도의 치유 사역을 더 자세히 서술하기 위해 구약과 신약의 본문을 연속적으로 신중하게 나열하면서, '가난한 자들에게 좋은 소식이 전파된다'라는 사실과 '가난한 자들의 이름이 명예롭고, 사랑스럽고, 칭찬할 만한 것이 된다'라는 프란치스코회의 특징을 강조한다. '이는 오직 가난한 자들을 부유하게 하시고 존귀하게 하시려고, 스스로 가난하게 되신 예수님으로 인해 일어난 일이다.' 따라서 '가난은 복음을 완성시키는 토대이다.'[67]

보나벤투라에게 이것은 영혼의 가난과 겸손, 소유욕이 없는 삶의 단순함을 수반한다. 이 시점에서 그는 특징적으로 프란치스칸적인 설교인, 예수님의 빛으로 이해된 가난의 기쁨을 자신의 주석서에서 요약한다. 연약함에 대한 이해와 관용, 하나님의 공급하심과 미덕의 우수성, 하나님을 의지함으로써 생기는 내적 기쁨, 모든 근심에서 자유롭게 해주는 단순한 자족이 주는 부유함, 하나님의 섭리와 보호하심, 사랑으로 수용하시는 하나님을 즐거워하는 기쁨, 겸손하고 가난한 자들에 대한 하나님의 자비로운 은혜, 악한 자와 압제자를 향한 하나님의 최종 판결에 대한 신뢰, 그리스도를 위해 수용한 가난이라는 호된 시련의 장에서 완성되고 있는 완전함, 마지막으로 가난이라는 좁고 협착한 길을 끝까지 가는 사람들에게 약속된 하나님의 나라에 대해 언급한다. 팔복에 나오는 예수님의 말씀처럼 '심령이 가난한 자는 복이 있다. 천국이 그들의 것이기 때문이다.'[68]

보나벤투라는 또한 그리스도가 사람들을 치유할 수 있는 죄의 본질에 대해 잘 정리된 성찰을 제공한다. 그는 예수께서 실제로 요한의 제자들 앞에서 사람들을 치유한 네 가지 질병이 원죄를 탐욕스러운 욕망의 형태로 나타내고 있다고 설명한다. 이 네 가지 질병은 인간의 인반적인 질병, 고통으로 인한 무력감, 악의 노예로서의 사악함, 그리고 장님으로 대표되는 무지이다. 그러므로 복음서의 외적인 치유는 인간의 내적 치유를 반영하고 있고 하나님의 자녀들 안에 왜곡된 하나님의 모습을 회복시킨다. 예수께서 요한에게 보내신 메시지에 언급된 다섯 가지 유형의 치유 목록은 사람들이 삶의 여정에서 구원을 받아야 하는 실제 죄를 대표한다. 잘못된 선택의 눈가림, 잘못된 목표를 추구하는 장애, 나병처럼 전염되는 타인과 공유하는 부패한 삶, 고집으로 인한 귀머거리, 그리고 타인을 정죄한 결과로 맞이하는 절망스러운 영적 죽음이 여기에 해당한다. '그리스도의 능력은 은혜로 이 모든 것에서 우리를 치료한다.'[69] 따라서 복음은 하나님의 재창조와 긍휼의 사명을 보여준다.

요한의 제자들이 떠나고 나서 예수님은 청중들이 요한을 대하는 태도를 놓고 그들을 도전하셨다. 그리고 이 문제는 예수님의 생애 마지막 주간에 예루살렘에서 다시 등장한다.[70] 예수께서는 감옥에서도 변함없는 요한의 태도를 칭찬하셨다. '이제 이 한결같은 마음을 얻으려는 사람은 세상을 버리고 광야에 있는 요한에게 나아가야 한다.'[71] 예수님은 또한 요한의 금욕적인 생활 방식과 모든 안락함에 대한 거부를 지지하셨다. 보나벤투라는 성경 전체에서 발췌한 광범위한 참조 목록을 가지고 더 자세하게 기술한다. 요한은 자신의 설교를 실천했고 이것은 선생으로서 권위를 갖게 해주었다. '선한 삶이 진정한 가르침보다 앞서야 하기 때문이다.'[72] 그는 하나님의 말씀이신 그리스도의 존재를 알리는 음성이자 말라기에서 약속하신 주의 사자라는 점에서 선지자 이상이었다.[73]

예수님은 그의 사역에 부여된 은혜의 특권 때문에 요한의 위대함을 선포하셨다. 이것은 그의 역할이 이전의 모든 선지자의 역할을 능가했음을 의미했다.[74] 그러나 하나님의 나라는 큰 자가 되려 하면 작은 자가 되고 작은 자는 진정으로 큰 자가 된다. '하나님의 나라에서 가장 작다는 말은 더 겸손하다는 것을 의미한다… 이러한 방법으로 그러나 참으로 모든 면에서 더 큰 방법으로 그리스도께서는 자신을 낮추셨다.'[75] 회개하는 세리와 다른 죄인들의 겸손은 독선적인 바리새인과 서기관들의 교만과 오만함과 대조된다. 보나벤투라는 인간의 전통에 대한 집착, 율법주의와 빈번한 위선, 돈을 사랑함, 그리고 종교적 자기 정당화의 강박적인 허영심은 교회 안에 도사리고 있는 바리새인적인 태도로 반드시 망하게 되는 원인이 된다고 설명한다. 이런 마음은 사랑이나 회개로도 움직이지 않기 때문이다. 그래서 바리새인들은 요한의 금욕주의와 예수께서 죄인들과 버림받은 자들과 교제하는 것을 놓고 양면적인 태도를 보인 것이다. 그들의 무지는 하나님의 지혜의 길을 보지 못하는 것으로 완성되었다. 반면에 '지혜의 자녀들은 이 지혜의 말씀으로 나고 성령으로 말미암아 생명을 받은 사도들'이다.[76]

보나벤투라는 그 당시 프란치스코회 내부에 형성되었던 과도하게 영적인 경향과 맞서 싸워야 했다. 그들은 성령의 새로운 시대가 도래할 것을 점심히 기대하며 분열적인 성향으로 프란치스코를 따르는 자들을 위협했다. 그러므로 보나벤투라는 예수님의 말씀 가운데 어떤 급진적인 해석이라도 자제해야 했다. 그중에 하나가 '율법과 선지자는 요한의 때까지요 그 후부터는 하나님 나라의 복음이 전파되어 사람마다 그리로 침입하느니라'였다.[77] 그는 이런 폭발하기 쉬운 텍스트를 어떻게 다루었을까?

먼저 이 말씀이 외적 순종의 한 형태로 최우선으로 지켜야 할 모세의 율법의 시대가 끝났음을 의미한다고 지적한다. 그러므로 기독교 내부에서 도덕법(moral law)은 계속해서 적용되어야 하지만 이제 정결례법(ceremonial law)은 영적으로 해석해야 한다고 주장한다.[78] 이 은혜의 새 시대의 참신함은 요한의 세례와 회개에 대한 설교로 특징지어진다. '사람들이 자신에게 폭력(violence)을 행하는' 것은 내면의 변화를 가져온다. 헬라어로 아세시스(ascesis)는 투쟁을 의미한다. 그러나 이러한 종류의 폭력은 자기 학대적인 관행이 아니라 프란치스코가 그랬던 것처럼, 하나님의 은혜와 도움으로 '인간이 타고난 힘을 초월하게 하는 폭력'이다.[79] 타락한 영혼은 자연적으로 하나님으로부터 멀어지는 성향이 있다. 이것은 고질적인 영적 구부정함인데 복음서의 한 이야기에서 이 문제가 확연하게 드러난다.[80] 그러나 하나님의 은혜로 이런 경향은 서서히 역전되어 하나님의 거룩한 형상과 모양으로 지음 받은 인간이 다시 하나님 앞에 두려움 없이 똑바로 설 수 있게 한다. 또한 이 영적 구부정함은 '하나님의 아들, 주 예수 그리스도시여, 자비를 베푸소서, 저는 죄인입니다'라는 정교회의 기도처럼,[81] 값비싼 회개를 통해 하나님의 심판을 완화하고 하나님의 자비를 바라는 영혼의 점진적인 전투이다.[82]

보나벤투라는 하나님의 나라를 '침노(seize)'하는 사람들이 그리스도를 따르기 위해 모든 것을 버리는 자들임을 설명한 베르나르(Bernard)의 설교를 인용하면서 예수에 관한 이 신비한 복음의 말씀에 대한 논의를 마무리한다.[83] 그것을 '구입'(buy)하는 사람들은 하나님의 나라를 사기 위해 일시적인 재화를 팔고 자발적 빈곤에 처하는 자들이다. 그것을 '훔치는'(steal) 사람들은 모든 사람의 칭찬을 피해서 은밀하고 신중하게 선을 행하는 자들이다. 그러나 가난이라는 시련을 통해 변화된 자들은 하나님의 나라에 들어가도록 '강요'(compelled) 받는다. '지금 가난이 촉구되고 있기' 때문에 낯설지만 이렇게 다양한 방식으로 '침노'라는 단어에 의미가 부여된다.[84]

보나벤투라의 주석에서 세례 요한은 프란치스칸과 모든 기독교인에게 엄격한 영적 생활을 유지하고 효과적인 설교를 한 모범적인 인물로 주목받는다. 세례 요한은 예수님을 돋보이게 하는 역할을 했는데 프란치스코(Francis)와 그와 친한 사람들 역시 마찬가지였다. 보나벤투라는 그들의 기억을 소중히 여겼고 누가복음 자체의 구조 내에서 프란치스코의 유산을 충실하게 해석하기를 원했다. 이 모든 것의 바탕에는 순교의 정신, 일생에 걸쳐 그리스도를 따르는 궁극적인 자기희생정신, 그리고 어떤 형태로든 기꺼이 그분의 십자가를 끌어안는 정신이 있었다.

각주
4장 세례 요한

1. Bonaventure, *The Life of St Francis,* pp.180-81.
2. 요한계시록 6:12.
3. 사도행전 19:1-7.
4. I.30.
5. I.43.
6. I.44.
7. 말라기 3:1.
8. I.84 – 히브리서 4:11 인용.
9. I.86 – 요한복음 3:29 인용.
10. Ibid. 설교집 30: Numquam est Dei amor otiosus.
11. I.88.
12. F.E. Coughlin OFM (tr.), *On the Perfection of Life addressed to Sisters*, in *Writings on the Spiritual Life,* tr. (New York, 2006) 137-95.
13. I.117.

14. I.124 – 로마서 6:22 인용.

15. I.126-7.

16. Luke 1:4 – 이사야 40:3 인용.

17. I.133 – 요한은 당시 사막에서 혼자 살지 않았다. 그의 형성은 광야와 마을 변두리에 준 수도원 공동체를 형성했던 에세네파의 삶과 밀접한 관련이 있다. 사해 두루마리는 유대 공동체의 영적 삶과 믿음에 대한 귀중한 창을 제공한다.

18. I.224.

19. I.230.

20. 호세아 2:14.

21. I.232.

22. I.236.

23. 시편 55:7.

24. I.243 – 벌게이트역 잠언 3:32 인용: '단순한 자에게는 그의 교통하심이 있으며.'

25. I.246.

26. I.248.

27. I.249.

28. I.251: 보나벤투라의 정전론(Just War Theory)에 대한 논의는 아우구스티누스에서 비롯되었다.

29. 누가복음 3:16.

30. I.257 – 집회서 3:18 인용.

31. 사도행전 2:3.

32. 히브리서 11:32-40.

33. 누가복음 3:1-20.

34. 빌립보서 2.7.

35. I.265 – 빌립보서 2장 7절에 기술된 그리스도의 신성 포기(kenosis) 또는 자기 비움과 관련해서.

36. 히브리서 5:7 – 이는 겟세마네 동산에서 겪은 그리스도의 고뇌에 대한 분명한 기억이다.

37. I.267 – 여기에서 보나벤투라는 복음서에서 기도하시는 예수님을 계시하는 다양한 경우를 나열한다.

38. I.269 – 디도서 3:4-7 인용.

39. I.271-2.

40. I.273.

41. I.274 – 각주 81에 인용된 헤이즈의 의견 참조: '예수님의 인성은 피조세계 안에서 하나님의 자기표현의 완전한 구현이다.' *The Hidden Centre – Spirituality & Speculative Christology in St Bonaventure* (New York, 1981) 58-9.

42. 마이클 램지 대주교가 윌리엄 템플 대주교에게 한 말.

43. 골로새서 2:9.

44. 누가복음 4:1-13.

45. 마태복음 4:1-11; 마가복음 1:12-13; 참고. 히브리서 4:15: 예수님은 '모든 일에 우리와 똑같이 시험을 받으셨지만 죄는 없으시다.'

46. 창세기 3:1-13.

47. I.292 – 로마서 8:14 인용.

48. I.293-4 – 혼적인 동력은 분노, 이성, 욕망과 같이 무자비하고 이성적이며 탐욕적이다. 요한일서 2:16 참조. 보나벤투라는 이 구절이 유혹의 본질을 요약하고 있다고 보았다: I.311 참고.

49. I.296.

50. 이 해석은 예를 들어 암브로시우스와 그레고리오 1세와 같은 교부들의 주석에서도 찾아볼 수 있다. 이것은 보나벤투라에게 인간 본성의 세 가지 구조를 일깨워줬다. 인간은 물질적 필요, 상황 조작, 하나님과 의식적인 신뢰 관계와 관련해서 '단조롭고,' '분별 있고,' '이성적'이다. 요한일서 2:15-17 참조.

51. I.298.

52. I.299 – 이사야 53:7 인용.

53. I.303.

54. I.307 – 누가복음 10:18 그리고 18:14 인용.

55. I.309.

56. 누가복음 4:12.

57. I.311 – 히브리서 2:10 인용. 히브리서 2:18 참조.

58. Ibid.

59. I.313.

60. 누가복음: 7:17-35 그리고 마태복음 11:2-19.

61. 누가복음 7:16.

62. 누가복음 7:19.

63. I.596.

64. 예를 들어 이사야 35:3-6.

65. 누가복음 7:22-3.

66. I.601 – 보나벤투라는 요한복음 21장 29절에서 도마에게 하신 예수님의 말씀을 인용한다.

67. I.603 – 그는 고린도후서 8장 9절을 인용한다.

68. 마태복음 5:3.

69. I.607-8: 각주 75 참조: 라틴어에서 두운법은 이 두 번째 리스트의 기조가 된다 – 일탈(deviatio), 무질서(deordinatio), 전염(contagio), 고집(obduratio) 그리고 절망(desperatio). 이것은 예수님의 치유 기적의 전체론적 성격을 이해하는 데 중요한 단서이다.

70. 누가복음 20:1-8.

71. I.610.

72. I.612.

73. 말라기 3:1.

74. I.615 – 보나벤투라는 이것이 미래가 아니라 과거와 관련이 있음을 조심스럽게 설명한다. 이는 또한 주님의 어머니에 대한 고양을 폄하하지 않는다

75. I.616 – 특히 마태복음 18장 4절과 누가복음 22장 27절을 인용한다.

76. I.625.

77. 누가복음 16:16 – 마태복음 병행 구절 11:12-13.

78. II.1508.

79. II.1509.

80. 예를 들어 누가복음 13장 10-17절에서 – 허리 굽은 여자가 회당에 나타나서 예수님께 고쳐 달라고 했다.

81. 동방 정교회의 고대 '예수기도.'

82. II.1510.

83. 누가복음 16:16.

84. II.1512 – 누가복음 14:23 인용.

CHAPTER 5

변모

변모

성흔

프란치스코가 라 베르나(La Verna)에서 어떻게 성흔을 받게 되었는지는 보나벤투라가 누가복음의 주석에서 예수께서 변모하신 의미를 되새기는 방식에 영향을 미쳤다. 변모에 대한 그의 논의는 번역본으로 32페이지나 되는데 분량만 보아도 이 주제가 얼마나 중요한지 알 수 있다. 누가가 변모를 서술하는 방식에 있어서 두 가지 특징적인 요소는 보나벤투라가 이 사건의 영적 중요성을 이해할 수 있는 틀을 제공했다. 예수님은 기도하시는 동안 변모하셨다. 예수님의 대화는 예루살렘에서 십자가의 죽음으로 성취하게 되실 출애굽으로 방향을 틀었다. 보나벤투라 주석의 온전한 가치는 《성 프란치스코의 대전기》*(Life of St Francis)*와 《순례기》*(Itinerarium)*에서 그가 프란치스코의 성흔에 대해 어떻게 썼는지를 고려한 후에 가장 잘 평가될 수 있다. 이 신비한 사건은 프란치스코 수도회 내부에서 프란치스코를 요한계시록에 예언된 새 시대를 여는 주님의 천사로 간주하게 되는 설득력 있는 이유 중의 하나가 되었다.[1] 천사는 '살아계신 하나님의 인'을 지녔다. 만약 그 성흔이 정말로 '인'(seal)

이라면 그 의미는 무엇일까?

《성 프란치스코의 대전기》*(Life of St Francis)* 13장에서,[2] 보나벤투라는 프란치스코(Francis)를 관상의 평온한 황홀경과 이웃을 향한 긍휼 사이에 균형을 이룬 사람으로 묘사했다. 주님처럼 프란치스코는 아레초(Arezzo)와 피렌체(Florence) 사이에 있는 라 베르나(La Verna)에 피정을 떠났고 이는 '신의 섭리에 의해 높은 곳으로 인도함'을 받은 것이었다.[3] 9월 14일 성 십자가 현양 축일 무렵에 프란치스코는 산에서 기도하던 가운데 스랍이 하늘에서 내려오는 것을 보았다. 그는 '양손과 발을 쭉 뻗은 채 십자가에 못 박힌 사람의 형상'이 날개들 중앙에 있는 것을 보았다. 기쁨과 슬픔에 압도된 프란치스코는 연민과 자책감에 사로잡혔다. '그는 예수님의 사랑의 불이 자기 영혼을 불사르고… 자신이 십자가에 못 박히신 그리스도의 형상으로 완전히 변화될 것'을 깨달았다. 스랍의 방문으로 받은 유산과 표징은 그의 손과 발에 나타난 못 자국과 옆구리에 상처로 남은 성흔이었다. 프란치스코는 고통스럽게 산에서 내려왔고 남은 2년의 생애 동안 '살아계신 하나님께서 손으로 자신의 몸에 새기신… 십자가의 형상'을 지녔다.

프란치스코는 최선을 다해 노력했지만 자신에게 일어난 일을 숨길 수 없었다. 성흔은 그가 살아있는 동안 그리고 그 이후에도 기적의 수단이 되었고 그의 사후에는 즉각적으로 숭배의 대상이 되었다. 보나벤투라는 프란치스코가 성흔을 받은 것이 그리스도의 십자가를 지고 따르는 프란치스코의 평생 소명의 정점으로 보았다. 프란치스코는 영적 여정에서 전환점을 맞이할 때마다 그리스도의 십자가를 지는 것을 늘 명심했다. 프란치스코는 죽는 순간에도 이 길을 끝까지 따랐다. '그는 모든 일에 십자가에 못 박히신 그리스도를 본받기를 원했다. 그리스도는 십자가에 달리셨고, 가난하셨고, 고통받으셨으며, 헐벗으셨다.'[4] 프란치스코가 죽는 순간에 성 클라라(St Clare)를 포함해서 그를 따르던 다양한 무리의 사람들이 성흔을 목격했다. 1226년 10월 3일에 사망한 지 이 년 이내에 프란치스코는 교황 그레고리오 9세(Pope Gregory IX)에 의해 공식적으로 성인으로 선언되었다. 그는 위골리노(Hugolino)의 추기경으로서 항상 프란치스코와 그를 따르는 자들에게 현명하고 충실한 지원을 제공했다. 보나벤투라가 《성 프란치스코의 대전기》를 저술한 목적은 프란치스코의 신성함을 입증하고, 또한 복음서의 정신과 바울의 간증과 밀접하게 관련시키기 위해서였다.

바울은 갈라디아 교인들에게 보낸 편지에서 '내가 그리스도와 함께 십자가에 못 박혔나니 그런즉 이제는 내가 사는 것이 아니요 오직 내 안에 그리스도께서 사시는 것이라'라는 유명한 말을 했다.[5] 다른 곳에서 바울은 자신의 더 개인적인 영적 경험을 간증하면서 '우리가 항상 예수의 죽음을 몸에 짊어짐은 예수의 생명이 또한 우리 몸에 나타나게 하려 함이라'고 선언했다.[6] 그는 갈라디아인들에게 보낸 편지 끝부분에 이방인 개종자들을 위한 할례에 대한 일부 유대 기독교인들의 주장에 이의를 제기했다. 대신에 십자가의 흔적이 할례가 의미하는 구원의 언약의 징표를 대체한다고 했다. 그리고 '내가 내 몸에 예수의 흔적을 지니고 있노라'고 덧붙였다.[7] 라틴어 텍스트는 원래 헬라어 단어 스티그마타(stigmata)를 그대로 사용한다. 바울 시대에는 도피를 시도했거나 어떤 식으로든 범죄를 저지른 노예에게 낙인을 사용했고, 신에 대한 헌신의 외적 표시로 사용하기도 했다. 때로는 포로에게 낙인을 찍었고, 군인의 경우 자신의 사령관 이름을 문신으로 새기기도 했다.[8] 바울이 이 모든 면에서 예수님의 고통과 죽음에 동참한 것은 그의 신학의 기초가 되었다.[9] 기독교 사도로서 자신의 경험에서 두드러지는 이 용어가 그의 삶에 어떻게 요약되었는지, 또 종교적 배척과 박해라는 측면에서 그가 어떤 대가를 치렀는지 아는 것은 그리 어렵지 않다.

보나벤투라와 프란치스칸들에게 있어 이 바울의 중대한 발언은 그들이 프란치스코(Francis)에게 일어난 일의 의미를 해석하는 방식에 영향을 끼쳤다. 보나벤투라는 《성 프란치스코의 대전기》*(Life of St Francis)* 마지막 장 시작 부분에서 '이제 그 몸과 영이 십자가에 못 박힌 그리스도와 함께 고정된 프란치스코는 하나님을 향한 세라핌적 사랑으로 불타올랐을 뿐만 아니라 인류의 구원을 위해 십자가에 못 박힌 그리스도와 함께 갈증을 느꼈다'고 기술한다.[10] 보나벤투라는 또한 자신의 영향력 있는 논문인 〈생명의 나무〉*(The Tree of Life)*의 서두에 '그리스도와 함께 나는 십자가에 못 박혔다'라는 바울의 말을 인용했다.[11] 《성 프란치스코의 대전기》를 보면 프란치스코의 제자 과정을 위한 이력서에 프란치스코가 어떻게 그리스도의 십자가를 짊어졌는지 일곱 가지 방법이 도표로 나와 있다. 보나벤투라는 바울이 갈라디아서에서 한 말을 빌려서 프란치스코에게 찬사를 보낸다. '당신들의 몸에 지닌 주 예수의 흔적으로 인해 아무도 당신들을 괴롭게 하지 않을 것이다. 오히려 그리스도의 종들은 깊은 헌신을 보여야 한다.'[12] 보나벤투라는 프란치스코가 성흔을 받을 수 있었던 이유로 십자가와 예수님의 변모를 불가분의 관계로 결부시켰다.

보나벤투라는 또한 《하나님께 이르는 영혼의 순례기》*(Itinerarium – The*

*Journey of the Mind to God)*에서 프란치스코가 지닌 성흔의 의미에 대해 논의한다.[13] 도입부에서 보나벤투라는 프란치스코가 죽은 지 33년이 지난 1259년 가을에 자신이 어떻게 라 베르나(La Verna)로 피정을 떠났는지 설명한다. 그 당시 보나벤투라는 파리에서 교직 생활을 포기하고 프란치스코 수도회 총장으로 있었다. 그곳에서 보나벤투라는 프란치스코가 본 스랍 환상의 의미에 대해 깊이 묵상했다. 그리고 그는 스랍의 여섯 날개가 아름답고 변화를 일으키는 그리스도에 대한 환상으로 인도해 줄 관상의 여섯 단계를 나타낸다는 것을 깨달았다.

> '이 평화에 이르는 길은 십자가에 못 박히신 가장 열렬한 사랑 외에는 아무것도 없다. 그 사랑은 바울이 셋째 하늘로 들림을 받았을 때 그를 그리스도와 같이 변화시켰다. 바울은 다음과 같이 공표했다. '나는 그리스도와 함께 십자가에 못 박혔다. 이제 더는 내가 사는 것이 아니라 그리스도께서 내 안에 사신다.' 이 사랑은 프란치스코의 영혼을 너무나 흡수한 나머지 생애 마지막 이 년간 그의 영은 육체를 통해 빛났다. 그때 그는 몸에 수난의 가장 거룩한 흔적을 지녔다. … 문을 통과하는 것처럼 어린 양의 보혈을 통과하지 않는 자는 아무도 관상을 통해 하늘의 예루살렘에 들어갈 수 없다.'[14]

《순례기》*(Itinerarium)*의 마지막 장에서 보나벤투라는 신비로운 경험의 어어에 도달했다. 그리스도는 인간이 '영원으로부터 감추어진 신비'이신 그리스도를 만나기 위해 현실의 모든 차원을 넘어갈 수 있는 길이요 문이시다.[15] 인간은 마침내 '십자가에 달리신 그리스도'를 바라보며 그 안에서 죽음을 거쳐 생명으로 가는 참된 유월절을 체험할 수 있다. 라 베르나(La Verna)에서 프란시스코의 경험도 그러했다. 그러므로 '그는 완전한 관상의 본보기가 된다: 하나님 자신은 불이시며… 그리스도는 가장 타오르는 수난의 흰 불꽃으로 그 불을 붙이시는 분이기' 때문이다. 보나벤투라는 '십자가에 못 박힌 그리스도와 함께 이 세상을 넘어 아버지께로 가자'고 결론을 내린다. 그가 《순례기》에서 그토록 주의 깊게 묘사한 거룩한 등정(divine ascent)의 사다리는 궁극적으로 '배움이 아니라 은혜'이고, '이해가 아니라 갈망'이며, '근면한 독서가 아니라 탄식하는 기도'이다. 시편 기자의 언어로 말하면 오직 '주의 빛 안에서 우리가 빛을 볼 수 있다.'[16]

십자가의 길

누가는 변화산 사건 이전의 이야기를 자신의 복음서에서 극적으로 축약시킨다. 그는 마가복음에 기록되었고 마태의 기록에서 반복되는 칠병이어의 기적을 생략했다. 더욱 놀라운 것은 마가복음에 유일하게 기록된 벳새다 맹인에 관한 이야기를 생략한 것이다. 맹인은 예수께 '사람들이 보이나이다. 나무 같은 것들이 걸어가는 것을 보나이다!'라는 인상적인 반응을 보인 후에 시력과 이해력이 치유되는 두 가지 기적을 체험했다.[17] 마가복음에는 변모를 위한 서사가 있다. 복음서의 첫 부분은 예수께서 정말로 하나님이 보내신 메시아인지에 관한 질문이 가득하다. 예수께서 변모하신 이후인 두 번째 부분은 그분이 메시아라면 왜 고난을 받고 죽어야 하는지에 관한 질문이 이어진다. 신의 출현이란 주제는 복음서 전반에 걸쳐 등장한다. 맹인의 치유는 마가복음의 숨겨진 초점인 예수님의 변모를 기대하게 하는 무언의 해설이다. 하지만 누가복음에는 마가복음에서 파생되고 세 공관복음에 공통으로 존재하는 서막이 있다. 그것은 제자들의 대화를 통해 예수께서 누구이신지에 관한 질문을 직접적으로 다루는 것이다. 서곡은 처음으로 수난을 명시적으로 예견하며 그것을 제자도의 본질과 희생과 결부시킨다. 그리고 그들 가운데 일부는 하나님의 나라가 도래할 때까지 죽음을 맛보지 않을 것이라는 암묵적인 약속으로 결론지어진다.[18]

이 중요한 가르침을 담고 있는 예수님과 제자들의 대화를 변화산 사건과 결부시키는 것은 복음서 전통에서 근본적으로 가장 중요하다. 누가복음에서 눈에 띄는 것은 예수께서 변모하실 때 제자들과 함께 기도하셨던 것처럼 제자들에게 자신의 정체성에 대해 도전하실 때도 기도하고 계셨다는 점이다. 보나벤투라는 이 점을 들어 다른 곳에서 예수님의 가르침을 참고하여 기도의 본질과 하나님을 향한 진정한 경외에 대해 자세하게 설명한다. 그러한 기도는 복음서에서 예수님이 많은 경우에 그러셨던 것처럼 과시나 분주함을 피해야 하고 골방과 고독을 추구해야 한다. 그러나 '예수께서 제자들을 아들과 같은 동반자로 허락하셨기 때문에,'[19] 제자들은 예수님께 방해물이 아니라 영적 교제의 대상이 될 수 있었다. 제자들이 예수님과 함께 있다는 사실은 그들의 믿음을 증명하며 또한 그들이 예수님과 함께 기도하고 교제하는 관계였음을 증명한다.

보나벤투라에 따르면 제자들의 반응은 정평이 나 있는 세례 요한의 '성결의 정신'과 엘리야의 '불타는 열정' 또는 영적 분별력으로 평가

받았던 옛 선지자들 가운데 한 명을 떠올린 것에 기인한 것이다. 그러나 보나벤투라는 '예수님은 유일무이한 분이시며 옛적의 모든 선지자가 예비한 분'이라고 결론을 내린다.[20] 베드로의 고백은 교회의 신앙 일치의 상징으로써 그들 모두를 대표하는 고백이었다.

> '이제 그분을 하나님의 그리스도라고 고백함으로써 베드로는 그분이 참 하나님이시며 사람이심을 동시에 고백한 것이다. … 그러므로 그리스도란 이름 안에 기름 부음을 받은 자와 기름을 붓는 자와 기름 부음의 수단을 알 수 있다.'[21]

비록 보나벤투라가 이 본문에 대한 통찰을 암브로시우스(Ambrose)에게서 얻었지만 그가 암브로시우스를 인용할 때 사용했던 일반 주해서(Glossa Ordinaria)를 뛰어넘는 한 문장을 추가한다. '그리스도의 이름에는 신성과 성육신이 표현되어 있으며 받으실 고난에 대한 믿음도 내포되어 있다.'[22] 구약 시대에는 왕과 선지자, 제사장이 모두 기름 부음을 받았다. 이 세 가지 직분이 하나님의 능력과 진리, 그리고 거룩함의 체현이신 그리스도의 독특한 존재 때문에 그분 안에서 하나로 합쳐졌다.[23]

보나벤투라는 본질적으로 숨겨진 구속의 신비에 관해 설명하면서 이 세상의 통치자들 가운데 누구도 무슨 일이 일어나고 있는지 알지 못했다는 바울의 판단(고린도인들에게 보낸 첫 번째 편지에서)을 인용한다. 예수께서 제자들에게 십자가를 지게 되실 것을 말씀하셨지만 제자들은 그 일이 일어나기 전에는 그분의 말씀을 이해하지 못했다. 보나벤투라는 그리스도의 수난은 하나님의 목적과 뜻을 보여주기 위해서 '불가피'했지만 완전한 순종으로 그리스도께서 자발적으로 받아들이신 일이었음을 검토한다. 또한 그리스도께서 통치자들과 장로들, 대제사장들과 서기관들의 지시로 세상의 죄 그리고 특히 하나님의 백성의 죄를 담당하셨어야 함을 보여준다. 죽음은 그들의 음모로 인해 피할 수 없는 결과였지만 이 죽음을 통해 사흘 만에 생명이 터져 나오게 될 것이었다.[24] 교회의 신앙은 그리스도가 중재자(mediator)이시자 동시에 '배상자'(reparator)라는 사실에 기초한다.[25] 이는 하나님의 뜻에서 비롯된 것이며 모든 인간의 상식을 반박한다. 이 두 용어는 보나벤투라의 기독론과 성경에 대한 이해에 있어 핵심적인 역할을 한다. 《순례기》*(Itinerarium)*에서 보나벤투라는 '성경은 주로 배상하는 작업과 관련이 있다고 주장한다. 그러므로 성경은 믿음, 소망, 사랑을 주로 다루며, 영혼은 이 세 가지에 의해 개혁되어야 한다.'[26] 인류의 창조주이신 그리스도께서 재창조자(re-creator)로 오셨기 때문이다. 제자로서 치러야 할 대가를 논하면서 보나벤투라는 십자가를 통해 그리스도를 본받는 것의 중요성을 강조하는데 이런 그의 강조점은 명백히 프란치스칸이다:

> '모든 겸손으로 자기를 부인하고 자신의 감각과 애정과 생각을 사로잡아 "그리스도께 복종시켜야 한다." … 이는 겸손하신 그리스도를 따르고자 하는 모든 자에게 필요하다.'[27]

매일 십자가를 지고 가라는 부르심은 영적 금욕에 대한 헌신이며 이를 통해 그리스도인들은 '정욕과 욕망을 자기 육체와 함께 십자가에 못 박을' 수 있게 될 것이다.[28] 이를 뒷받침하기 위해 보나벤투라는 프란치스코(Francis)가 생전에 제자들에게 마지막으로 한 말을 인용했다. '지금까지 우리는 거의 진전을 이루지 못했으니 이제 진전을 이루기 시작합시다.'[29] 바울이 고린도후서에서 한 증언에 힘입어 보나벤투라는 '그리스도의 십자가는 재생하는 특성이 있다'고 주장할 수 있었다.[30] 그러나 그리스도를 완전히 본받으려면 겸손과 금욕 생활뿐만 아니라 가난이 수반되어야 했다. 이는 프란치스코와 바울에게 사랑받은 주제이다. 바울은 '우리 주 예수 그리스도의 은혜를 너희가 알거니와 부요하신 이로서 너희를 위하여 가난하게 되심은 그의 가난함으로 말미암아 너희를 부요하게 하려 하심이다'라고 말했다.[31]

보나벤투라는 이 가르침에서 기독교 신앙의 세 가지 서약, 즉 '희생이 따르는 순종, 십자가를 따르는 순결, 복종에 따른 가난'을 도출할 수 있다고 결론 내린다.[32] 그러나 예수께서 누가복음에서 '누구든지 나를 따라오려거든'이라고 말씀하셨듯이 이것들은 본질적으로 자발적인 특성을 띤다. '우리의 의지가 부족할 때 하나님의 은혜는 언제나 우리 곁에 있기' 때문이다.[33] 그러나 사람들은 찰나와 같은 인생을 위해 살다가 영생을 잃는 위험에 빠진다. '하나님보다 자기 생명을 더 사랑하는 사람은 하나님을 잃는 것이요, 하나님을 잃는 대가로 자기 자신도 잃게 된다.'[34] 이는 인간의 궁극적인 비극이다. 잘못된 가치관은 정신을 산만하게 하고 타락시킨다. 이를 뒷받침하기 위해 보나벤투라는 야고보의 편지와 정곡을 찌르는 아우구스티누스(Augustine)의 말을 인용한다. '금고에 둔 돈은 양심의 가책을 의미한다.'[35] 그러나 파멸로 인도하는 부패함은 하나님의 심판을 두려워하는 마음으로 인해 시험대에 서게 된다. 인간은 그리스도의 십자가를 받아들이거나 그것을 부끄러운 것으로 정죄하거나 둘 중에 하나를 선택해야 한다. 후자를 선택한 사람은 '그리스도의 겸손을 부끄럽게 여긴다.'[36] 그러나 하나님의 마지막 심판대에서 '교만한 자는 부끄러움을 당할 것이고 겸손한 자는 높임을 받을 것이다.'[37]

하나님을 관상하는 것이 인간 삶의 최종 목표이다. 이레네우스(Irenaeus)의 말처럼 '하나님에 대한 환상을 보는 것은 인간의 삶이고 하나님의 영광은 살아있는 사람'이기 때문이다. 이는 이 중요한 대화를 마무리 짓는 약속이며 변모 사건 이후에 발생할 일들에 대한 전조이다. 그리스도는 자신을 찾고자 하는 자들의 열망이 고양되고 성취될 수 있도록 하나님의 나라를 소개하신다. 이들에게 예수께서 주신 약속은 '그리스도의 말씀 안에 서 있는 자는 죽음을 맛보지 아니하고 생명으로 건너가는' 것이다.[38] 보나벤투라는 심각한 경고와 위험과 더불어 그리스도의 십자가의 길을 본받는 데 대한 이토록 강력한 보상이 가장 완고한 사람을 제외하고는 반드시 그리스도를 따르도록 이끌 것이라고 결론을 내린다.

주님의 산

보나벤투라가 변모의 의미를 설명할 때 아무 자료 없이 밑바닥부터 시작하지 않았다. 그가 일부 주석가들의 자료에 크게 의존했다는 사실이 그의 주석서에 잘 드러난다. 하지만 보나벤투라의 주석서가 의의가 있는 이유는 자신만의 영적 통찰력과 프란치스코가 받은 성흔에 관한 기억을 바탕으로 참고한 주석서들을 넘어섰기 때문이다. 서방교회가 변모에 충분한 관심을 기울이지 않았고 확실히 예배와 예술, 전례에 있어서 정교회만큼 이 주제가 중심에 있지 않다는 주장이 때때로 있었다.[39] 또한 변모의 빛은 서방 기독교, 로마 가톨릭, 개신교 모두의 중심에 크게 자리 잡은 십자가의 의미를 밝혀 주는 역할을 오히려 종종 했다. 그러나 보나벤투라 이전의 복음서 주석가들 가운데 일부는 변모가 복음서와 그리스도의 신비에 관한 핵심적이고 중요한 열쇠임을 발견했다. 그들의 권위와 통찰력은 보나벤투라가 이 신비에 접근하는 방법을 뒷받침해준다. 예를 들어 앨퀸(Alcuin)은 스페인 양자론(Spanish Adoptionism)을 반대하는 논쟁에서 기독론과 관련해서 변모의 중요성을 강조했다.[40] 그리고 카말돌리(Camaldoli)와 관련된 로무알두스(Romauld)와 피터 다미안(Peter Damian)이 이끄는 베네딕토회 수도원 생활의 관상 쇄신도 변모에 핵심적인 중요성을 부여했다.[41] 종종 히에로니무스(Hieronymous), 암브로시우스(Ambrose), 베다(Bede)의 일반 주해서는 보나벤투라의 누가복음 주석의 초석이 되어 주었다. 그는 복음서의 핵심적인 이야기들 이면에 있는 영적 의미를 논할 때 여느 때와 같이 아우구스티누스(Augustine)의 신학에서 영감을 받았다. 그러나 보나벤투라가 더 직접적으로 영향을 받은 것은 성 빅토르의 리처드(Richard of St Victor)가 〈열두 성조〉*(The Twelve Patriarchs)* 또는 〈벤자민 마이너〉*(Benjamin Minor)*와 〈신비로운 언약궤〉*(The Mystical Ark)* 또는 〈벤자민 메이저〉*(Benjamin Major)*라고 불리는 논문에서 다룬 변모의 의미에 관한 그의 신학이다. 또한 보나벤투라는 다른 곳과 마찬가지로 찬가에 관해 이야기할 때도 클레르보의 베르나르(Bernard of Clairvaux)의 주석에 의존했다.[42]

보나벤투라에게 있어 변모는 하나님께서 인간의 영혼을 창조하시고 구속하시는 목적을 알 수 있는 열쇠였다. 누가에 따르면 변모는 부활을 통한 영생의 시대를 의미하는 여덟째 날에 일어났고, 이 일은 영생을 약속하는 맛보기였다. 선택을 받은 세 제자는 이 사건에서 계시가 된 하나님의 세 가지 본성을 대표한다. 그들은 또한 성경에 명시된 진리를 증거하는 증인의 세 가지 요건을 충족한다.[43] 그리고 그들은 대주교인 베드로, 순교자 야고보, 관상가인 요한과 같이 장차 있을 교회를 대표하기도 한다.[44] 산은 성경 전반에 걸쳐 관상과 기도의 장소이다. 이런 상징적인 산에서 일어난 변모처럼 복음서의 생동감 있는 글은 한 번에 다양한 수준의 의미를 전달한다. '이로부터 산은 하나님이 나타나시고, 가르치시고, 묵상하시기에 적합한 곳이라는 것을 알 수 있다.'[45] 그리고 보나벤투라에게 이 일은 라 베르나(La Verna)에서 일어났다.

보나벤투라는 탁월한 관상 신학자이다.[46] 그는 이전 시대 사람들이 복음서에 언급된 기간의 중요성에 대해 다양하게 말한 것을 비교했다. 마가복음과 마태복음에서 예수님은 엿새 후에 제자들을 데리고 산으로 올라가셨다가 일곱째 날에 그들에게 나타나신다. 이 구조는 세상의 창조를 반영하고 있다. 성 빅토르의 리처드(Richard of St Victor)는 이 구조가 관상을 향한 여섯 가지 단계와 일곱째 날을 관상하며 얻게 되는 관상의 여섯 가지 특성을 대표한다고 생각했다.[47] 그러나 보나벤투라의 경우 누가가 팔 일째 되는 날에 변화산 사건을 위치시킨 것과 '부활 후 영광의 관점에서' 예수의 영광을 보기 위해 제자들이 잠에서 깨어났거나 잠에 저항했음을 보여주는 것이 중요했다.[48] 주목할 만한 점은 에베소에 보낸 편지를 보면 이미 초기 기독교 시절에 전통적으로 이런 맥락의 격언이 있었다는 것이다. '잠자는 자여, 깨어나라. 그리고 죽은 자 가운데서 일어나라. 그리하면 그리스도께서 네 위에 비취실 것이라.'[49] 초대교

회 때 세례의 성사는 성령의 '빛'을 받는 것을 의미했다.[50]

보나벤투라가 프란치스코회의 최근 영적 경험을 직접적으로 언급하는 방식은 놀랍다. 그는 프란치스코(Francis)의 가까운 동료인 자일즈(Giles)의 단순하지만 심오한 간증을 소개한다. 그는 관상에 일곱 단계가 있다고 했다. '첫째는 불, 둘째는 기름 부음, 셋째는 황홀경, 넷째는 관상, 다섯째는 기쁨, 여섯째는 안식, 일곱째는 영광이다. 그 후에는 영원한 행복 외에는 아무것도 남지 않는다.'[51] 《아시시 자일즈의 생애》*(Life of Giles of Assisi)*는 초기 프란치스코회의 영적 삶을 생생하게 묘사하고 있다. 보나벤투라는 여러 복음서 이야기로부터 '성령께서 이런 식으로 날을 정해서 지정하기를 원하신 것'이라고 결론을 내렸는데 그에게 이 같은 결론을 내릴 수 있는 권한을 부여한 것은 바로 이러한 영적 체험의 직접성이었다.[52] 보나벤투라와 그의 독자들에게 변화산 사건은 단순히 깊은 상징적 의미를 지닌 먼 역사가 아니라 그들이 경험하고 있는 변화(transforming)라는 기독교의 체험과 삶을 이해하고 거기에 동참하는데 필요한 핵심 열쇠였다.

보나벤투라의 주석서를 처음 접하면 상징과 설명이 많아 보일 수 있지만 실제로는 내면의 영적 생활에 대한 구조적인 이해를 포함하고 있다. 그러므로 선택을 받은 세 제자는 그들의 특정한 모습과 결부되어 모든 기독교 관상의 기초가 되는 믿음, 소망, 사랑을 대표한다. 그리고 근면, 훈련, 은혜라는 세 가지 필수적인 기질을 나타낸다.

> '관상하는 영혼은 지식으로 밝혀지고, 열망으로 정복되고, 애정으로 불타올라야 한다. 그래야 우리가 주님과 함께 높이 올라갈 수 있다.'[53]

또는 아우구스티누스(Augustine)와 위-디오니시우스(pseudo-Dionysius)의 권위에 근거해서 그들은 보나벤투라가 최고의 길이자 하나님의 은혜의 역사로 간주한 세 가지 등정의 길인 영광, 근심, 사랑을 대표할 수도 있다. 기독교의 기도와 체험을 위한 이러한 체계 가운데 일부 또는 모든 틀은 실제로 지각적이고 진실하다.

보나벤투라는 설교자들을 돕기 위해 누가복음 주석을 저술했는데 이 사실은 성경 전체를 참조해서 거룩한 변화산을 묘사한 부분에서 가장 잘 드러난다.

> '산은 가르침을 위한 곳이기 때문에 이제 주님께서 (변모를 위해) 승천하신 곳은 관상 생활의 탁월함이나 고도(height)로 적절하게 이해될 수 있다. 이로부터 우리는 관상 생활이 지식을 풍부하게 한다는 것을 알 수 있다.
>
> 산은 제사를 드리는 곳이기도 하다. 그러므로 관상 생활은 전적인 헌신이 필요하다는 것을 알 수 있다.
>
> 산은 또한 불과 위대한 성찰의 장소이기도 하다. 이로부터 관상 생활이 사랑이 풍부함을 알 수 있다.
>
> 산은 또한 도피처이기도 하다. 이로부터 관상 생활에는 영적 방어 수단이 넘쳐남을 알 수 있다.
>
> 산은 또한 고요한 곳이기도 하다. 이로부터 관상하는 영혼은 평온이 넘치는 것을 알 수 있다.
>
> 산은 목초지이기도 하다. 이로부터 관상하는 영혼은 달콤함이 풍부하다는

것을 알 수 있다.

마지막으로 산은 고지 또는 정상이기도 하다. 이로부터 우리는 관상 생활이 등정할 수 있는 능력이 매우 풍부하다는 것을 알 수 있다. 그 증거로 주께서는 감람산에서 하늘로 승천하셨다.

이로부터 우리는 관상 생활이 얼마나 탁월한지 그리고 얼마나 바람직한지 알 수 있다. 관상 생활은 분별력, 전적인 헌신, 사랑, 안전, 평온, 달콤함, 하나님께 나아가는 능력으로 가득 차 있다.'[54]

영광의 모습

보나벤투라는 산에서 변모하신 그리스도의 모습을 생각하려고 하는 순간, 구약의 말씀이 떠올라 어떻게 '하나님을 보고 살 수 있는지' 의문이 들었다. 그러나 요한복음의 서문은 '본래 하나님을 본 사람이 없으되 아버지 품속에 있는 독생자 하나님이 나타내셨다'라는 놀라운 선언으로 끝난다.[55] 독생자는 어떻게 하나님을 나타내셨으며 누가 이를 감당할 수 있을까? 이 문제는 한 세기 후 비잔틴 교회에 심각한 논쟁을 불러일으켰다. 이 논쟁은 오직 아토스산 수사들의 회복력이 뒷받침된 그레고리우스 팔라마스(Gregory Palamas)의 신학적 통찰력과 지도력에 의해 해결될 수 있었다.[56] 제자들은 정말로 예수 그리스도의 얼굴에서 하나님의 '창조되지 않은 영광의 빛'을 보았던 걸까? 만약 그렇다면 그것이 어떻게 가능했을까? 그리스도의 임재와 영광을 관상하는 사람이 어떤 방식으로든 직접적으로 '하나님을 보고도' 여전히 살아있을 수 있을까? 그렇다면 이는 오직 하나님의 전적인 은혜로 가능한 것인가? 아니면 하나님의 형상과 모양으로 창조된 인간 본성에 내재한 어떤 능력이 있어서 하나님의 계시를 받고 그에 합당하게 반응해서 진정으로 그리스도와 같이 된 것일까? '신성한 성품에 참여하는 자'가 되라는 그리스도인의 소명은 무엇을 의미할까?[57]

누가복음의 변모에 대해서 보나벤투라는 그리스도가 인간의 형상이실 때 나타난 광채와 영광은 실제이며 하나님의 광채와 영광과 일치하지만, 하나님의 권능으로 제자들의 눈을 멀게 하지 않으셨다고 결론내렸다. 그는 예수님의 말씀을 인용하면서 예수님 안에 계시된 영광을 부활의 현실와 결부시켰고 다음과 같은 결론에 도달한다. '그 때에 의인은 그들의 아버지의 나라에서 해와 같이 빛날 것입니다.'[58] 예수님의 인간 본성은 누군가 얼굴이 빨개지는 것처럼 특정한 모습을 띠었다. 그러나 예수님의 경우 이는 일시적인 현상이 아니라 항상 자신에 대한 진실을 드러내는 것이었다. 희게 빛난 예수님의 옷은 부활 생명의 실체가 일부 계시된 것이었다. 요한계시록에 나와 있는 것처럼 구속받은 자들은 흰옷으로 단장한다.[59] 여기에는 고린도후서의 바울의 가르침이 함축되어 있다. '우리는 다 거울을 보는 것 같이 주의 영광을 보고 그 영이신 주의 능력으로 말미암아 점점 더 큰 영광으로 그의 형상이 변화된다.'[60] 이것이 라 베르나(La Verna)에서 프란치스코에게 일어난 일이다. 주님의 영광이 자신의 형상과 모양대로 지음을 받은 사람들에게 나타났기 때문에 프란치스코가 본 것이 그에게 그리고 그를 통해 반영되었고 결국 그를 변화시켰다.

이는 모세와 엘리야가 영광 가운데 예수님과 함께 나타난 사건의 의의와 중요성을 보여주는 단서이다. '영광스럽게 변모하신 주님께서 홀로 계시는 것이 합당하지 않았기 때문이다.'[61]

모세와 엘리야는 율법과 구약의 선지자를 대표하는데 여호와께서는 다른 거룩한 산인 호렙 또는 시내 산에서 그들에게 나타나셨다. 그들 중 한 사람인 모세는 죽음에서 살아났고 다른 한 사람인 엘리야는 하늘에서 왔다. 그리스도께서는 죽은 모든 사람을 변화시키실 수 있으시다. 그리스도께서 약속하신 대로 오신 것을 율법과 선지자가 증언했으며 이것은 예수님 자신의 권위에 기초한 초기 기독교 신학의 근간이 되는 공리였다. 예수님은 율법과 선지자들의 성취였다. 율법과 선지자들은 살아계신 하나님의 말씀이 담겨있었던 역사적인 그릇이었는데 이제 그 말씀은 예수님으로 나타났다. 그러므로 모세와 엘리야의 사역은 천국에서 그들의 지위에서 알 수 있듯이 성취되고 입증되었다. 누가복음 후반부에 예수께서 부활을 믿지 않는 사두개인들에게 이 점에 대해 동일하게 지적하시면서 그들의 조상들이 계속해서 하나님과 살아가고 있다고 확인시켜 주신다. '하나님은 죽은 자의 하나님이 아니요 산 자의 하나님이시니 그분의 눈에는 모두가 살아 있다.'[62]

여기서 눈여겨볼 점은 율법과 선지자가 '영광에 이르는 길'인 메시아의 수난을 예언한 방식이다.[63] 보나벤투라는 누가의 내러티브에서만 있는 헬라어 엑소더스(exodus)에 해당하는 독특한 라틴어 단어 엑셰수스(excessus)를 선택해서 프란치스칸 고유의 방식으로 해석한다. 숨겨진 변모의 영광도 그리스도를 통한 하나님의 자기희생을 가리지 못했다. 보나벤투라는 성경의 핵심 본문을 인용하면서 예수님 안에 넘치는 신적 겸손이 자발적인 가난, 깊은 슬픔, 풍부한 사랑으로 표현되었다고 설명한다.[64] 예수께서는 예루살렘에서 십자가에 달려 죽으심으로 인간의 구속을 완성하셨다.

보나벤투라는 계속해서 변모의 신비를 영혼의 내적 삶에 적용한다. '사람의 얼굴이 빛나게 된 것은 우리 마음의 얼굴이 하나님께로 향하는 동안 빛을 받아 더 좋아지고 완성되기 때문이다.'[65] 그는 모세가 산에서 내려올 때 그의 얼굴에 비친 영광과 이미 고린도후서에서 바울이 언급한 것을 가지고 이에 관해 이야기한다. 빛나는 옷은 거룩한 삶을 상징한다. 예수께서 모세와 엘리야와 나눈 대화는 성령이 주시는 깊고 참된 성경의 지식을 말한다. '성령 없이는 하나님의 신비를 알 수 없다.'[66] 복음서에서 구약과 신약에 기반하지 않은 그리스도에 관한 계시란 존재하지 않는다. 이 중요한 주제에 대해 보나벤투라는 성 빅토르의 리처드(Richard of St Victor)의 권위를 이용했다. 리처드는 〈벤자민 마이너〉*(Benjamin Minor)* 논문에서 다음과 같이 말했다. '그 어떤 경우에도 신약과 구약에 일치하지 않는 계시는 절대로 고수할 수 없다.'[67] 이 중대한 원칙은 프란치스코회 운동을 분열시키려 했던 몇몇 화제가 되는 사안들을 직접적으로 다루었다. 성 프란치스코가 아무리 거룩하더라도 그의 사도적 역할은 성경에 그리고 교회의 성사적 구조와 신학에 구현된 그리스도 안에 있는 유일무이한 신적 계시를 대체하는 '새 시대'를 여는 것은 아니었다.

변모하신 예수님의 모습은 제자들을 당혹스럽게 하면서도 그들에게 큰 영향을 끼쳤다. 제자들은 거대한 현실에 압도되어 인간으로서 '중압감'을 느끼고 잠에 빠졌다. 또한 그들은 자신들 안에 거룩한 비전, 기억, 사랑의 불을 붙이는 거룩한 은혜를 경험했다. 하나님을 향한 내면의 관심을 유지하기 위해서는 기도에 있어서 외부의 감각과 산만함을 잠재우는 것이 필요하다. '이는 "나는 잠을 자지만 내 마음은 깨어있습니다."라고 관상하는 영혼이 찬가에서 말한 그대로이다.'[68] 예수께서 종종 복음서에서 제자들을 가르치셨던 것처럼 깨어있는 것이 진정한 기도의 기초이다. 영적 경계는 축복의 약속을 보상으로 삼고 악에서 오는 위험을 경고한다. 더욱이 '주어진 은총은 매우 빨리 거두어지므로 관상을 하려면 깨어있어야 한다.'[69] 하나님의 은혜와 조명하심은 결코 당연하게 여겨질 수 없는 것들이다. 보나벤투라는 영적으로 깨어있어야 '성경에 기록된 하나님의 겸손'을 보완하는 '창조 속에 나타난 하나님의 위엄'을 잠시나마 볼 수 있다고 믿었다.[70] 이는 그의 핵심 사상과 일맥상통한다. 인간 지각의 두 가지 방식, 즉 추론과 관상은 피조 세계와 성경 안에 계시가 되어 있는 하나님의 본성에 반응한다. 이 둘은 서로를 해석하며 동시에 그 너머에 있는 하나님의 실재를 가리킨다.

관상의 특징은 '선물을 받은 기쁨과 그것이 계속되기를 간절히 바라는 것'이다.[71] 그리스도와 함께 있으면 좋지만 그분을 맛보는 것은 더 좋다. 그러나 가장 큰 선은 그리스도와 함께 영원히 기뻐하는 것이다. 이 세 가지 현실이 그리스도인의 영적 삶에 동반되며 이를 완성시킨다. 베드로는 거대한 열망을 품고 눈앞의 현실을 유지하기 위해 산 위에 초막 세 개를 짓겠다고 넋이 나간 상태로 말했다.[72] 베드로가 단조로운 노동으로 돌아가는 것을 피하기 위한 목적으로 관상의 산에 머물 수 없기 때문에 그는 틀렸다. 또한 그는 '그림자가 이미 현실에 자리를 내줬다고 믿었기 때문에' 틀렸다.[73] 그리고 주님의 장막은 손으로 지은 것이 아니므로 하나님의 영광을 물질적인 피난처 안에 담을 수 없다.[74] 이로부터 보나벤투라는 '관상하는 사람들은 성취되었다는 모습에 현혹되지 않도록 특히 조심해야 한다'고 결론내렸다.[75] 이는 당시 프란치스코 수도회 내부의 논쟁과 관련해서 그들 가운데 종말론적인 추측과 기대를 하는 더 영적인 형제들에게 주의를 준 것이다. 마지막으로 '성도의 영광 안에는 회막과 장막이 하나뿐이지만,'[76] 베드로는 하나님의 독생자이신 그리스도 안에 통합된 하나의 계시를 세 개로 분리하고 싶어 했다. 베드로의 반응은 지나친 열정에 기인한 것으로 그는 '제정신'이 아닌 상태에서 하나님께 열광했다.[77]

그러므로 기독교 관상은 압도적인 위엄의 현시와 믿을 만한 진실의 계시, 이 두 가지로 완성된다. 하나님의 위엄을 드러내는 구름이 시내 산 또는 성전에 임했던 것처럼 변화 산 이야기에서 그들을 덮는다. 하나님을 감각적으로 체험하는 일은 잊을 수 없는 경외감과 깊은 두려움을 불러일으켰다. 구름은 또한 성육신하신 그리스도를 상징하는 것으로 볼 수 있다. 그분의 거룩한 실재는 어두운 땅을 비추는 거룩한 빛처럼 그의 인성에 나타난 겸손을 통해 빛나는 동시에, 하나님의 형상에서 멀어진 인간 본성의 모든 고통에 참여하셨다. 또한 그리스도의 성육신은 기도 응답으로 주어진 하나님의 긍휼을 상징하며 이는 예수님의 사역에 분명하게 나타난다. '이로부터 관상하는 자들은 하나님의 거룩한 빛의 광선뿐만 아니라 예수님의 인성의 어두운 구름을 바라보는 법을 배워야 한다.' 왜냐하면 '그분의 인성 안에 하나님의 위엄이 숨겨져 있기 때문이다.'[78] 그리고 많은 경우 인간 욕구의 어둠 속에서만 그리스도의 빛이 그 영광 속에서 식별될 수 있다.

참된 하나님의 환상은 이미 계시가 된 타당한 진리를 확증한다. 예수께서 세례를 받으실 때처럼 변화산에서 들려온 하나님의 음성은 예수께서 진정으로 하나님의 유일한 아들임을 보여주었다. '이는 나의 아들 곧 나의 택함을 받은 자'라는 말씀에서 그리스도의 아들 되심은 예수님께 개인적이면서 또한 예수님도 하나님과 공생하시므로, 니케아 신경의 고백처럼 하나님과 동등하시다는 진리를 담고 있다. 이 진리는 신뢰할 수 있는 것이었고 그리스도에 관해 선포된 모든 것의 기초였기 때문에 본문은 "그의 말을 들으라"는 말씀으로 이어진다. 그러므로 그리스도인들은 귀를 열고 마음으로 '듣도록,' 그리고 경외함과 순종함과 모든 부지런함으로 듣도록 부름을 받았다.[79]

변화산 사건은 하나님의 침묵과 함께 마무리되고 이제 예수님은 홀로 서 계신다. 홀로 서 계시는 이유는 오직 그분만이 영원한 진리이시고, 율법과 선지자들이 출발한 그림자이시고, 참된 빛이시고, 밝게 빛나는 복음의 은혜로 드러나셨기 때문이다.[80] 예수님은 이제 하나님 아버지께 드리는 참된 예배의 유일한 초점이시다. 그분은 또한 '항상 우리를 중보하시기 위해 살아계시기' 때문에 인간을 구원하실 수 있는 유일한 분이시다.[81] 그리스도 안에 감춰진 하나님의 모습은 그리스도인의 숨겨진 삶이 되고, '아직 말할 때가 이르지 아니하였기 때문에' 세 제자가 아무에게도 말하지 않았던 것과 같이 그 진실은 침묵 속에 감춰졌다.[82] 하나님께 순종하는 일은 침묵을 요구하며 엘리트주의가 아닌 겸손에서 비롯된다. 보나벤투라는 이사야서의 라틴어 텍스트에서 다음과 같은 말을 인용한다. '나의 비밀은 나만 알고 숨겨져 있다.'[83] 관상가들은 복음서에서 마리아와 엘리사벳이 그랬던 것처럼 또는 바울이 하늘로 올라간 후 여러 해 동안 그랬던 것처럼 하나님의 비밀을 주의 깊게 수호해야 할 의무가 있다.[84] 또한 설교자는 복음의 진리가 항상 듣는 자의 수준에 따라 전달되도록 주의해야 한다.

그러므로 기독교 안에는 오만이나 영적인 자만심이 자리 잡을 수 없으며 이생에서 칭송받아야 할 이유가 없다. 프란치스코는 생애 전반에 걸쳐 그리고 마지막 순간에 제자들에게 이에 대해 분명히 밝혔듯이 수치를 당하신 그리스도 앞에서 하나님의 영광은 모든 망상과 교만, 다른 이들의 인정을 바라고 타인을 조정하고 싶어 하는 만성적인 욕망을 사라지게 만든다. 보나벤투라의 《순례기》*(Itinerarium)*가 기초로 두고 있는 진리는 변화산 사건에 의해 입증되고 그 권위가 되어 아우구스티누스(Augustine)의 직관과 가르침을 확증한다.

보나벤투라는 다음과 같이 결론을 내린다. '우리의 마음 자체는 변할 수 있기 때문에 절대적으로 그리고 불변하게 빛나는 어떤 다른 빛이 아니었다면 이 변하지 않는 진리가 그렇게 변하지 않고 빛나는 것을 볼 수 없었을 것이다. 또한 이 빛은 변화할 수 있는 창조된 빛이 될 수 없다.'[85] 그러므로 지성은 '세상에 오는 모든 사람을 비추는 빛' 안에서만 진정으로 깨달을 수 있는데 이 빛은 참된 '빛'이자 '태초에 하나님과 함께하신 말씀'이시다.[86] 진정한 조명은 하나님의 선물이다. 이는 인간이 계시를 받고 거기에 반응할 수 있는 능력이다. 그리고 이미 자주 인용되고 있는 시편 말씀인 '주의 빛 안에서 우리가 빛을 볼 것입니다'를 성취한다.[87]

각주

5장 변모

1. 요한계시록 7:2.

2. *Life of Francis,* in E. Cousins (tr.), *Bonaventure: The Soul's Journey into God; the Tree of Life; The Life of St Francis,* from the series, The Classics of Western Spirituality (New York, 1978) 303f

3. 마태복음 17:1.

4. Ibid. 318.

5. 갈라디아서 2:20: 라틴어 텍스트는 굉장히 매력적이다 – Christo confixus sum cruci.

6. 고린도후서 4:10.

7. 갈라디아서 6:17 – ego enim stigmata Domini Jesu in corpore meo portare.

8. J.B. Lightfoot's *Commentary on Galatians* (Cambridge and London, 1865) 216 참고.

9. D.J. Dales, *Living through Dying – The Spiritual Experience of St Paul* (Cambridge: James Clarke & Co, 1994); 그리고 K. Grayston, *Dying, We Live – A New Enquiry into the Death of Christ in the New Testament* (London, 1990) 참조.

10. Cousins (tr,), *Life of Francis,* 315.

11. Ibid. *The Tree of Life,* 119.

12. Ibid. 312.

13. P. Boehner, *Bonaventure – The Journey of the Mind to God, Bonaventure: the Souls' Journey into God* (Indiana, 1993); 그리고 Cousins (tr.) *the Tree of Life; the Life of St Francis,* from the series, The Classics of Western Spirituality (New York, 1978).

14. Ibid. Boehner, *Bonaventure,* 2.

15. Ibid. 37f.: 에베소서 3:9 인용.

16. 시편 36:9.

17. 마가복음 8:24.

18. 누가복음 9:18-27: 마가복음 8:27-9:1 그리고 마태복음 16:13-28 참조.

19. II.828.

20. II.830.

21. II.832.

22. Ibid.

23. 보나벤투라는 다니엘서 9장 24절의 단수 해석에 근거를 두고 있는데, 이 구절의 벌게이트역은 다음과 같다 – et impleatur visio et prophetia et unguatur sanctus sanctorum라고 읽는다. 보나벤투라는 이 '지성소'(sanctus sanctorum)의 모습을 이상과 예언을 성취하신 메시아로서의 예수님과 동일시한다. II.833, 주석 62 참조.

24. 보나벤투라는 자신의 주석을 뒷받침하기 위해 다니엘서 9장 26절, 호세아서 6장 3절과 함께 이사야서 53장 5-6절 및 이사야서 1장 2절을 인용한다.

25. II.836.

26. Boehner, *Itinerarium* IV.5, p.25.

27. II.837; 고린도후서 10:5 인용.

28. 갈라디아서 5:24.

29. II.838; cf. *Life of Francis* 14.1. in Cousins (tr.), *Bonaventure: The Souls' Journey into God; The Tree of Life; The Life of St Francis* 315.

30. II.838; 고린도후서 4:16 인용.

31. 고린도후서 8:9.

32. II.838.

33. II.838-9.

34. II.83.

35. 야고보서 5:1; II.840 – 이 단어들이 파생된 아우구스티누스의 설교 220에서 각주 79 참조.

36. II.841.

37. II.842: 이 진리는 마리아의 노래(Magnificat)에서도 전달된다.

38. II.843; 요한복음 8:51 인용 – 각주 84 참조.

39. A.M. Ramsey, *The Glory of God and the Transfiguration of Christ* (London, 1949) 참조.

40. D.J. Dales, *Alcuin – Theology & Thought* (Cambridge: James Clarke & Co, 2013) 참조.

41. L. Vigilucci, *Camaldoli – A Journey into its History & Spirituality* (tr. P.-D. Belisle; California, 1995) 참조

42. 다음에 보나벤투라의 접근 방식이 잘 요약되어 있다. Z. Hayes, *The Hidden Centre: Spirituality & Speculative Christology in St Bonaventure* (New York, 1981) 29-32.

43. 신명기 19:15.

44. 보나벤투라는 이 상징적 의미를 더욱 자세하게 설명한다. 선택받은 세 제자는 더 나아가서 교회의 고위 성직자와 활발하게 관상하는 구성원을 대표한다. 또한 결혼, 금욕과 순결의 여부를 의미하기도 한다. 이는 히에로니무스에게서 파생된 전통적인 해석이었다.

45. II.848.

46. II.p848-50.

47. 아우구스티누스(Augustine)의 논문 <영혼의 위대함에 관하여>*(De Quantitate Animae)*의 가르침에서 이 분석을 더욱 뒷받침한다.

48. 누가복음 9:32; 다니엘 8장 18절에 유사한 경험이 있다.

49. 에베소서 5:14 – 이것은 초대교회 때 '빛'으로서 침례 신학의 지배적인 주제였다.

50. 히브리서 6:1-6 참조.

51. II.851 – 자일즈 형제의 격언과 함께 참고. *Scripta Leonis, Rufini et Angeli Sociorum S. Francisici*에 실린 *The Life of Brother Giles of Assisi – The Writings of Leo, Rufino and Angelo, ed.* 그리고 tr. R.B. Brooke (Oxford, 1970) p.307f.

52. II.851.

53. Ibid. 보나벤투라의 《순례기》*(Itinerarium)* 7:6 (p.39) 결론 비교.

54. II.853-4에서 요약; 이 해석은 20개 이상의 성경 구절을 참조해서 뒷받침된다.

55. 요한복음 1:18; 이해하기 어려운 '독생하신 하나님'(only-begotten God)은 푸아티에의

성 힐라리오의 신학에서 그 자리와 권위를 찾았다.

56. J. Meyendorff, *A Study of Gregory Palamas* (London, 1964) 참조. 팔라마스는 알 수 없는 하나님의 '본질'(essence)과 태양 광선처럼 그분으로부터 흘러나오면서 변형되는 '창조되지 않은 빛'으로 인식될 수 있는 하나님의 '에너지'(energies)를 결정적으로 구분했다. 시편 36편 9절의 '주의 빛 안에서 우리가 빛을 보리이다'라는 말씀은 이러한 현실을 표현한다. 보나벤투라의 사상은 위로부터 오는 어떤 빛에 의해 마음이 어떻게 비춰질 수 있는지와 관련해서 아우구스티누스적인 사상에 깊은 영향을 받았다. 하나님의 조명 없이는 참된 하나님을 인식할 수 없다. 이것은 기억의 근저에 있다.

57. 베드로후서 1:4.

58. II.855-7: 마태복음 13장 43절을 인용하면서 고린도전서 15장 40-42절의 바울의 가르침과 결부시킨다.

59. 요한계시록 3:5 그리고 7:13.

60. 고린도후서 3:18.

61. II.857.

62. 누가복음 20:38.

63. II.859

64. Ibid. 보나벤투라는 빌립보서 2:7-8; 예레미야애가 3:19 및 1:12; 에베소서 2:4 및 로마서 8:32을 인용한다.

65. II.860.

66. *Itinerarium* 4.8 26.

67. II.861 – 성 빅토르의 리처드의 *Benjamin Minor*, cap 81 인용. 변모에 대한 리처드

의 해석은 여러 면에서 보나벤투라의 해석과 가장 유사하다.

68. 아가서 5:2.

69. II.864 – 아가서 5:6 인용.

70. Ibid.

71. II.865.

72. 이 발언은 메시아와 초막절에 대한 현재 유대인의 기대와 관련이 있을 수 있다. 요한복음 1장 14절에서 '성막' 또는 '피난처'에 해당하는 헬라어 단어가 어떻게 말씀이 육신이 되어 우리 가운데 '장막'이 되었는지 설명하는 데 사용되었다는 점은 주목할 만하다.

73. II.868.

74. 히브리서 8:2 참조.

75. II.868.

76. Ibid.

77. 보나벤투라는 고린도후서 5장 13절을 인용한다.

78. II.871.

79. II.p872-3.

80. II.874 – 일반 주해서(Glossa Ordinaria) 인용.

81. 히브리서 7:24-5.

82. II.875.

83. 이사야 24:16 – 벌게이트역: Et dixi, secretum meum mihi, secretum meum mihi.

84. 고린도후서 12:2.

85. *Itinerarium* 3:3 (p.82).

86. Ibid. 요한복음의 서문을 인용한다.

87. 시편 36:9.

CHAPTER 6

제자도

제자도

보나벤투라는 자신의 권위가 절정에 달했을 때 누가복음 주석을 저술했고 자신에게 명성을 가져다준 수년간의 가르침과 설교의 정수를 녹여냈다. 그는 또한 복음서의 부르심을 극단적으로 따르는 프란치스코회와 탁발수도회를 비판하는 사람들과 맞서기 위해 주석서를 썼다. '그리스도를 본받는 것'은 실제로 무엇을 의미했을까?[1] 보나벤투라에게 이는 프란치스코(Francis)가 자신의 삶으로 증명한 것처럼 예수께서 인도하신 삶의 정신과 방식에 가능한 가장 근접하게 일치하는 것을 의미했다. 그러나 그것은 예수께서 하신 모든 일을 문자 그대로 재연하는 것을 의미하지 않았다. 그것은 불가능하고 심지어 부적절하다. 그리스도를 본받는 삶은 오히려 그분의 행동과 가르침이 하나님과 인간의 구원에 대해 무엇을 의미하는지 깊이 파고들어 그에 합당하게 살아가는 것이다. 보나벤투라가 주의 깊게 누가복음을 연구하므로 프란치스코회와 모든 그리스도인의 삶에 기초를 제공했다. 그가 누가복음의 의미를 묵상하며 얻은 상세한 지식은 다른 곳, 특히 많은 설교와 저서에서 사도적, 복음적 빈곤이라는 논쟁적인 주제와 이것이 더 넓은 교회 생활의 범주 안에서 프란치스칸의 소명과 삶에 무엇을 의미하는지와 같은 자신의 가르침을 뒷받침했다.

예수님의 부르심

누가복음 5장에서 예수님은 자신의 전도와 치유 사역이 큰 호응을 얻을 때 제자들을 부르신다.[2] 그물을 씻는 어부들의 가난은 예수께서 움직이시는 배경이 된다. 시편 말씀처럼 '여호와께서는 높이 계셔도 낮은 자를 굽어살피시기' 때문이다.[3] 예수님은 그들의 배에 오르기를 요청하시므로 겸손을 바탕으로 관계를 시작하셨다. 예수님의 정중한 태도는 시몬 베드로의 도움과 협력을 확보했다. 예수님은 베드로에게 도움을 청하셨지만 명령하지 않으셨다. 보나벤투라는 '강제적인 봉사는 하나님을 기쁘시게 하지 않는다'라는 암브로시우스(Ambrose)의 말을 인용하면서 예수께서 보이신 모범은 교회의 권위자들이 어떻게 나아가야 하는지 보여준다고 했다.[4] 예수님은 선생으로 배에 앉아 단순하고 겸손한 사람들로 이루어진 무리에게 말씀하셨다. 그들의 반응은 그리스도인들이 예수께 어떻게 반응해야 하는지를 잘 보여준다. 그리스도인은 진정으로 주님을 찾고, 애정이 어린 열망을 가지고 그분께 나아오고, 기도와 헌신으로 그분을 붙들고, 선으로 그분과 동행해야 하며, 결국에는 그분의 수난에 동참할 준비가 되어 있어야 한다.[5] 예수님과 시몬 베드로의 관계는 기적을 경험하게 되면서 확고해졌다. 시몬 베드로는 예수님의 말씀을 신뢰하는 모습을 보였다. '그 또한 그 기적을 보고 겸허해졌고' 자신의 죄를 고백했다.[6] 그 결과 예수님의 가장 가까운 세 제자인 베드로, 야고보, 요한이 부름을 받았다. 이들은 예수님의 사역에서 가장 깊은 순간, 특히 야이로의 딸을 죽음에서 살리신 것과 변화산 사건, 겟세마네에서 예수님의 수난을 목격하게 될 제자들이다. 보나벤투라는 제자들이 예수님을 따르기 위해 모든 것을 버리고 '완전한 의로 인도하시는 주님을 온전하게 따르는' 것을 특히 강조했다.[7]

예수께서 세리인 레위를 부르셨을 때 자신의 사명의 핵심을 보여주셨다.[8] 예수님은 잃어버린 자를 찾아 구원하러 오셨고 죄인을 한 인격체로 대하셨다. 이는 '그의 자비로운 관심을 통해 레위를 자신에게로 이끌기 위함'이셨다.[9] 레위가 죄인이었지만 하나님의 마음에 그의 자리가 있었고 그의 삶을 향한 목적이 있었다. 그러므로 아무도 자신들의 죄로 인해 절망할 필요가 없다. '나를 따르라'는 예수님의 부름은 죄와 그 거짓 가치에서 즉시 그리고 영원히 떠나라는 도전이다. 이렇게 레위의 자유의지와 존엄성이 그에게 회복되었고, 예수께서 레위에게 초청하신 온전함을 추구하는 일과 그분의 제자가 되는 데에 토대가 되었다. 보나벤투라는 그리스도를 따르는 데 있어 일곱 가지 공통적인 장애물을 다음과 같이 열거한다. 범죄, 육체적 안락, 물질적 관심, 소송, 사회적 책무, 가족 간의 묶임, 그리고 '어리석은' 욕망이 여기에 해당한다, 반면에 '진정으로 그리스도께 개종하고 그분의 빛으로 깨우침을 받은 사람들은 세상의 것을 아무것도 보지 못한다.'[10] 레위가 예수님을 집으로 모시고 관대하게 맞이한 일은 그의 많은 동료들이 예수님과 직접적으로 교제할 수 있는 계기가 됐다. 예수님은 겸손과 긍휼의 마음으로 죄인들과 공개적으로 교제하셨고 그로 인해 생길 수 있는 비판을 두려워하지 않으셨다.[11] 오히려 비판적인 바리새인들이 개종한 사람들에게 엄격한 금식의 책무를 부여하는 것을 반박하셨다. 이런 예수님의 모습에서 그분의 목회적 감수성을 엿볼 수 있다. '초신자들은 여전히 매우 연약하고 나약한 존재로서 자비로운 위로를 받았다.'[12] 보나벤투라는 주석에 '그리스도께서 온유함으로 늑대와 같은 바울을 어린양으로 변화시키셨다'고 언급했다.[13] 예수님의 부름을 듣고 응답한 자들은 '하나님께서 자신에게 복종하는 피조물을 통해서 하신 말씀을 들은 게 아니라 오직 피조물과 연합한 자신의 인격을 통해서 하신 말씀을' 들은 것이다. 그분의 부름을 듣고 겸손과 순종으로 응답하는 사람은 참으로 복되다.[14]

겸손

겸손은 보나벤투라의 누가복음 주석 전반에 황금 솔기처럼 이어진다. 그에게 겸손은 성육신의 모든 신비와 그리스도 안에 거하는 삶의 열쇠였다. 6장에서 열두제자를 '사도'로 지명하기로 한 예수님의 결정에 대해 논하면서 보나벤투라는 예수님의 제자가 되기 위해서는 '온전한 겸손이 요구된다'고 했다.[15] 가난은 눈에 보이는 겸손의 표현이고 사랑은 숨겨진 유대감이다.[16]

반석 위에 지은 집 비유에서 '겸손으로 더 깊이 들어가는 자는 더 깊이 파고 들어가는' 것과 같이 그 기초의 깊이는 겸손의 깊이와 동일하다.[17] 이 방법을 통해서만 그리스도의 겸손이라는 견고한 반석이 삶과 제자도의 흔들리지 않는 기초가 된다.

보나벤투라는 예수께서 아이들에게 관심을 가지신 것을 진지하게 받아들였다. 예수님은 제자들 사이의 교만과 다툼을 꿰뚫어 보시고 이기심 없는 겸손의 모범으로 한 아이를 옆에 두시고 말씀하셨다. '너희 모든 사람 중에 가장 작은 그가 큰 자니라.' 그러므로 '하나님의 친구가 되고자 하는 자는 어린아이와 같이 되어야 한다.'[18] 보나벤투라는 계속해서 어린아이와 다른 '작은 자들'(little ones)을 향한 예수님의 깊은 애정과 그들의 고통과 연약함을 자신의 것으로 간주하시는 예수님에 관해 이야기한다. 보나벤투라는 만일 그리스도가 진정으로 그들에게 영접을 받으셔야 한다면 '어린아이에게는 위대한 탁월함이 있다'고 선언했을 것이라고 하였다. '우리가 겸손할수록 교만에서 더 자유롭고… 사랑이 더 충만해지기 때문이다.'[19] 그러므로 개신교 교회가 자리와 지위를 놓고 경쟁하는 일은 설 자리가 없다.

예루살렘으로 가는 길에 예수님은 적대적인 사마리아를 통과해야 했고 환대받지 못했을 때 그분의 겸손함이 시험대에 올랐다. 프란치스코회 선교사들이 종종 그래야 했던 것처럼 '예수님은 낯선 사람들에게 환대를 구걸하셔야 했다.' 엘리야의 행동을 기억한 야고보와 요한의 뜻에도 불구하고 '그리스도의 영은 온유의 영'이시기 때문에 예수님은 그 어떤 보복도 하지 않으셨다.[20] 주님은 멸망시키러 오신 것이 아니라 구원하러 오셨다. 그러므로 그분의 온유한 정신이 '선한 제자이지 그들의 주인을 본받는 자'인 교회에서 권력을 가진 사람들의 행동을 결정해야 한다.[21] 베르나르(Bernard)와 베다(Bede)를 앞세워 보나벤투라는 지식의 열쇠가 되는 것이 겸손이며 그리스도인들이 권력을 행사할 때 핵심이 되

는 것도 겸손이라고 믿었다.[22]

이와는 대조적으로 누가복음 10장에서 마르다와 마리아의 환대는 예수님을 가난하고 도움이 필요하신 분으로 영접했기에 칭찬을 받았다.[23] 마리아는 겸손한 마음으로 예수님의 발치에 앉아 그분의 말씀을 들었다. 보나벤투라는 마리아와 뛰어난 겸손을 갖추었던 예수님의 어머니의 겸손을 비교하면서 이 본문에 관한 주석을 마무리했다. 이 복음서 구절은 보통 성모승천대축일에 읽었다.[24] '하나님은 겸손한 자의 하나님'이시기 때문이다.[25] 이 가르침의 정신은 뒤이어 등장하는 무익한 종의 비유에 요약되어 있다. 겸손은 뿌리로서 다른 미덕들을 보존시켜 주고 수호하기 때문이다.[26] 보나벤투라는 자발적으로 영적 노예 상태에 머무는 내적 겸손을 논하면서 '이처럼 자신을 낮추는 사람은 완전하고 영원한 영광을 위해 자신을 처분한 사람이라고 했다. 모든 것을 하나님께 돌리며 자신에게 아무것도 돌리지 않는 이 겸손은 우리의 고향인 천국에서 완벽한 형태로 존재한다.'[27]

바리새인과 성전 세리의 비유에서 분명하게 드러나듯이 하나님 앞에서의 겸손은 참된 기도의 기초이기도 하다.[28] 겸손이 부족했던 바리새인들의 생각은 왜곡되었고 이는 다른 사람들을 비방하는 태도로 이어졌다. '겸손은 모든 공의의 기초'이기 때문에 이런 태도는 공의를 부인하는 것과 같다.[29] 대조적으로 세리의 겸손은 그의 행동과 말뿐만 아니라 몸의 자세에서도 드러났다.[30] 그의 기도는 간략하고 경건했으며 '하나님, 저에게 자비를 베푸소서, 저는 죄인입니다'라는 핵심이 들어있기에 적절했다. 보나벤투라는 성경 전반에 걸쳐 이런 기도에 응답하시는 하나님의 위엄과 진실, 사랑과 자비를 언급하며 뛰어나게 이 진리를 변호한다.[31] 이와 유사하게 그는 교만은 항상 낮아지고 겸손은 높여질 것이라는 그리스도의 판결에 힘입어서 '온 우주가 이 법칙을 따른다'고 결론짓는다.[32] 그리고 복음서의 혼인 잔치 자리에 앉는 손님 비유를 통해 예수께서 이미 이 원리에 대해 가르치셨음을 주목한다.[33] 보나벤투라는 이 비유가 사랑에서 우러나온 겸손을 촉구하기 위한 것임을 비추어 볼 때 이 비유는 진실에서 우러나온 겸손을 유도하기 위한 것이라고 생각했다.

이 가르침이 지닌 힘을 보여주기라도 하듯이 예수님은 제자들의 항의에도 불구하고 아이들을 환영하셨다.[34] 보나벤투라는 어린아이들 때문에 일어난 제자들의 불평에 대해 견진성사를 통해 교회 안에 있는 어린아이들을 환영하는 문제를 결부시켜 길게 논한다. '그리스도와 하나님은 그들을 환영하시기 때문이다.'[35] 보나벤투라는 아이들의 나약함을 인정하면서도 그들의 순수함, 단순함, 온순함, 친절함, 다루기 쉬움, 진실함, 겸손을 추켜세운다. '하나님의 나라가 이런 자들의 것이기' 때문이다. 그러므로 '어린아이들의 작은 겸손과 그들의 순전한 거룩함을 거부하는 자들은 영생의 공로를 멸시하는 것이다.'[36]

가난과 부

보나벤투라에게 그리스도와 같은 가난은 영혼의 내적 가난의 외적 표현이자 겸손의 진정한 뿌리이다.[37] 초기 제자들은 예수님과 가난의 삶을 함께했다. 따라서 그들이 밀밭 사이를 걸으며 이삭을 비빈 이유는

'먹을 것이 없을 정도로 궁핍했기' 때문이었다.[38] 누가복음에 나오는 첫 번째 팔복은 '가난한 사람'을 직접적으로 언급했다.[39] 하늘나라의 약속은 '세속적 재물을 멸시하는 자들'의 것이다.[40] 보나벤투라는 예수께서 가난에 대해 이같이 말씀하실 때 제자들을 직접 바라보고 계셨다고 지적한다. 그는 자신의 주장을 뒷받침하기 위해 바울의 글뿐만 아니라 야고보서를 인용한다.[41] 그는 또한 가난을 천명했지만 그리스도와 같은 내적 가난의 정신이 결여되어 침울함을 풍기는 자들을 비판했다. 제자는 '가난하신 분을 열정적으로 따르는' 자이다. '그분은 부유하셨으나 우리를 위해 가난하게 되셨다.'[42] 부유한 사람들은 현세적 재물을 자신의 것으로 여겼기 때문에 정죄를 받는다.[43] 고리대금업은 정죄를 받는다. '이런 종류의 대출은 이웃보다 맘몬을 더 사랑하고 이익을 탐하는 상스러운 욕구에서 시작되었기 때문이다.'[44] 모든 소유물은 실제로 하나님의 선물이며 진짜 내 소유가 아니다.[45] 그러므로 인간은 물질의 청지기이자 수탁자이지 결코 소유자가 아니다.

예수께서 자기를 따르고자 하는 사람에게 안정된 집이 없다고 약속하셨을 때 '아직도 땅의 것을 사랑하는 사람은 자신과 동행하지 못할 것이라고 마치 말씀하시는 것처럼' 엄청난 가난을 보이셨다.[46] 보나벤투라에게 그리스도의 말씀은 다음과 같은 의미로 다가왔다. '너희가 모든 소유를 버리고 떠날 준비가 되어 있지 않다면 너희는 내 제자가 될 수 없다.'[47] 가족과 친구들과 이별을 해야 할 수도 있다. 사랑하는 이들의 곁을 떠나는 일은 분명 그리스도의 십자가를 지는 행위이다.[48] 그리스도를 온전히 따르는 제자라면 누구든지 주님의 가난을 본받아야 한다.[49] 기독교의 제자도는 모든 상황에서 그리스도께 완전한 자기를 드려야 하므로 실제적이고 지속적인 대가를 지불해야 한다. 보나벤투라는 다시 바울의 말을 인용하면서 "그리스도가 우리를 위하여 가난하게 되심은 우리를 부요하게 하려 하시는" 것이며,[50] 정신적으로나 실질적으로 주님의 본보기를 따르는 탁발 수도사가 결국 관용 안에서 모든 것을 소유하게 된다고 대담하게 선언했다.[51] '넘치는 부를 소유한 자는 하늘과 땅의 왕이신 분이 소유하신 만큼 소유한 사람뿐이기 때문이다.'[52] 예수님은 자신을 열정적으로 따르기를 원하는 자들에게 반응하시면서 가난의 단순함과 겸손을 결부시키셨다. '거만한 가난뱅이는 하나님과 인류에게 미움을 받을 뿐이다.'[53]

누가복음 10장에 나오는 칠십 인의 사명은 프란치스코와 그를 따르는 자들의 사명으로 받아들여졌다.[54] 또한 보나벤투라는 이를 교회의 사제들의 직무와 관련된 것으로 간주한다. 제자들은 온유와 인내의 무기로만 무장하고 두 사람씩 짝을 지어 움직여야 한다. 프란치스코회의 중심에는 '지갑이나 짐을 가지고 다니지 말고 맨발로 여행하라'는 예수님의 가르침이 자리하고 있었다.[55] 제자들은 돈이나 빵을 챙겨선 안 됐고 '가난할 뿐만 아니라 가난하게 보여야 했다.' 그 목적은 도덕적 청렴함을 유지하고 본을 보여 사람들의 마음을 얻는 데 있다. 보나벤투라는 마태복음의 팔복에서 마음이 가난한 자들에게 약속하신 하늘의 나라를 인용하면서 어쩌면 청빈 부인(Lady Poverty: 프란치스코가 가난을 사랑해 자기 사랑의 대상으로 삼으며 부른 말-역자주)의 모습으로 그리스도가 제공한 지참금에 관해 이야기한다. 이는 프란치스칸에게 친숙한 주제이다.[56] 그는 또한 '구원은 구원에 대해 떠들기만 하는 것이 아니라 성도들을 본받는 자들이 구원을 받는다는 점을 지적한다.'[57] '보물'이란 사람이 의도적이고 일관되

게 마음과 생각으로 사랑하는 것이므로 인생 전체의 형태와 가치 그리고 성격을 결정한다.[58]

누가복음에는 부의 문제를 다루는 일련의 이야기가 있는데 그중 일부는 이 복음서에서만 기록되어 있다. 이 다양한 이야기들을 통해 예수님의 자세와 가르침을 온전히 느낄 수 있으며 보나벤투라와 그가 집필한 대상들이 기독교적 빈곤의 본질을 어떻게 이해했는지 파악할 수 있는 틀을 제공한다. 대표적인 예로 '나는 구걸하는 것이 수치스럽다'고 항의한, 구걸하기를 꺼리는 불의한 청지기에 관한 보나벤투라의 논의가 있다. 다른 중세 주석가들과 다르게 보나벤투라는 청지기의 인간적인 나약함을 이해하고 변호했다.[59] 이어서 그는 연약한 사람이 구걸하는 것은 참으로 어렵지만 그리스도로 말미암아 온전케 된 그리스도에게는 쉽다고 말한다. 그는 또한 《성 프란치스코 규칙서》*(Rule of St Francis)*를 인용해서 '주께서 우리를 위해 이 세상에서 자신을 가난하게 하셨기 때문에 형제들은 구걸하는 것을 부끄러워하지 말아야 한다'고 했다.[60] 그러나 이 이야기에 나오는 불의한 청지기는 이 때문에 끝까지 그리스도의 은혜를 받지 못했다. 그러나 한편으로 그의 수치심은 구걸에 대한 경멸로 이어지지 않았다. 만약 그랬다면 이는 '눈총을 받아야 할 악'이 되었을 것이다. 간단히 말해서 보나벤투라는 다른 곳에서와 마찬가지로 여기서 교회와 사회가 탁발하는 기독교 정신을 비판하는 것에 맞서 활발한 방어를 펼쳤다.

어리석은 부자 비유에서 이 부농은 일과 재산에 집착했다. 그러나 갑자기 죽어서 자신이 하나님의 눈에 가난한 것을 발견한다. 이 비유는 잘못된 것에 집착하는 사람이 결국 자신의 영혼에 해를 끼치게 되는 익숙한 이야기를 다룬다.[61] 이 비유는 예수께 상속 재산에 대한 중재자 역할을 해 달라는 요청에서 비롯되었다. 예수님은 요청을 거부하셨고 대신 사람들이 소유물에 의존하는 것을 질책하셨다. 소유물은 삶에서 너무 쉽게 탐욕의 근원이 된다. 보나벤투라는 사실 '풍요가 수명을 연장하는 것이 아니라 종종 수명을 단축시킨다'고 지적한다.[62] 또한 '그의 창고는 가득했지만 그의 마음은 비어 있었다'고 말하며 풍족함에도 불구하고 지나치게 근심하고 불안해하는 부자의 성향에 주목한다.[63] 오직 하나님만이 사람의 영혼을 만족시킬 수 있으며 물질적 재화는 인간의 마음을 채울 수 없다. 그러나 인간의 잘못된 안정감은 현실에 대한 안일함과 맹목으로 이어진다. '그는 미래를 알지 못한 채 안심하고 잠을 잔다.'[64] 그러다가 부자는 갑자기 심장마비로 죽게 되는데 아무것도 가지고 갈 수 없었고 하나님 앞에서 그의 가난한 모습이 드러나게 된다. 오직 '소망'만이 친절과 자비, 관용으로 표현된다. 이 소망은 '가난' 더 정확하게 말하면, 우리를 위해 성육신하신 그리스도의 가난에 뿌리를 두고 있다.[65] 이 비유는 '사람이 아무리 많이 가지고 있어도 그 소유가 생명을 주지 못한다'라는 예수님의 말씀의 힘을 보여준다.[66]

지나친 부로 인해 눈이 머는 현상은 누가복음 16장에 나오는 부자와 나사로의 비유에서 극단적인 형태에 도달한다.[67] 부자는 자신의 재산 때문이 아니라 자신의 문 앞에서 절박하게 도움이 필요한 사람에게 자비를 베풀지 않았기 때문에 정죄를 받았다. 부자들은 여러 가지 방법으로 가난한 사람들을 집어삼키며 그중에 가장 해로운 것은 그들에게서 시선을 돌리는 것이다. '겸손이 교만한 자에게 가증한 것으로 여겨지는 것처럼 부자도 가난한 자를 싫어한다.'[68] 가난한 자는 부가 주는 잘못된 안정감에 위협이 된다. 부자의 삶은 과도하고 방종한 삶으로 오직 부정한 개들의 돌봄에 맡겨진 아프고 버려진 자들의 삶과 큰 대조를 이루면서도 그런 삶에 가깝다. 보나벤투라는 성경과 교부들의 주석을 광범위하게 활용해서 이 비유와 비유가 담고 있는 도덕적 힘에 대한 전통적인 해석을 충분히 다루었다. 따라서 성모의 노래(Magnificat)는 이루어졌다. '그는 주린 자에게 좋은 것으로 배부르게 하시지만 부한 자는 빈손으로 보내셨다.'[69] 보나벤투라가 이 비유를 설명하기 위해 할애한 지면의길이가 그가 이 비유를 얼마나 중요하게 생각했는지 알 수 있는 척도이다.[70]

예수께서 부자 청년을 만난 이야기는 보나벤투라의 가르침의 중심에 있었다. 그는 주석에서 차후에 이를 여리고에서 삭개오가 개종한 이야기와 결부시켰다.[71] 예수님은 하나님의 지혜의 전형이자 도덕과 윤리의 가장 위대한 선생으로 묘사된다. 그분의 가르침은 하나님의 본질적이고 근본적인 선을 기초로 하고 있다.[72] 완전해진다는 것은 '아무것도 가진 것이 없는' 그분과 같이 되는 것이다.[73] 보나벤투라는 가난과 기독교 제자도가 요구하는 것들을 전형적인 방식으로 옹호한다. 보나벤투라가 동정을 표한 이 젊은이는 자신이 소유물에 사로잡혀 있음을 깨달았다. 그리고 그 순간 그리스도를 따라 고난과 구걸과 겸손의 길을 가는 데 자신이 자유롭지 못함을 발견한다. '그리스도를 따르는 것은 자기 자신을 그분과 완전히 일치시키는 일이기 때문이다.'[74] 그는 유복하지만 자유가 없는 삶에 갇혀 있었고 예수님을 따라 한 발짝 나서다가 보이지 않는 벽에 부딪혔다. 그러나 아마도 그는 결국 그리스도를 따랐을 것이다. 이 이야기는 그가 예수님을 만나 도전을 받고 어떻게 회심하게 되었는지 그 과정을 소개하고 있다.

보나벤투라는 베르나르(Bernard)의 통찰력 있는 말을 인용한다. '세상에 대한 욕망이 세상의 실제 현실보다 더 해롭다.'[75] 소유물의 유혹적이고 중독적인 힘은 마음에 품은 애정과 생각이 지닌 가치를 오염시킨다. 어떤 종류든지 소유물과 사랑에 빠지는 일은 탈출하기 매우 어려운 올무에 걸리는 것과 같다. 오직 '하나님만이 그분의 은혜로 돈이나 다른 그 어떤 것들이 줄 수 없는 마음의 만족을 주실 수 있다.'[76] 이는 그리스도께서 제자들에게 그들의 희생이 헛되지 않았다는 확신을 주시려는 맥락에서 나왔다. 보나벤투라는 우리가 소유물에 얽매이면 그리스도를 쫓을 수 없다는 사실을 말한다. 모든 것이 진정으로 포기되지 않는 한, 생명으로 인도하는 좁고 고통스러운 문을 비집고 들어갈 수 없다.[77] 가족과 친구에 대한 '육욕적인 애정'도 물질적 소유에 해당된다.[78] 하나님의 보상과 관련해서 뒤따르는 특징은 슬프게도 어떤 일시적인 이익이 아니라 박해라는 현실인데 어차피 박해는 쉽게 사라지지 않는다.[79] 곧 예루살렘에서 겪게 되실 임박한 수난에 관한 주님의 예언은 이 진리의 힘을 온전하게 보여주었다.[80]

예수께서 여리고에서 맹인 거지를 고치신 이야기는 '거지의 가난을 용납하신' 증거였다.[81] 그는 타락한 인류, 지혜가 가려진 장님, 그리고 은혜와 의의 불완전함을 대표한다. 그는 숨겨진 그리스도를 찾으며 간절한 마음으로 부른다. 나쁜 사람들의 반대와 사회적 배척에도 불구하고 그의 외침은 기회를 얻는다. 예수께서 그를 보시고, 그에게 말씀하시고, 그의 말을 들으셨다. 그는 예수님을 자신에게 끌어들였다. 그의 눈은 고침을 받았고 그는 예수님을 따르는 제자가 되었다. 삭개오의 회심은 사회적 배척과 맹목의 또 다른 형태를 다루었다.[82] 제자들이 부자들 가운데 누가 구원받을 수 있냐고 물었을 때 삭개오의 회심은 '사람에게는 불가능한 것이 하나님께는 가능하다'라는 예수의 대답을 확증해준다.[83] 보나벤투라는 삭개오를 그리스도에게 끌리는 겸손한 사람이자 부유한 사람들의 모범으로 제시한다. '자비는 불행한 사람을 매료시키기 때문이다.'[84] 예수님은 악명 높은 '죄인'의 집에 기꺼이 들어가셨고 마치 그의 도움이 필요하신 것처럼 그의 환대를 받아들이심으로 자신의 겸손을 나타내셨다. '인자가 온 것은 잃어버린 자를 찾아 구원하기 위해서다.'[85] 그러나 예수님의 이런 행동은 예수님의 제자들과 여리고 마을 사람들, 예루살렘의 종교 기관에서 그를 비판하는 자들에게는 어떠한 호의도 얻지 못했을 것이다. 유월절 전야에 다양한 지역에서 온 순례자들이 있는 곳에서 세리의 집에 묵으신 것은 거지에게서 '다윗의 자손이여'라는 메시아적 호칭을 받아들이신 것과 같은 도발적인 행동이었다. 또한 악명 높은 세금 징수원을 회심시키신 것은 로마 통치에 대한 간접적인 비방이기도 했다.

권세

모든 복음서에서 예수님의 권세에 관한 문제는 크게 두드러지며 예수께서 붙잡히셔서 재판을 받고 예루살렘의 종교 및 정치 당국에 의해 사형 선고를 받으실 때 절정에 달한다. 보나벤투라는 프란치스코회 총회장으로서 사목 권한을 행사하는 데 익숙해져 있었다. 당시 수도회 내부의 일부 논쟁은 기독교 권위와 순종의 본질을 중심으로 전개되었다. 보나벤투라는 교황 클레멘스 4세(Pope Clement IV)와 그레고리오 10세(Pope Gregory X)를 포함한 당대의 많은 주요 성직자와 신학자들에게 영향력을 행사할 수 있는 인물이었다. 그는 제2차 리옹 공의회에서 동방과 서방의 광범위한 신뢰와 존경을 얻었으나 1274년 7월 15일 갑자기 사망했다. 보나벤투라가 누가복음 주석에서 적절하게 권력을 사용하는 문제를 두고 비판한 것은 그가 프란치스코회 신학자이자 교사로서 진정성과 객관성을 잘 유지했음을 보여준다. 그는 비판의 목소리를 내기 위해 교회에 대한 평소의 신중함과 충성심을 저버리지 않았다. 그러나 그는 자신의 권력을 행사할 때 그리스도와 같은 권세를 행사하기 위해 무엇이 요구되는지 명확하게 알고 있었다.

한번은 사역 초기에 예수께서 몇몇 바리새인들의 비판으로부터 제자들을 변호하셨다. 제자들은 안식일에 밀밭을 걸으면서 먹을 이삭을 줍고 있었다.[86] '진리'이신 예수님은 진리로 '바리새인들을 당혹스럽게 하셨고 자신의 권위와 더불어 성경의 권위로 제자들을 변호하셨다.'[87] 인간으로서 피할 수 없는 배고픔은 율법의 엄격함을 폐지했고 이것을 증명하기 위해 예수님은 구약성경에서 다윗의 역사적 사례와 선례를 제시하셨다. 그러면서 '인자는 안식일의 주인'이라고 선언하셨다. 보나벤투라는 이 발언이 예수님의 인격의 겸손과 '숨겨진 신성의 숭고함'을 모두 확증하는 것으로 여겼다.[88] 여기서 그분의 접근 방식과 모범은 미래에 기독교의 종교적, 윤리적 준행의 기초가 될 것이다.

평지 설교(the Sermon on the Plain)에서 예수님은 다른 사람들 위에 있는 권력가들이 동기로 삼아야 하는 정신을 직접적으로 언급하셨다.[89] 눈먼 사람이 다른 눈먼 사람을 인도할 수 있을까? 그러면 둘 다 구덩이에 빠지지 않을까?[90] 보나벤투라는 이런 예수님의 가르침이 제자들을 우월한 존재라는 허영심에서 멀어지게 하는 것이라고 생각했다.[91] 건방지고 주제넘는 것은 특히 영혼을 치료할 때 치명적인 올무가 된다. '자기를 남보다 높이고자 하는 자는 그리스도의 가르침을 무시하는 것이다.'[92] 두 경우 모두 영적인 배도라는 결말에 이른다. 더군다나 선생으로 군림하고 싶은 제자는 제자로 남는 법을 잊는다. 주님은 자신을 따르는 모든 사람에게 '선생'이라는 공식적인 호칭을 금하셨다.[93] 그 대신 종으로 섬기신 예수의 모범을 항상 지지하고 따라야 한다. 교황 그레고리오 10세(Pope Gregory X)의 사절들이 무겔로(Mugello)에 있는 한 수도원에 새 추기경의 모자를 들고 보나벤투라를 찾아왔을 때 그가 집안일을 마칠 때까지 나무에 모자를 걸어두라고 명령했던 점을 유념해야 한다!

예수님은 또한 타인을 경솔하게 판단하는 일을 경계하시면서 부당한 태도와 부주의한 말, 이중적인 행동이 초래하는 위험에 대해 말씀하신다. 남의 죄를 정죄하는 자들은 교만하고 자신을 정당화시키기 때문에 자신을 먼저 정죄해야 한다. 그들이 비록 다른 사람을 도울 수 있다고 생각할지라도 그들은 다른 사람을 도울 수 있을 만큼 명확하게 보지 못한다. 마찬가지로 자신의 죄와 결점을 무시하면서 말이나 행동으로 다른 사람의 삶에 개입하는 것은 위험하고 불쾌한 일이다. 보나벤투라는 더 나아가 '교사가 자신이 정죄한 일을 범하는 것은 부끄러운 일'이라고 말한다.[94] 위선은 종종 자신의 죄로부터 시선을 돌리기 위해 다른 사람을 헐뜯게 만든다. 그러나 진짜 시력과 자기 인식은 회개라는 큰 대가를 통해 얻을 수 있다. 회개는 영혼의 눈을 멀게 하는 모든 것을 제거한다. 이런 통찰력은 분별력으로 이어진다. 이는 타인에 대해 적합하고 적절하게 이성을 사용하는 것이고 자비와 사랑에 의해 강화된다. 따라서 좋은 나무 비유에서 좋은 나무는 좋은 열매를 맺을 수밖에 없는 반면에 못된 나무는 보기에는 좋을 수 있으나 좋은 열매를 맺을 수 없다. 보나벤투라는 성경에서 과일을 어떻게 평가하고 있는지 광범위하게 논하면서 이 간단하지만 큰 힘을 지닌 비유의 영향에 대해 자세하게 서술했다. 마음은 선한 것이든 악한 것이든 사람의 근본을 이루고 있는 것으로 좋은 열매는 조작되거나 얻어지는 게 아니다. 좋은 마음은 꾸준한 성장을 통해 그리고 생명을 주시는 하나님의 은혜를 통해 생긴다. 그 외에 다른 방법은 없다. 단순히 말뿐인 말은 행동을 대신할 수 없고 그런 말들로는 마음의 태도를 알 수 없다. 하나님은 속지 않으시며 그분의 종들도 속아서는 안 된다.[95]

이런 문맥 속에서 반석 위에 지은 집과 모래 위에 지은 집 비유가 등장한다. 예수님에 대한 믿음과 진정한 이해는 일관된 행동을 낳아야 한다. 왜냐하면 이것은 확실한 토대 위에 세워지기 때문이다. 견고한 건축물은 그 기초의 위치와 모양에 따라 결정되며 그에 걸맞게 지어져야 한다. 보나벤투라는 이 누가복음 본문에서 암브로시우스(Ambrose)의 말을 인용한다. '모든 미덕의 근본은 하늘의 계명에 순종하는 것이다.'[96] 기초와 그 위에 올려진 구조물의 안정성은 매우 중요하다. 이야말로 진짜 기독교 권위의 뿌리이자 특징이다. 보나벤투라는 이것을 '사랑의 내구성(the stability of love)'이라고 멋지게 표현했다.[97] 그리스도 자신이 기초가 되시기 때문이다.

보나벤투라는 누가복음 주석 곳곳에 기독교 권위의 본질에 대해 언급한다. 이는 그의 마음에서 좀처럼 벗어나지 않는 주제였다. 제자들이 누가 더 큰가를 놓고 논쟁을 벌였을 때 예수께서 제자들에게 주신 도전에 대해 보나벤투라는 교회를 겸손하게 감리해야 하는 그들의 소명과 관련해서 이 부분을 설명한다. '감리의 규범(norm of presiding)'은 영혼의 겸손, 적절한 열심, 통찰력으로 이루어진다.[98] 그리고 그 중심에 '사랑이 우리를 그리스도의 친구가 되게 한다'는 사실이 있다.[99] 보나벤투라는 진정한 설교자, 고용인에 불과한 설교자, 그리고 양의 탈을 쓴 늑대인 설교자를 구별했다.[100] 예수님은 먼저 돌아가신 아버지를 장사하려고 한 제자 지망생을 꾸짖으시며 먼저 하나님의 나라를 전파하라고 명하셨다.[101] 영혼을 돌보는 일은 몸을 돌보는 일 보다 우선시된다. 또 죽은 자를 장사할 수 있는 자는 많지만 산 자에게 설교할 수 있는 자는 적다. 그레고리오 1세(Gregory the Great)의 모범과 강조에 따라 보나벤투라는 부자가 자선을 베풀지 않는 것이 큰 죄라면 '학식 있는 사람이 기독교 교리를 전하지 않는 것은 더 큰 죄'라고 주장했다.[102] 효과적인 설교를 가능하게 하는 권위에 대한 그의 모든 접근은 자신과 그의 직책을 '그리스도의 종들의 종'이라고 묘사한 그레고리오 1세의 가르침에 큰 영향을 받았다.

또한 보나벤투라는 수도 생활을 그만두고 서원을 포기하고자 하는 수사와 수녀 및 기타 성직자들에게 하나님의 나라를 추구하는 일에 착수했다가 돌아서는 자들에 대한 주님의 제약을 적용했다.[103] 보나벤투라는 예수께서 파송하신 70명의 제자의 중요성을 언급할 때 성직자들의 서품과 서원을 '봉인된 수도회 인장, 삭발의 인장, 가장 거룩한 생활양식과 훈련에 대한 인장, 사제의 특성'이라는 측면에서 설명했다.[104]

보나벤투라는 또한 이렇게 봉헌된 사람들에게 주님의 엄격한 규정을 적용해서 그들이 숭고한 소명과 의무로부터 주의가 산만해지지 않도록 했고, 그들의 생활 양식이 그들이 전하는 메시지를 손상시키지 않게 했다. 주님께 책임을 다해야 하는 것과 생활의 모범에 그들의 권위가 달려 있었다. '사람이 그리스도의 제자들의 말을 들을 때 그리스도의 말씀을 들은 것이며, 이와 마찬가지로 제자들이 멸시를 당할 때 그리스도께서 멸시를 당하신 것이다.'[105]

기독교 제자도와 권력 행사의 중심에 있는 것은 청지기 직분이다. 그리스도께서 청지기에게 책임을 물으실 것이기 때문이다. 누가복음 12장에서 베드로가 던진 질문에 예수께서 답변하실 때 이에 대해 엄격하게 가르치셨다.[106] 보나벤투라는 끝까지 충실한 것을 드문 자질로 여겼다.[107] 그러나 그리스도의 마음을 아는 목회자가 그 마음을 따라 행하지 않으면 책망받아야 마땅하다. 반면에 단순한 무지는 때에 따라 용납될 수 있다. 보나벤투라는 이 둘을 구분하기 위해 길게 설명한다. 그는 '누구든지 많이 받은 사람에게 많이 요구할 것이며 많이 맡은 사람에게 많이 내놓으라고 할 것'이라 말씀하신 주님의 가르침에 대해 심도 있는 논의를 거친 이후에 결론에 도달한다.[108] 보나벤투라는 다른 사람들에 대한 목회적 권위를 소유한 사람들에게 주님께서 그들과 그들이 돌보는 사람들의 영혼을 요구하실 것임을 상기시켰다.[109] 예수님께서 누가복음 17장에서 언급하신 물의를 빚는 일, 즉 사람의 마음에서 흘러나오는 생명의 영을 죽이는 고의적인 행동에 관해 보나벤투라는 통찰력 있게 정의를 제공한다. 그는 사람을 실족하게 하는 일은 '그리스도가 가장 사랑하는 것, 즉 영혼을 빼앗아 가는 행동'이라고 주장한다.[110] 자기 자신뿐만 아니라 타인을 향한 신중함과 자비와 용서를 행해야 한다. 이것은 그리스도께서 권위를 허락하신 자들에게 명하신 것이며 제시하신 해결책이다. 그러나 보나벤투라는 요한 크리소스토모스(John Chrysostom)를 인용하며 다음과 같이 말했다. '하나님의 무한한 선하심에 비하면 당신의 박애는 흐릿하다.'[111] 인간의 용서는 바다에 떨어지는 한 방울일 뿐이다. 고위 직분을 향한 야망과 타인에 대한 무관심만큼 교회 생활을 해치는 것은 없다.[112] 가난한 과부를 그토록 완고하게 대하던 재판관이 우리에게 무시무시한 경고가 된다.[113] 하나님은 언제나 그 공의 안에서 자비로우시지만 그분의 자비와 공의에서 벗어날 수 있는 길은 없다.[114]

기도

누가복음은 예수님을 기도의 사람으로 일관되게 강조한다. 기도는 기독교 제자도의 핵심이다. 보나벤투라에게 기도는 관상과 밀접한 관련이 있었다. 따라서 마르다의 자매인 마리아의 모습은 기독교 관상의 정신을 잘 보여준다.[115] 보나벤투라는 이를 '주님께 전념하고 주님과 함께 시간을 가지고 주님과 함께 앉아 주님 앞에서 조용히 있는 것'이라고 정의한다.[116] 그의 정의는 아우구스티누스(Augustine)에게 영향을 받은 것으로 매우 전통적인 해석이었다.[117] 관상은 주님 앞에 겸손을 요구하며 참회와 긍휼, 사랑과 헌신의 눈물을 유발한다. 보나벤투라는 마리아를 막달라 마리아와 결부시켜 이야기했고 그녀가 예수님의 발에 향유를 부은 여인임을 강조했다. 그의 시대에 그녀들은 하나의 대표적인 인물로 흡수되었다. 마리아는 언니의 항의에도 불구하고 침묵을 지켰다. '관상의 역할은 논쟁하는 것이 아니라 침묵하고, 듣고, 묵상하는 것이기 때문이다.'[118] 예수께서 마리아에게 진짜 필요하고 가장 좋은 한 가지를 선택했다고 칭찬하신 이유는 '하나님이 절대적인 최고이신데 관상하는 영혼은 이 최고의 것'을 택했기 때문이다.[119] 계속해서 보나벤투라는 지금 시작하는 관상 생활이 영원에 이르면 완벽해질 것이라고 주장한다. 그리고 그 안에 약속, 안정감, 의미, 축복이 있다. 그는 기독교 제자도가 활동적인 삶을 요구하는 것을 무시하지 않는다. 따라서 이 본문을 주석에서 다룰 때 이 두 사람 사이의 균형과 관계를 논하는 데 시간을 할애한다. 그의 결론은 '영적인 사람들은 때로는 나가고 때로는 들어오고 때로는 올라가고 때로는 내려갈 필요가 있으며' 관상이라는 골방과 적극적인 긍휼의 영역 사이를 오고 가는 것이 필요하다고 했다.[120]

누가복음 11장의 마르다와 마리아 이야기는 예수님의 기도에 관한 중요한 가르침의 서막 역할을 한다. 세례 요한이 자신의 제자들에게 기도를 가르쳤던 것처럼 예수께서 기도하시는 모습을 보고 제자들은 예수님께 기도하는 법을 가르쳐 달라고 요청한다.[121] 그리고 마리아는 예수님의 가르침의 전형적인 예가 되었다. 왜냐하면 하나님과 친밀한 관계가 아니라면 기도는 아무것도 아니기 때문이다. 예수님은 기도하실 때 우리의 연약함을 도우시고 모범을 보이시기 위해 자신의 인성을 드러내셨다.[122] 또한 자주 기도하셨고, 오래 기도하셨고, 종종 외진 곳에서 기도하셨다. 구성 기도(vocal prayer)는 마음을 표현하는 기도이기에 중요하다. 구성 기도는 기억을 불러일으키고, 졸음을 방지하고, 갈망에 불을 붙이고, 순종을 확인하고, 기쁨을 표현하게 하며, 본을 보여준다.[123] 예수께서 하나님을 아버지라 부르시므로 하나님은 창조주이시고 은혜를 베푸시는 분이며 만물의 완성자이심을 암시하셨다.[124] 하나님을 '아버지'로 부르라는 명령은 '기도의 두 날개'인 경외심과 확신을 동시에 유발한다.[125] 보나벤투라는 '주기도문의 숭고한 특성'에 대해 다음과 같이 명백하게 밝힌다. '비록 가장 짧은 기도문이지만 그 안에 모든 기도와 간구가 포함되어 있다.'[126] 그러므로 누가복음 버전의 주기도문에는 지혜, 경배, 충만함, 용서, 그리고 악을 이기는 간구가 있다. 보나벤투라는 악을 피하고 선을 추구하는 그리스도인들에게 주기도문에 함축되어 있는 것들을 간략하게 분석해서 제공한다. '완전한 지식은 우리를 하나님과 닮아가게 하고 완전한 닮음은 우리를 그의 아들로 만든다. 그리고 완전한 아들의 신분은 하나님의 이름으로 우리를 거룩하게 하는 데 합당한 존재가 되게 한다.'[127]

하나님 나라는 완전한 순종으로 이루어지며 주기도문은 이를 추구한다.[128] 우리의 삶에 충분한 '양식'은 영적이면서 동시에 물질적인 것이므로 마태복음과 누가복음의 주기도문에는 두 가지 다른 단어가 사용되었다.[129] 보나벤투라는 '양식'(bread)을 육체적 영양, 성경, 성찬, 은혜, 그리고 순종을 의미하는 것으로 설명했고 자신의 해석을 뒷받침하기 위해 성경 주석서를 인용한다.[130] 그는 '관용의 법을 피하는 자는 공의의 법에 빠진다'는 사실을 설명하면서 기도의 기초로서 용서의 본질적 필요성에 대한 주님의 가르침을 복음서를 충분하게 참고해서 뒷받침했다.[131] 참으로 원수를 위한 기도는 그리스도께서 십자가에서 돌아가시면서 보여주신 기도의 가장 깊은 곳으로 우리를 인도하며 이야말로 진정한 제자도를 시험할 수 있는 척도이다. '아버지께서는 아들의 말씀의 의미를 아시기 때문에 아들이 가르치지 않은 기도는 듣지 않으신다.'[132] 누가복음의 주기도문은 '유혹' 또는 '시험'이라는 단어로 끝난다. 그래서 우리는 현생에 확신을 갖지 못한다. 그래서 누가복음의 이 기도 형식 끝에는 명시적인 '아멘'이 없다.[133]

'태만과 믿음의 결핍은 기도의 열매를 가장 잘 메마르게 하므로' 이어지는 짧은 비유에서 예수님은 제자들이 확신을 가지고 늘 충실하게 기도하도록 동기를 부여하신다.[134] 한밤중에 친구가 음식을 달라고 해서 시달렸던 사람은 자신의 우정을 보여주었다. 보나벤투라는 이런 차원의 우정에 대해 논하는 데 시간을 할애했다. 떡 세 덩이는 영혼을 양육하는 믿음, 희망, 사랑이라는 하나님의 은혜의 선물을 상징하는 것일 수 있다.[135] 이 경우 응답이 늦어지면 기도에 대한 열망과 끈기가 생긴다. 따라서 구하고, 찾고, 두드리라는 명령, 즉 입으로 구하고, 마음으로 찾고, 끈질긴 노동으로 두드리라는 말씀이다. 그러므로 '용서를 구하고, 은혜를 찾으며, 영광을 구해야 한다.'[136] 보나벤투라는 더 나아가 독자들에게 기도로 구하고, 성경을 읽고 찾고, 눈물로 두드리라고 촉구한다.[137] 또한 그는 초기 교부들로부터 추려낸 엄청난 전통적 성경 주석인 일반 주해서(Glossa Ordinaria)의 다른 해석에도 주목한다. '기도로 구하고, 바른 생활로 찾고, 인내로 두드리라' 또는 '믿음으로 구하고, 소망으로 찾으며, 사랑으로 두드리라.'[138] 진정으로 기도한다는 것은 정성을 다해 구하고 부지런히 구하는 것이다. 그러면 천국의 문이 계속 두드리는 자에게 마침내 열릴 것이다.[139] 예수님은 참 아버지이신 하나님의 뛰어난 관대함과 선하심을 보여주시며 신실한 기도를 유도하신다. 보나벤투라는 돌과 떡, 뱀과 생선, 전갈과 알의 대조를 풍부한 성경적 상징주의와 함께 다룬다.[140] 예를 들어 생선은 세례, 뱀은 악, 알은 희망, 전갈은 절망을 상징한다. 또는 떡은 사랑을, 생선은 믿음을, 달걀은 소망을 의미할 수 있다. 그러나 이것들을 하나님께 받으려면 먼저 '고집의 돌, 불신의 뱀, 절망의 전갈'을 우리의 마음에서 제거해야 한다.[141] 회개를 수반한 기도는 종종 하나님께 '아직(not yet)'이란 응답을 받게 되지만 그 '아직'에 결국 구원의 소망이 있다.

예수님은 사람에게 친숙한 가정생활을 비유로 드시면서 선과 더 큰 선을 대비시키므로 하나님의 관대함을 보여주실 수 있었다. 이것은 보나벤투라 신학의 기본 원칙에 영향을 미친다. '선이 소통적이라면 더 큰 선은 더 소통적이며 가장 위대한 선은 가장 소통적이기 때문이다.'[142] 보나벤투라에게 있어서 하나님은 본성상 최고로 선하시며 그의 선하심은 본질적으로 자기 소통적이고, 넘쳐흐르며, 끝이 없다. 그는 단순하게 대비시키지만 그 결과 하나님의 풍성한 선하심과 인간의 부와 관용의 상대적인 한계가 드러난다. 보나벤투라는 '모든 부자는 악행을 저지르거나 그 악행을 저지른 자의 상속자다'라는 아우구스티누스(Augustine)의 말을 빌려 경고한다.[143] 오직 하나님만이 참으로 선하시며 인간 본성 안의 모든 진정한 선함은 그분에게서 나온다.[144] 보나벤투라의 사고의 기초였던 이 자명한 이치의 본보기는 야고보서에 있다. '완전하고 좋은 모든 선물은 빛을 창조하신 하나님 아버지에게서 온다.'[145] 누가복음의 벌게이트역을 보면 예수께서 기도에 대해 가르치시며 마지막에 하나님의 선한 영을 주시겠다고 약속하신다. 보나벤투라는 다양한 성경 구절을 언급하며 이를 확증하는데 선함과 거룩함은 하나이기 때문이다.

하나님의 본질적이고 넘치는 선하심에 대한 보나벤투라의 믿음은 기도에 대한 신뢰의 확실한 기초인 섭리에 대한 그의 확신을 뒷받침한다. 이는 예수님을 찬양하고 그의 어머니를 축복한 여인을 통해 증명되었다. 이 여인은 강하고 겸손했다.[146] 예수님은 '하나님의 말씀을 듣고 지키는 자가 복이 있다'고 말씀하시며 그녀와 자신의 어머니를 인정하셨다. 주님의 어머니인 마리아는 '마음의 연합이 몸의 연합보다 더 거룩하기 때문에' 몸뿐만 아니라 마음에 그리스도를 품었다.[147] 이런 측면에서 볼 때 영적인 사랑으로 그리스도를 품은 자들과 '진리를 경청하고, 사랑하고, 행하는 자들은 기쁨에 이를 것이다.' 진리이신 그리스도는 '자신을 붙드는 자들을 복되게 하시기 때문이다.'[148] 오직 '사랑을 통해 작용하는 믿음'만이 사도 바울의 말처럼,[149] '너희 안에 계신 그리스도, 곧 영광의 소망'께서 오시는 축복을 누릴 수 있게 한다.[150] 하나님은 자신의 형상과 모양대로 창조하신 인간을 가장 극진히 보살피신다. '인간은 가장 직접적으로 하나님의 보호 아래 있다. 특히 의인과 하나님의 친구는 더욱 그렇다.'[151] 그러므로 염려할 필요는 없지만 기도해야 하는 이유는 충분하다. 성령을 선물로 주시겠다는 그리스도의 약속은 우리의 영혼이 하나님께 가까이 갈 수 있게 해주고,[152] 프란치스코와 하나님의 관계처럼 '하나님의 친밀한 친구, 하나님께서 비밀을 드러내시는 친구'가 되게 한다.[153] 그러므로 '영원한 선물을 줄 준비가 되신 분께서 현세에 좋은 것을 주시기를 거절하지 않으실 것이다.'[154] 하나님을 신뢰하는 사람들은 '지극히 높으신 하나님 아버지의 가족'이다.[155] 이러한 확신을 가지고 보나벤투라는 프란치스코와 아시시의 클라라(Clare of Assisi)의 정신과 가르침에 진심으로 충실했다.

누가복음 18장에서 예수님은 기도의 정신을 두 가지 비유를 들어 말씀하신다.[156] 첫째, 불의한 재판관의 완고한 행동은 돌에 떨어지는 물과 같은 가난한 과부의 순수한 끈기에 기세가 꺾였다. 때때로 사람들이 하나님이 불의한 재판관 같다고 생각할지라도 그분은 전혀 그렇지 않으시므로 보나벤투라는 이것이 모순적인 비유라고 지적한다. '항상 기도하라'[157]는 말씀은 '기도는 바람을 통해 마음속에 있거나 간구를 통해 입술에 있거나 타고난 기질을 통해 일하는' 것을 기본적으로 의미한다.[158] 보나벤투라는 기도해야 하는 열 가지 이유를 다음과 같이 나열한다. '하나님의 벌을 줄이기 위해, 죄 용서함을 구하기 위해, 영적 갈등 속에 역사하는 악을 물리치기 위해, 치유를 통해 본성의 힘을 회복하기 위해, 세상의 평화를 유지하기 위해, 양심을 지키기 위해, 은혜에 불을 붙이기 위해, 거룩한 지혜의 빛을 구하기 위해, 하늘의 문을 열기 위해, 영원한 상급을 구하기 위함이다.'[159] 두 번째 비유에서 바리새인의 거만한 태도는 성전에서 기도하는 슬픈 세리의 태도와 극명하게 대비된다. 하나님께 겸손과 경외심은 항상 함께 하는 덕목이다. '회개하는 사람이 겸손한 수치심(shame)을 가지는 것만큼 하나님을 기쁘게 하는 것은 없다.'[160] 고개를 숙이고 가슴을 두드리는 그의 과묵함은 내면의 죄책감을 보여주었다. '하나님, 죄인인 저에게 자비를 베푸소서.'[161] 겸손하고 경건한 그의 기도는 '가장 짧지만 효과적인' 기도였다. 복음이 담고 있는 기본적인 진리는 '하나님만이 은혜를 통해 마음의 만족을 주실 수 있으시며,'[162] 하나님은 자신을 진정으로 찾는 자들에게 모든 것을 해 주실 수 있다는 것이다. '그분께 불가능은 없다.'[163]

각주
6장 제자도

1. Z. Hayes, *The Hidden Centre: Spirituality & Speculative Christology in St Bonaventure* (New York, 1981) 35-42 참조. 이 복음서 주석에서 제자도에 대한 보나벤투라의 가르침을 자세하게 검토한 글은 출간되지 않은 옥스퍼드 박사 논문이다. G.B.W. Shanahan, *St Bonaventure's Theology of Discipleship with Special Reference to his Commentary on Luke* (1993).
2. 누가복음 5:1-11.
3. 시편 138:6.
4. I.382 – 암브로시우스의 설교 13에서 발췌.
5. I.385-6.
6. I.394.
7. I.398.
8. 누가복음 5:27-39.
9. I.435.
10. I.438-9.
11. I.440 – 마태복음에 대한 히에로니무스의 주석을 인용.

12. I.453.

13. II.930.

14. II.969.

15. 누가복음 6:12-6.

16. I.480.

17. 누가복음 6:48; I.562.

18. 누가복음 9:46-8; II.893.

19. II.894-5.

20. 누가복음 9:51-6; II.906.

21. II.907-8.

22. II.964.

23. 누가복음 10:38-42; II.994.

24. II.1010.

25. II.1177.

26. 누가복음 17:7-10; II.1644.

27. III.1647.

28. 누가복음 18:9-14; III.1717f.

29. III.1718.

30. III.1727f.

31. III.1730.

32. III.1734.

33. 누가복음 14:11.

34. 누가복음 18:15-17; III 1735f.

35. II.1739.

36. III.1745.

37. I.480.

38. 누가복음 6:1-5; I.458.

39. 누가복음 6:20.

40. I.502.

41. 야고복음 2:5; 고린도후서 6:10 그리고 8:2.

42. I.505; 고린도후서 8:9.

43. I.514.

44. I.538.

45. I.544.

46. 누가복음 9:58; II.911.

47. 누가복음 14:33.

48. 누가복음 14:26-7.

49. II.1391.

50. 고린도후서 8:9.

51. 고린도후서 6:10.

52. II.912.

53. 누가복음 9:57-62; II.913.

54. 누가복음 10:1-16; II.922f. 어떤 본문에서는 일흔두 제자이다. 보나벤투라는 두 숫자 모두 상징적으로 중요한 의미가 있다고 본다.

55. 누가복음 10:4.

56. 마태복음 5:3; II.932.

57. II.934.

58. II.1182.

59. 누가복음 16:1-13; II.1478-9.

60. II.1478: 주(註) 14 – 1223년 *Regula Bullata*의 VI.4장에서 발췌.

61. 누가복음 12:13-21.

62 .II.1159.

63. II.1161.

64. II.1164.

65. II.1165.

66. 누가복음 12:15.

67. 누가복음 16:19-31.

68. 집회서 13:24; II.1518.

69. 누가복음 1:53.

70. 35페이지 분량의 주석이다.

71. 누가복음 18:18-30; T. Reist, *Saint Bonaventure as a Biblical Commentator: A Translation & Analysis of his Commentary on Luke* 18:34-19:42 (Lanham, 1985) 참조.

72. III.1750.

73. III.1754.

74. III.1756.

75. III.1759, 각주 204.

76. III.1764.

77. III.1766.

78. III.1769.

79. III.1770.

80. 누가복음 18:31-4.

81. 누가복음 18:35-43; III.1780f.

82. 누가복음 19:1-10.

83. 누가복음 18:26-7.

84. III.1791.

85. 누가복음 19:10.

86. 누가복음 6:1-5.

87. I.461.

88. I.463.

89. 누가복음 6:39-49.

90. 누가복음 6:39.

91. I.549.

92. I.550.

93. 마태복음 23:10; I.551.

94. I.554, 각주 205.

95. I.560.

96. I.563 – 암브로시우스의 누가복음 주석 인용, V.82.

97. I.562.

98. 누가복음 9:46-62; II.890f.

99. II.897.

100. II.899-900.

101. 누가복음 9:60.

102. II.917.

103. 누가복음 9:62; II.919f.

104. II.923.

105. II.951.

106. 누가복음 12:41-48.

107. II.1198.

108. 누가복음 12:48.

109. II.1208.

110. III.1625-7.

111. III.1634 – 크리소스토모스의 마태복음 61.2 강론 인용.

112. III.1737.

113. 누가복음 18:1-8.

114. III.1713.

115. 누가복음 10:38-42.

116. II.995, 각주 170: Domino intendere, vacare, sedere, et tacere.

117. 설교 103 그리고 104.

118. II.998.

119. II.1003.

120. II.1007.

121. 누가복음 11:1-13.

122. II.1014.

123. II.1017.

124. 보나벤투라는 예레미야 3장 19절을 인용한다; 보나벤투라가 하나님의 아버지 되심을 고려하는 근본적인 의미에 대해서는 II.1017, 각주 7을 참조.

125. II.1018 – 보나벤투라는 아람어 단어인 아바(Abba)의 친밀한 측면을 다루지 않는다.

126. I.1020.

127. II.1022; 요한일서 3장 2절과 결부시킨다.

128. II.1024.

129. II.1025 – 마태는 독특한 헬라어 에피우시오스(epiousios)를 번역하기 위해 '초물질적인'(supersubstantial)이란 단어를 사용한다. 누가는 '일용할'(daily)이라는 단어를 사용한다.

130. II.1026.

131. II.1027.

132. II.1028.

133. II.1030 – 보나벤투라는 당시 사제가 미사 중에 소토보체(sotto voce)를 부를 때 사제가 주기도문 마지막에 '아멘'이라고 말했다는 흥미로운 사실을 지적한다.

134. II.1030.

135. II.1036.

136. II.1040.

137. II.1041.

138. Ibid.

139. II.1042-3.

140. 떡과 돌은 벌게이트역에 포함되어 있다.

141. II.1047-8; 각주 78은 필사본 전통의 혼란을 보여준다. 여기에서 보나벤투라는 치유와 다르게 하나님의 은사는 항상 즉시 주어질 수는 없다고 지적하는 것으로 보인다.

142. II.1048; 이 원리는 보나벤투라의 신학과 철학에 지대한 영향을 미친 위-디오니시우스의 저술에서 파생된 것이다.

143. II.1048, 각주 81.

144. 누가복음 18:19.

145. 야고보서 1:17.

146. 누가복음 11:27-28; II.1080.

147. II.1084.

148. II.1085.

149. 갈라디아서 5:6.

150. II.1086; 골로새서 1:27.

151. 누가복음 12:1-7; II.1143-4; II.1174 참조.

152. 누가복음 12:12.

153. II.1154.

154. II.1176.

155. 누가복음 12:30; II.1175.

156. 누가복음 18:1-14.

157. 누가복음 18:1; 21:36 참조; 또한 로마서 12:12, 에베소서 6:18, 골로새서 4:2 및 데살로니가전서 5:17: '쉬지 말고 기도하라.'

158. III.1703.

159. III.1704-7.

160. III.1727 – 성 베르나르의 세 번째 아가서 설교를 인용한다.

161. 누가복음 18:12; II.1729-30.

162. III.1764.

163. 누가복음 1:37.

CHAPTER 7
가르침

가르침

보나벤투라가 누가복음 주석을 구상할 때 그는 설교를 매우 염두에 두었다. 사실 그의 주석서는 많은 설교 개요를 포함하고 있을 뿐 아니라 풍부한 성경 참고 문헌의 창고이기도 하다. 설교는 프란치스코회의 전도 및 목회 사명의 핵심이었고 보나벤투라는 학식 있는 교사일 뿐 아니라 위대한 설교자로 존경을 받았다.[1] 그는 효과적인 성경 주해의 핵심은 균형 잡힌 기독교 교리를 기반으로 본문을 상세하게 기억하는 것에 달려있다고 생각했다. 성경의 텍스트에 뿌리를 두지 않은 기독교 신학은 없다. 성경은 하나님의 말씀으로 그리스도의 빛에 항상 비추어 보아야 한다.

나사렛에서의 첫 설교

'주의 성령이 내게 임하셨으니 이는 가난한 자에게 복음을 전하게 하시려고 내게 기름을 부으시고 나를 보내사 포로 된 자에게 자유를, 눈 먼 자에게 다

시 보게 함을 전파하며 눌린 자를 자유롭게 하고 주의 은혜의 해를 전파하게 하려 하심이라 하였더라.'[2]

누가복음에 기록된 예수님의 첫 설교는 나사렛 회당에서 하신 설교이다. 보나벤투라는 신중하게 이 설교에 접근하는 것으로 자신의 누가복음 주석을 시작한다.[3] 그는 예수께서 말씀하신 '주의 영이 내게 임하셨다'로 시작하는 구약성경 본문이 설교자와 성경 교사의 역할에 대해 훌륭한 일반적 정의를 제공한다고 여겼다. 이 말씀은 또한 누가복음에서 가장 두드러지는 특징이기도 했고 진리와 은혜의 샘이신 그리스도께 특별히 적용되었다. 복음을 가르치는 선생이나 설교자는 '하나님의 은혜로 기름부음을 받아 진정한 순종으로 세워지고 뜨겁게 형제를 사랑하는' 자여야 했다.[4] 보나벤투라는 이를 뒷받침하기 위해 나머지 성경에서 적절한 예시를 들어 설명한다. 그는 '남을 사랑하지 않는 사람에게 설교의 직분을 맡겨서는 안 된다'고 말한 그레고리오 1세(Gregory the Great)의 말을 인용했다.[5] 다른 무엇보다 설교의 도덕적인 측면을 가장 중요하게 강조한 그레고리오 1세의 주장은 보나벤투라에게 큰 영향을 끼쳤다. 설교자와 듣는 사람 사이의 관계는 너무나 친밀하기 때문에 설교자는 겸손하고 온유하고 충실한 청중이 필요하다. 온유함은 하나님의 말씀을 효과적으로 받기 위해 필수적이다. 겸손은 하나님의 부르심에 응답할 수 있는 통회하는 심령에 이르게 하는 반면에 속죄의 시험은 참된 믿음에서 생기는 순종이다. 그러므로 설교자나 교사는 먼저 경청할 줄 알아야 한다.

성경에서 전도자들의 입술을 통해 말씀하시는 성령의 역할은 지대하다. 성령은 복된 누가를 통해서도 말씀하셨다. 성령의 임재는 겸손을 동반하며 그분의 기름부음은 '영혼이 최고의 선생, 즉 그리스도에게 진리의 가르침을 받게 한다.'[6] 복음을 전파하는 목적에는 세 가지가 있다. 진리를 선포하는 것, 영혼의 내면의 병을 고치는 것, 영생의 약속을 드러내는 것이다. 기록된 말씀은 각 세대에게 이 구원의 사역을 이어간다. 누가는 매우 특정한 방식으로 예수님을 통해 드러난 진리가 말씀을 듣고 받는 자들의 치유로 이어져야 하는 것을 의도했다.

이 핵심 구절은 또한 그리스도의 사역을 정의하며 어떤 면에서는 예수님의 전체 사역을 위한 선언문이기도 하다. '기름부음 받은 자,' 즉 메시아이신 예수님은 하나님과 인류 사이의 중재자이시다. 그분의 사명은 주로 가난하고 온유한 사람들에게 하나님의 사랑을 전파하는 것이다. 그렇게 함으로써 예수님은 망가진 인간 본성을 회복시키시고 재창조하신다. 그리고 '수난을 통해 이를 이루셨다.'[7] 예수님은 수난과 부활을 통해 자신이 악과 죽음의 정복자임을 보여주셨다.[8] 보나벤투라는 누가복음이 처음은 성육신의 신비, 그다음은 예수님의 설교 사역, 그다음은 수난 이야기 후반부, 마지막은 부활 이야기, 이 네 가지 패턴으로 구성된 것을 식별했다.[9] 보나벤투라가 '이 복음서는 그리스도의 제사장직과 수난의 약(the medicine of the Passion)에 큰 관심을 보이며 이는 저자로 의사를 필요로 한다'고 공표했을 때 그는 전통적인 교부들의 해석을 따른 것이다.[10] 바울의 서신서에 따르면 전통적으로 누가는 의사였다고 전해진다.[11] 보나벤투라는 복음서의 이 본문에 대한 주석에서 구약성경의 중요한 용어들이 지니는 의미를 더욱 발전시켰다.[12] 그는 먼저 회당에서 인정을 받은 설교자로서 예수님의 평판에 주목하며 예수께서

'성령의 능력으로 충만하셨다'고 언급한다.[13] 또한 그는 예수께서 차후에 대제사장에게 재판을 받으실 때 하신 말씀을 지지하며 예수께서 공개적으로 가르치셨다는 사실에 주목한다.[14] 예수님의 말씀을 들은 모든 사람은 그분을 칭송했다. 그러나 고향 나사렛 회당에서 일어난 사건은 앞으로 일어날 문제를 암시하며 끝난다. 보나벤투라는 예수님이 독자이자 설교자로서의 발자취를 매우 중요하게 여겼다. 거룩한 진리를 찾는 사람들은 '묵상하는 여유, 읽기에 대한 열망, 배우려는 온유함, 판단에 대한 확신'이 필요하기 때문이다.[15] 안식일의 목적은 이런 일이 일어날 수 있는 시간을 주는 데 있으며 그 정신은 계속해서 기독교인들을 말씀 묵상으로 인도해야 할 것이다. 신성한 예배 때 성경을 읽으려는 예수님의 자발적인 의지와 회당에서 낭독자의 역할을 맡은 겸손은 성경의 증거와 권위 아래 서신 그분의 온유함과 일치했다. 그리고 예수님은 이미 랍비로서 성경을 잘 알고 계셨기에 자신감 있고 명료하게 설교하실 수 있었다. 보나벤투라는 이와 같이 프란치스코회 생활과 사명 안에서 설교하는 데 필수적인 영적 자료로서 성경 연구의 필요성을 보여주었다.

중재자, 교사, 회복자, 보상자로서 예수님의 네 가지 역할은 예수께서 설교하신 구약성경 본문에 다시 한번 적용되었다.[16] 세례를 받으실 때 나타난 성령의 기름부음은 인간이신 예수님의 신성한 본성을 확인시켜 주었다. 예수님은 다니엘이 예언한 '성도들 중에 성도'이시며 율법과 선지자들의 말을 성취하신 분이시다.[17] 보나벤투라는 복음서의 '가난한 자'를 원문인 이사야서의 권위에 힘입어 '온유한 자'로 해석했다. 하지만 그는 이어서 말한다:

'그분은 이 좋은 소식을 특히 가난한 사람들에게 전파하셔야 한다. 왜냐하면 "심령이 가난한 자는 복이 있나니"라고 설교를 시작하셨기 때문이다. 그분은 또한 가난한 사람들, 예를 들어 그의 제자들을 통해 다른 사람들에게 가난을 설파하셨다.'[18]

보나벤투라는 이사야서 본문의 권위를 다시 이용해서 복음서 본문에 '통회하는 자를 치료하신다'라는 말을 추가했다.[19] 그리스도는 '이성의 맹목과 의지의 나약함'이라는 원죄뿐만 아니라 실제 죄에서 사람들을 해방하시므로 이 일을 행하셨다. '죄에서 고침을 받으려면 그리스도의 수난과 더불어 뉘우치며 회개하는 것이 반드시 필요하다.'[20] 포로된 자들을 해방하는 일은 원죄에 갇힌 인간과 관련이 있다. 보나벤투라는 누가복음에 기록된 라틴어 레미시오(remissio)를 사용해서 '해방'과 '죄 사함'의 이중 의미를 자세하게 설명한다.[21]

예수께서 육신의 눈과 인간 이성의 맹목성을 치유하실 수 있는 것처럼 자신의 의지를 행사할 수 없거나 자신의 죄나 타인의 죄로 인해 무너지고 짓눌려 있는 자들을 해방하실 수 있다. '우리가 이 땅에 사는 동안 이런 고장은 고칠 수 있기 때문이다.'[22]

마지막으로 예수께서 메시아로 오시는 '여호와의 은혜의 해'가 선포되는데 그 안에 구속과 구원의 약속이 있다. 이날은 신성한 기회이자 심판의 순간이기도 하다.[23]

회당에서 예수님의 말씀을 들은 사람들은 처음에 호의적이고 모범적인 반응을 보였다. 예수님은 권위와 분별력을 가지고 가르치셨다. 그분은 먼저 겸손한 마음으로 성경의 두루마리를 받아들고 정식으로 앉아서 가르쳤다.[24] 예수님은 사람들의 주의를 완전히 사로잡으셨다. 그리고 예언서 본문에 숨겨진 진리를 설명하기 시작하셨고 사람들이 듣는 그 자리에서 바로 예언이 성취되었음을 선언하셨다. '이 말씀들이 그리스도와 관련이 있으므로 그리스도를 제외하고는 그 누구도 개인적인 자격을 가지고 이 말씀에 대해 말할 수 없었다.'[25] 베드로가 다른 곳에서 '영생의 말씀이 주께 있나이다'라고 말한 것처럼 그분에게서 흘러나오는 은혜의 말씀을 들은 사람들이 느낀 놀라움은 진실하고 즉각적이었다.[26] 보나벤투라는 여기서 교회 안에 계시는 그리스도에 관해 이야기할 때 자주 인용되는 시편 말씀을 인용한다. "왕은 사람들보다 아름다워 은혜를 입술에 머금으니 그러므로 하나님이 왕에게 영원히 복을 주시도다."[27]

그러나 뒤이어 보인 사람들의 반응은 주님의 수난과 거절에 대한 첫 번째 기록이었다. 보나벤투라는 이 부정적 반응이 나중에 일어났을 가능성을 열어두었다. 그는 독자들에게 복음서에서 예수님이 네 가지 방법으로 죽음의 위협을 받으셨다는 점을 상기시키며 이 비극에 대한 논의를 마무리했다. 어릴 적 헤롯의 칼에 위협받으셨고, 나사렛에서 사람들의 공격을 받으셨고, 예루살렘에서 돌에 맞으실 뻔하셨고, 마침내 십자가에 못 박혀 돌아가셨다. 보나벤투라는 복음서의 이런 반응들을 기독교 설교에 대한 현시대의 반응과 직접적으로 결부시킨다. 그리스도는 이단과 배교에 의해 다시 십자가에 못 박히셨고,[28] 완고한 마음에 의해 돌에 맞으셨으며, 극단적인 자들에 의해 파괴되셨고, 고의적인 신성모독으로 죽임을 당하셨다.[29] 바울이 선교사로서 자신의 경험에 비추어 말했듯이 '우리는 구원에 이르는 자들에게나 멸망으로 가는 자들에게나 참으로 그리스도께서 하나님께 드리는 향이다. 후자에게는 사람을 죽이는 치명적인 가스 물질이고 전자에게는 생명을 불어넣는 생명의 향기이다.'[30] 시므온이 성전에서 예수의 부모에게 엄중하게 예언한 내용이 이루어졌고 이 슬픈 에피소드와 함께 누가복음은 십자가로 가는 길을 그리기 시작한다.[31]

씨뿌리는 자의 비유

마가복음과 마태복음에도 등장하는 이 유명한 비유는 예수님의 설교를 들은 사람들의 다양한 반응과 복음을 선포하는 데 있어 예수님을 따르는 사람들의 다양한 반응을 직접적으로 언급한다.[32] 보나벤투라는 먼저 청중을 이루고 있는 보편적인 범위의 사람들을 주목한다. 예수님을 따르는 무리는 제자인 사도들, 예수님께서 고쳐 주신 사람들, 예수님을 도운 여인들, 그리고 예수님의 가르침과 치유 사역에 매료된 사람들이었다. 이름이 잘 알려진 막달라 마리아와 헤롯의 청지기 아내 요안나와 수산나는 예수님을 선지자로 지지한 무명의 많은 이들을 대표한다. '모든 이들은 이 비유의 가르침에 초대를 받았다.'[33] 이 비유는 쉽게 잊는 사람, 게으른 사람, 지나치게 바쁜 사람, 학구적이고 도덕적인 사람 이렇게 네 가지 유형의 청중을 대상으로 한다. 첫 번째 유형은 다른 이들의 방해와 악에 대한 적개심에 휩쓸려서 들은 것을 간직하지 못한다. 두 번째 유형은 마음이 돌처럼 굳어져서 거룩한 은혜가 침투하지 못하므로 말씀을 유지하지 못한다. 세 번째 그룹은 어느 정도 성장하고 그것을 유지하지만 너무 많은 다른 선입견에 의해 말씀을 제한하기 때문에 완전에 이르는 것을 허용하지 않는다. '이런 일은 그들이 영적인 문제에 진정으로 관심을 두지 않기 때문에 발생한다.'[34] 마지막으로 좋은 씨앗을 받아 키우고 유지해서 추수할 때 백배로 결실을 보는 사람들이 있다. 보나벤투라는 네 가지 종류의 흙이 있지만 결국 한 가지만 좋은 것이라고 지적했다. 슬프게도 '부름을 받은 사람은 많지만 택함을 받은 사람은 적기' 때문이다.[35]

그런 다음 예수님은 다음과 같이 경고하신다. '너희가 들을 귀가 있거든 들으라!' 예수님은 여기에서 청력의 기능을 사용하는데 세 가지 단계가 있다고 하셨다. '첫째는 외부청각이고, 둘째는 들은 것을 믿는 것이고, 셋째는 들은 것을 이해하는 것이다.'[36] 예수께서 말씀을 가리켜 '하나님의 나라라고 하신 이유는 말씀이 가르치고 드러내며 약속하고 순종으로 인도하기 때문이다.'[37] 예수께서 이 성경 말씀을 이해시켜 주실 것을 약속하시며 제자들의 질문에 대답하신다. 지혜는 은혜로 주신 선물이므로 타고나는 것도 아니고 살 수 있는 것도 아니다.[38] 그러나 비유의 말씀이 역설적인 이유는 그 의미를 구하지도 순종하지도 않은 자들을 향한 심판이기 때문이다. '이 사실은 모든 이들을 겸손하게 만든다. 그리고 이런 겸손은 하나님의 신비를 이해하는 데 필요하며 우리를 준비시켜준다.'[39] 보나벤투라는 예수님이 말씀하신 비유를 심도 있고 자세하게 설명하기 위해 풍부한 성경 본문을 활용한다. 특히 부자와 관련해서 '그들이 내면생활을 파괴하므로 어떻게 지속적으로 외부 능률을 잃게' 되는지를 주목한다. 결국 수확하게 하는 것은 겸손한 인내이다.[40]

더 깊은 수준에서 '씨는 하나님의 말씀'이며 태초부터 본질적으로 활동적이고 생명을 부여한다. '이렇게 창조되지 않은 하나님의 말씀은 씨가 된다. 왜냐하면 그 말씀은 영감을 받았고 성육신했으며 설교 되고 모범이 되기 때문이다.'[41] 그래서 등불 비유 또한 하나님의 말씀을 대표하는 전형적인 패러다임이다. 세례 요한의 경우처럼 인간의 마음에 이해가 뿌리를 내릴 때 등불이 켜진다. 그리고 등불은 바울의 경우처럼 세상을 비추는 열린 그릇의 역할을 하므로 육체의 부정함에 가려지면 안 된다. 하나님의 지식은 숨겨져서는 안 된다. 따라서 보나벤투라는 모든 기독교 교사와 설교자에게 요구되는 무거운 도덕적 책무를 강조한다. 그 빛은 미덕의 완성으로 빛나야 하며 다른 사람들을 진리이신 그리스도께 인도해야 한다. '성도의 가르침을 중재자로 삼아 믿음으로 들어가는 자들은 성례전(sacraments)을 이해하게 된다.'[42] 결국 하나님의 심판은 찬란한 빛처럼 선악 간에 모든 것을 드러낼 것이다. 심판은 실재이며 심판으로부터 숨을 곳은 존재하지 않는다. 그러므로 그리스도를 따르는 자들은 복음의 메시지를 다른 사람들에게 전할 수 있도록 귀를 기울여 진심으로 들어야 한다. 예수님은 제자들에게 '그런즉 너희가 어떻게 들을지 주의하라'고 말씀하셨다.[43] 그들은 태만한 태도로 말씀을 들으면 안 된다.[44] 오히려 '누구든지 지혜를 후히 받기를 원하면 가진 것을 아낌없이 주어야 한다.'[45] 예수께서 친히 '거저 받았으니 거저 주라'고 말씀하셨다.[46] 기독교 설교자들은 마음을 다하고 부지런함과 사랑으로 하나님의 지혜를 구해서 전달해야 한다.

선한 사마리아인

누가복음 고유의 이 비유에 대한 보나벤투라의 고찰은 동정적이면서 풍부했다. 그는 예수께 질문한 율법교사를 진리를 진심으로 추구하는 사람으로 여겼다. 예수님은 큰 지혜의 말씀과 예시로 그에게 답하셨다.[47] 그렇게 하심으로 예수님은 진리의 구원적 본성을 확증해주셨고 진리를 진정으로 추구하는 자에게 이를 허락하시므로 진리의 특성을 확인시켜주시며 진리에 대한 이해를 촉진하셨다. '예수님은 율법 교사를 참 말씀인 율법으로 데리고 가신다… 그리고 이는 그를 진리로 인도했다.' 하나님과 이웃을 사랑하라는 위대한 계명에는 '인간 생활의 전반적인 형태가 포함되어 있다.'[48] 보나벤투라는 아우구스티누스(Agustine)와 베르나르(Bernard)를 언급하며 온 힘을 다해 하나님을 사랑하라는 계명이 지니는 힘을 설명했다. 그는 '이 계명을 통해 전 인간의 인격을 하나님께 위임(ordained)하면 그 결과 다시 자신에게 적절하게 위임된다고 결론 내린다.'[49] 이로부터 흘러나오는 이웃 사랑도 마찬가지로 전체론적인데 모든 인간 본성의 고유한 일치와 하나님의 은혜와 영원에 대한 공통의 소망에 기초한다. '이 사랑을 권하기 위해 하나님은 우리가 아담이라는 한 아버지에게 태어나 같은 피, 즉 우리 주 예수 그리스도의 피로 속량받기를 원하셨다.'[50] 따라서 보나벤투라는 하나님이 보실 때 공통의 기원과 운명을 타고난 인류는 고유의 통일성이 있으며 그러므로 서로 일치한다고 주장했다.

그러나 율법교사는 '자신에게 전달된 진리를 이해할 필요가 있었다.'[51] 그래서 그는 '내 이웃이 정확히 누구입니까?'라고 묻는다. 보나벤투라는 혈연과 종교, 연민과 친인척에서 시작되는 관계부터 다양한 범주의 이웃에 대해 검토한 이후에 '이웃'은 그야말로 항상 모든 사람을 일컫는다는 아우구스티누스(Augustine)의 말로 마무리한다. 예수님은 예루살렘에서 여리고로 내려가는 길에 강도를 만나 반쯤 죽은 채 길에 방치된 외로운 사람에 대한 유명한 비유를 들어 이웃이 누구인지 설명하셨다. 하나님의 자비로운 율법을 수호하는 직무를 맡은 비정한 제사장은 냉혹했다. 보나벤투라는 이를 탐욕의 탓으로 돌렸다. 그러나 아마도 제사장의 행동은 자연적인 두려움과 그를 의식적으로 부정하게 만드는 것에 대한 혐오와도 관련이 있을 것이다.[52] 레위인도 마찬가지로 율법이 요구하는 긍휼과 보살핌에 미치지 못했다. '그는 헐벗고 상처 입은 가난한 사람이면서 자기 백성의 일원에게서 눈을 돌렸다.'[53]

사마리아 사람의 반응은 이들과 극명하게 대조되었다. 그는 측은한 마음이 들었고 그 불쌍한 사람의 처지를 자기 일처럼 받아들였다. 그는 상처를 싸매주고 기름으로 고통을 완화하고 포도주로 상처를 소독해 주었다. 그는 헐벗은 사람을 입혔으며 이웃의 시선을 절대로 피하지 말라는 명령을 준행했다.[54] 그는 여관에서 자신이 간병을 위해 할 수 있는 모든 것을 했고 필요하다면 더 많이 주겠다고 여관 주인에게 약속했다. 그의 관대함과 친절은 하나님의 것과 마찬가지로 아낌이 없었다. 사마리아 사람은 비록 다른 민족으로 멸시를 받았지만 진정한 이웃임을 스스로 증명했다.[55] 보나벤투라는 종종 '친족 관계보다는 이웃 관계가 본연의 사랑과 연민에 더 집중되어 있다'는 암브로시우스(Ambrose)의 말로 결론을 내린다.[56] 예수께서 자신의 의견을 바로 표명하지 않으시고 질문과 답변이란 방법을 통해 '지혜롭게 율법교사의 입에서 진리를 유도해 내시므로' 자신이 참 선생임을 증명하셨다.[57] 이는 대학 교수이자 영적 아버지로서 보나벤투라가 사용하는 접근 방식 및 지혜와 매우 유사하다. 자비를 베풀라는 부르심은 보편적이며 신약의 다른 성경에서 주장하는 것처럼 적극적으로 실천해야 한다. 이것이 기독교의 핵심이기 때문이다.

오리게네스(Origen)로 거슬러 올라가는 풍부한 교부적 주석 전통의 계승자인 보나벤투라는 영적으로 볼 때 이 비유를 인간 구원의 최고의 패러다임으로 간주한다. 도움이 필요한 사람은 모든 인류를 대표한다. 그는 악에게 하나님의 선물을 강탈당했고 타고난 능력은 상처를 입었으며 죽음의 숨결로 하나님을 닮은 형상을 훼손하려 했다. 그에게 유일하게 남아있는 것이 있다면 그것은 하나님의 형상이다. 오직 하나님의 은혜만이 이를 온전하게 회복시킬 수 있다. 죄를 드러낼 뿐 용서할 수 없는 율법의 의로는 절대 회복될 수 없다. 그리스도 본인이 낯선 사마리아인이시다. 때때로 예수님은 실제로 사마리아 사람이라는 비난을 받으셨다.[58] 보나벤투라는 '사마리아인'의 의미를 '수호자(guardian)'로 정의했다. 하나님은 성례전을 통한 회복과 교회의 은신처를 제공하기 위해 예수님 안에서 타락한 인류를 도우시려 인간이 되셨다. 여관 주인에게 맡겨진 두 개의 주화는 구약과 신약을 상징하며 '여관 주인은 그리스도의 가르침을 관리할 책임이 있는 고위 성직자를 의미한다. 그리고 그리스도는 마땅한 보상과 함께 돌아오실 것을 약속하신다.'[59] 보나벤투라는 영적인 해석에도 불구하고 이 비유에 대한 매우 전통적이고 신뢰할 만한 해석이 예수께서 말씀하신 직접적인 인간 현실에 고정되어 있음을 보장했다. 예수님은 율법교사뿐만 아니라 차후에 이 설득력 있는 대화를 듣고 기억한 모든 이들의 마음과 생각에 전 인류애적인 긍휼의 불을 지피셨다.

하나님의 나라에 관한 비유들

예수께서 비유로 자주 말씀하신 사실은 보나벤투라가 비유의 의미를 다양한 수준에서 탐구하도록 격려했다. 실제로 그에게 성경은 하나님과 인간이 소통한 순간들에 뿌리를 둔 하나의 거대한 비유였다. 이는 복음서 이야기가 단순히 상징적이거나 비유적인 텍스트라는 의미가 아니다. 오히려 하나님의 다양한 지혜가 그리스도를 통해 흘러나온 것처럼 비유나 가르침이 텍스트 안에서 질서 있게 그 의미가 전개되었다는 것을 의미했다.

예를 들어 보나벤투라는 이전 교부들의 주석을 바탕으로 포도원의 열매 없는 무화과나무 비유를 자세하게 해석한다.[60] 포도원은 이스라엘을, 무화과나무는 인간을 상징한다는 것이 정설이었다. 보나벤투라는 포도원을 교회로, 무화과나무를 '태만 때문에 회개를 거부하는' 영혼으로 보았다.[61] 또한 나무 잎사귀들은 아담과 이브가 그들의 죄를 인정하지 않고 숨기려 했던 것을 반영하는 동시에 도덕적 회피를 상징한다. 그러므로 이 비유에서 삼 년의 기간은 인간 삶의 세 형성 단계, 즉 유년기, 청소년기, 청년기를 의미할 수 있다. 여기서 포도원 지기는 '설교자, 특히 고위 성직자'를 가리킨다.[62] 따라서 이 비유는 목회적 태만과 영적인 태만에 관한 것이다. 열매 없는 나무를 베는 것을 미루는 이유는 설교하고 회개할 기회를 주기 위함이다. 그러므로 땅을 파려는 마지막 시도는 사람들에게 그들의 나약함과 죄악을 자각하도록 상기시키려는 노력이다. '땅을 파면서 자신을 낮추는 것'과 '거름을 뿌리는 것'은 죄를 공개적으로 고백하는 것이다.[63] 이 고된 일만이 영적인 열매를 맺는다. 한편 심판의 위협은 여전히 인간의 뇌리를 떠나지 않는다. 무화과의 특별한 단맛은 세 가지 열매, 즉 회개와 정의, 지혜를 말하는 것일 수 있다. 하나님은 사람의 영적 삶이 성숙해짐에 따라 이것들을 찾으신다. 보나벤투라는 이 특정한 자질들을 어떻게 가꿔나가야 할지 자세하게 안내한다. 이 열매들은 요한계시록에 기록된 12가지 열매를 맺는 생명나무에서 절정에 이른다.[64] 이 비유에 등장하는 상징들은 복음서의 가르침에 뿌리를 둔 영적 성장의 확실한 체계를 제공한다.

작은 겨자씨가 큰 나무로 자라는 비유도 이 못지않게 강력하다.[65] 보나벤투라는 이 비유가 진리에 대한 지식의 지속적인 성장을 보여주는 것으로 간주했다. 이 지식은 다른 게 아니라 하나님의 나라이다. 그리고 이 지식은 하나님의 진리에 대한 완전한 지식으로 이루어져 있다.[66] 천국에서 이 지식은 숭고하고 즐거운 것이나 이 땅의 여정 가운데 있을 때는 우리를 겸손하게 하고 불타오르게 하는 것이어야 한다. 겸손과 뜨거운 열정은 하나님을 알아가고 그리스도를 따르는 데 꼭 필요한 것인데 겨자씨 하나가 바로 그것이다. 겨자씨를 심는 비유는 최고의 씨를 뿌리신 그리스도의 사역을 의미한다. 그러나 '믿음을 설파하는 일은 사람의 사역을 통해서도 이뤄진다.' '믿음의 가르침을 전파하는 일은 이성적이고 지혜로운 인간의 책임이기도 하기 때문이다.'[67] 나무는 지식이 성장함에 따라 자라고 겸손을 통해 깊이 뿌리내린다. 구원과 관련된 지식은 새에게 안식처를 제공하는 나무처럼 다른 사람들에게 유익하다. 이 비유는 그리스도인의 소명이 진리이신 그리스도를 추구하기 위해 끊임없이 노력하는 것이라고 말한다.

누룩에 관한 다음 비유는 '열정적인 사랑' 안에서 성장하도록 격려

하기 위한 것이다.[68] 누룩은 누룩의 고유한 특성과 인간 노동에서 나오는 에너지 및 이 둘의 상호 작용에 의해 부푼다. 하나님은 오직 하나님을 사랑하는 자들을 통치하시기 때문에 이 비유에서 하나님의 나라는 하나님의 사랑을 의미한다. '사랑과 기쁨은 누룩처럼 마음을 확장하고 속을 따뜻하게 한다.'[69] 반죽하는 여성은 하나님의 지혜나 교회를 상징하는 것으로 볼 수 있다. 밀가루는 두려움과 소망 사이에 있는 충성된 자들을 상징하며 이들은 이제 빵이신 그리스도의 일부가 되었다. 보나벤투라는 밀가루의 세 가지 척도가 그가 자주 언급했던 세 가지 범주의 기독교인, 즉 성직자, 관상가, 활동 생활(active life: 수도생활의 한 형태로 관상생활과 대비된다-역자주)을 하는 자를 일컫는다고 보았다. 이들은 또한 마음, 영혼, 생각이라는 세 가지 사랑의 방식을 상징하거나 영, 혼, 육이라는 인간의 세 가지 부분을 상징하거나 하나님의 사랑으로 개혁되는 영혼의 세 가지 힘을 상징할 수 있다. 이 모든 가능성들은 기독교인들의 생활과 경험에 적용할 수 있다.

보나벤투라는 이 비유에 대한 다양한 전통적 주석을 소개하는데 각각의 주석은 모두 그리스도 안에 있는 하나님의 지혜를 다양하게 드러낸다. 이 점을 고려했을 때 이 작은 한 가지 문제를 놓고 성령께서 어떻게 자신의 거룩한 백성들을 통해 다양한 이해를 끌어내셨는지 알 수 있다.[70] 보나벤투라는 자신에게 깊은 영향을 끼친 위-디오니시우스(pseudo-Dionysius)의 저술을 참조하여 설명을 마무리하면서 황홀한 사랑은 그 '위계적'(hierarchic) 특성에 있어 정화, 조명, 합일이라는 세 가지 측면이 있다고 선언했다.[71] 이 세 가지 동적인 힘은 보나벤투라의 다른 저술에서 그의 영적 가르침의 원칙을 형성하는 체계 가운데 하나이다. 누룩과 마찬가지로 하나님의 사랑은 인간 의지에 의해 의도적으로든 부주의하게든 적극적으로 방해를 받지 않는 한 성장과 확장을 멈추지 않는다. 결국 누룩은 불처럼 모든 것을 자신의 본성으로 바꿀 것이다. '마음이 불타면 온몸이 따뜻해진다. 마음이 거룩하면 거룩하게 하시는 사랑을 통해 전인격이 거룩해진다.'[72] 이는 예수님을 통해 드러난 것처럼 인간이 하나님처럼 될 수 있다는 신성화(theosis)에 관한 보나벤투라의 믿음을 보여주는 중요한 문장이다. 이는 성령님께서 사랑으로 행하는 것이며 그 전형적인 예로 프란치스코의 성흔과 같은 기적을 들 수 있다.

다음으로 예수님은 죽기 위해 예루살렘으로 가는 여정에 대해 말씀하시는데 이 길은 고된 노동과 고난으로 특징지을 수 있다. 제자들에게도 '천국으로 들어가는 길은 분명 힘들다.'[73] 예수님은 가장 가까운 사람들에게 '좁은 문으로 들어가기를 힘쓰라'고 명령하셨다. 보나벤투라는 '좁고 협착한' 또는 '고통받는'으로 기록되어 있는 마태복음의 유사한 표현과 결부시켜 이 본문을 고려한다.[74] 좁은 문은 겸손의 문으로 오직 자기 부인과 포기로 들어갈 수 있다. 그리고 이 문은 그리스도가 보시기에 진정으로 스스로를 가난하다고 생각하는 사람들에게 열려 있다. 망설이는 사람들 또는 여전히 이 세상의 것들을 사랑하는 사람들은 결코 들어갈 수 없다. '다른 많은 이들이 원하는 것을 똑같이 추구하면서 좁은 문으로 들어가는 것은 불가능하다.'[75] 문은 결국 닫힐 것이고 많은 이들이 진지하게 회개하지 않아서 좁은 문으로 들어갈 수 없는 자신을 발견하게 될 것이다.

누가복음 14장에서 안식일에 예수님은 정식으로 식사 자리에 손님으로 초대를 받으셨다. 그리고 그 자리에서 아픈 사람을 고치시며 자신을 초대한 바리새인 지도자의 부정적인 반응을 유발하신다. 누가는 이런 맥락 속에서 잔치와 관련된 세 가지 비유를 기록하는데 이는 예수님을 비판하는 무리와 제자들의 태도에 도전한 것이다.[76] 첫 번째 비유에서 예수님은 허영과 교만을 정죄하신다. 예수님의 비판 세력이 예수님을 지켜보고 있었다면 예수님은 좋은 자리에 앉기 위해 경쟁하는 그들을 지켜보고 계셨다. 이때 제자들은 하늘의 잔치인 어린양의 혼인 잔치를 염두에 두어야만 한다. 그래야 '신성과 인간 본성 그리고 결과적으로 그리스도와 교회의 결혼을' 진정으로 축하할 수 있다.[77] 교회의 성찬으로 대표되는 이 잔치에서 모든 사람은 끝자리를 추구하는 겸손을 보여야 한다.[78] 그리스도는 진정한 친구이시기 때문에 다시 오실 때 '겸손한 친구를 부르신다.'[79] 더군다나 '사람이 겸손할수록 자신의 내면을 더 들여다보게 되는데 내면이 견고한 사람은 더 큰 힘을 낼 수 있다. 그러므로 사람이 겸손할수록 진리를 따라 더 많은 것을 성취하게 된다.'[80]

두 번째 비유에서 예수님은 집주인에게 앞으로는 친구와 친척을 초대할 뿐만 아니라 가난하고 소외된 자를 포용하라고 직접 말씀하신다. 이들은 초대한 주인에게 보답할 수가 없다. 예수님은 '세속적인 친절' 대신에 형제 가운데 가장 작은 자, 사회적으로나 육체적으로 또는 두 경우 모두에 해당하여 질병과 장애로 고통받고 소외된 사람들에게 보살핌을 베풀 수 있는 '하나님의 사랑'을 촉구하신다. 마태복음에 나오는 양과 염소의 비유를 통해 예수께서 분명하게 말씀하시는 것처럼 이런 하나님을 닮은 관대함은 진정한 축복이며 하나님께서 보상하실 것이다.[81] 이런 복음서 본문들과 이와 비슷한 본문들은 프란치스코(Francis)의 선교의 토대였다. 그의 모범을 따르려 하는 모든 이들은 이 정신을 본받아야 한다.

말씀을 듣던 무리 중 한 사람이 '하나님의 나라에서 떡을 먹는 자는 복되도다'라고 반응하자 예수님도 그 말에 반응하신다.[82] '이 떡은 창조되지 않은 말씀이고 성육신하신 말씀이기 때문에' 보나벤투라는 생명의 떡이 되시는 예수님에 대해 길게 논한다.[83] 여기서는 성사적(예수 그리스도와 연합되는 것-역자주)으로 참여하지만 영적으로는 천국에서 '얼굴과 얼굴'을 마주하여 참여한다. 이를 준비하기 위해 생명의 떡을 먹을 수 있는 여섯 가지 방법은 통회하며 회개하는 것, 공의를 행하는 것, 가르침으로 지도하는 것, 성찬에 참여하는 것, 내면에 영적 위로를 베푸는 것, 그리고 천국을 묵상하는 것이다. 보나벤투라는 다양한 성경 말씀으로 각각의 내용을 뒷받침한다. 이 등정의 사다리를 통해서만 사람들은 '영원한 소생의 떡'인 하나님 나라의 떡을 먹을 수 있는 곳에 이를 수 있다.[84]

이 약속에 비추어 볼 때 세 번째 잔치에 초대받은 자들의 변명은 변변찮고 비극적이기까지 하다. 이 비유는 하나님의 나라에 참여할 자들이 누구인지 정의를 내린다. 그리고 또 다른 구원의 패러다임이기도 하다. 그리스도는 '최상의 식사를 준비하신' 주인이시기 때문이다.[85] 이는 하나님의 선하심에서 흘러나오는 것이기에 그 위대함은 말할 수 없고 끝이 없다. 예수님은 많은 사람을 초대하시며 최고의 관대함과 친절을 보이셨다. 초대장과 함께 보냄을 받은 종은 '수도회 수사'를 의미한다.[86] 그들은 사람들이 '내면의 갈망과 열정'에 의해 마음이 움직이도록 한다. 왜냐하면 이제 세상의 종말이 다가옴에 따라 모든 것이 준비되었기 때문이다.[87] 그러나 사람들은 교만에서 비롯된 야망, 탐욕으로 인한 근심, 육체의 정욕, 이 세 가지 이유로 초대에 응하지 않는다.[88] 첫 번째 사람은 새 재산을 소중히 여기는데 이것은 다른 사람에 대한 지배를 의미한다. 두 번째 사람은 새로 들여온 소 때문에 분주해서 그리스도의 명에를 거부한다. 세 번째 사람은 아내를 핑계 삼는다. 이는 그리스도의 부름을 받았을 때 육체적 욕구가 그의 삶과 마음을 지배하고 있었음을 보여준다.[89]

가난하고, 아프고, 눈멀고, 사회적으로 소외된 사람들을 먼저는 도시에서 그러고 나서 시골에서 데려오라는 주인의 명확한 초대는 실로 놀랍다. 보나벤투라는 이 목록에 대해 좀 더 자세하게 다루며 영적으로 가난하고 은혜가 없는 사람들, 눈멀고 지혜가 없는 사람들, 선의의 결핍으로 장애가 있는 사람들을 향한 복음의 부름을 자세하게 설명한다. 또한 그는 자신의 연약함을 잘 아는 자들이 어떻게 하나님의 나라에 들어가는지를 논한다. 그들은 재물을 의지하거나 자신의 힘이나 도덕적 청렴함을 의지하지 않는다. 그들에게 복음 전파는 '강권해서 데려와야' 하는 것이기에 어느 정도 물리적인 힘을 가해서 긴급하게 선포되어야 한다. 하나님의 집은 구원을 받기로 예정된 모든 사람이 도착해야만 채워질 것이다. '여호와께서 자기를 경외하는 자들을 위하여 예비하시고 교만한 자들을 버리신다.'[90]

그러므로 그리스도를 따를 때 자만할 수 없다. 14장 마지막 부분에서 예수님은 제자가 되기 위해 치러야 하는 대가를 말씀하셨다.[91] 예수님의 메시지는 프란치스칸들에게 명확하고 직접적으로 전달되었다. 보나벤투라는 이것이 자신들의 정당성이라 여겼다. '영적 생활의 원칙은 육체적 소욕을 내려놓는 것이기 때문이다.'[92] 그리스도인들이 미워해야 할 것은 가족이나 사회생활과 밀접하게 관계가 있는 악한 태도와 행동이다. 모든 육체적인 관계는 자기 자신이든 타인을 향한 것이든 거부되어야 한다. 그리스도를 따르는 것의 완성은 프란치스코가 겸손하게 그랬던 것처럼 예수님의 십자가를 지고 그분의 고통에 참여하는 것이다. '그러므로 십자가를 지는 일은 마음에 겸손을, 육신에 금욕을, 고통 중에 가난을 짊어지는 것이다.'[93] 이렇게 할 때 잔치에 초대를 받고도 응하지 않은 사람들이 지은 세 가지 죄악을 이겨내고 물리칠 수 있다. 그러나 십자가는 그리스도의 부름에 즉각적으로 응한 개인이 값없이 짊어지고 가야 하는 것이자 '살아계신 하나님의 흔적처럼 지니고 다녀야 하는 것이다.'[94] 다시 한번 프란치스코의 성흔은 이 가르침에 즉각적인 힘을 실어준다.[95] '그리스도를 온전하게 따르는 제자들은 자기 주인의 가난함을 본받는 것이 필요하다.'[96] 예수께서 제자들에게 모든 것을 버리라고 명하신 말씀은 문자 그대로 받아들여져야 한다.[97] '가난에 관한 가르침을 경멸하는 자는 아무것도 없이 십자가에 못 박히신 분의 제자가 될 수 없다.'[98]

잃었던 아들을 되찾은 비유

돌아온 탕자 이야기는 누가복음 고유의 메시지이며 중요한 말씀이다. 보나벤투라는 예수께서 죄인들과 어울리시는 것을 비판하는 세력들의 수군거림에서 알 수 있듯이 그들의 긍휼과 자비의 부재를 전적으로 논박한다.[99] 예수님께서 이 장에서 말씀하신 비유는 16장의 부자와 거지 이야기에서 절정에 이른다. 보나벤투라는 죄인들이 예수님께 끌리는 것과 이런 죄인들의 태도를 시기하고 정죄하는 비판 세력의 모습을 대조시킨다. 예수님은 다른 사람들이 '죄인'이라고 못 박은 자들과 함께 앉아서 식사하시는 것에 죄책감을 느끼지 않으셨고 이로 인해 받을 수 있는 사회적 비난도 두려워하지 않으셨다. 보나벤투라는 예수님의 이런 행동을 '가장 깊은 자비의 행동'이라 했는데 예수께서 차별하지 않으셨기 때문이다.[100] '주는 그를 부르는 모든 사람에게 부요하시다.'[101]

보나벤투라는 누가복음 15장에 나오는 세 가지 비유가 서로 연관된 것으로 간주했다. 이 비유들은 하나님께 친밀감을 표현하고 그리스도에 의해 구속을 받아야 하는 인간의 세 가지 독특한 속성과 직접적으로 관련이 있다.[102] 잃어버린 양 비유는 인간에게 내재된 '온유함'(meekness)과 관련이 있다. 잃어버린 동전 비유는 인간의 본성 안에 있는 하나님의 형상과 관련이 있다. 그리고 세 번째 비유는 하나님의 형상을 회복하는 것과 관련이 있다. 보나벤투라는 이 비유들을 '하나님께서 육신의 입으로 하신 말씀'이라 했는데 이는 예수님이 성육신하신 하나님의 말씀이라는 놀라운 묘사이다.[103] 목자에 관한 첫 번째 비유는 마태복음에 병행 구절이 있다. 이 비유는 요한복음의 선한 목자 이미지를 강화한다.[104] 그러나 다른 두 비유, 잃어버린 동전과 두 아들 비유는 누가복음에만 기록되어 있다.

보나벤투라는 베다(Bede)의 견해를 따라 잃어버린 양이 하나님께 마땅히 보여야 할 온유함을 거부하므로 타락한 인류를 대표한다고 보았다.[105] 이 경우 나머지 99마리는 타락하지 않은 천사를 대표한다. 선한 목자의 모습에 대한 해석은 성경 전체를 참고했기 때문에 매우 완전하고 풍부하다. '인자가 온 것은 잃어버린 자를 찾아 구원'하기 위함이다.[106] 그리스도께서는 잃어버린 양을 찾기 위해 '죽기까지 수고하셨고' 자기를 희생하셔서 스스로 어린 양이 되셨다. 고통을 짊어진 그분의 어깨는 이제 큰 기쁨으로 자신이 구속하신 사람들을 짊어지신다. 온 하늘이 그리스도와 함께 인류의 구속을 기뻐하는 이유는 '우리의 생명이 그에게 기쁨이기 때문이다.'[107] 보나벤투라는 '하나님께서 다수의 천국 백성을 보존하는 것보다 더 큰일을 행하셨는데 그것은 인류를 구속하신 것'이라 했다.[108] 그리스도께서 자기를 비우신 것과 인류를 구속하신 것은 하나님의 권능과 지혜, 자비와 사랑의 깊이를 보여준다.

잃어버린 양 비유가 그리스도의 말씀을 듣는 사람 중에 남자들의 관심을 더 끄는 비유라면 잃어버린 드라크마 비유는 여자들을 겨냥한 것일 수 있다. 여기서 여자의 모습은 하나님의 지혜를 상징하는 동시에 배우자로서 항상 소중히 여김을 받아야 하는 대상으로 나온다. 여자의 여성스러움은 '하나님의 사랑과 자비에 헌신하기를' 즐거워하며 이를 귀하게 여긴다.[109] 또한 여자는 하나님의 지혜의 힘, 아름다움, 섭리와 자비를 전형적으로 보여준다. 열 개의 드라크마는 하나님의 형상이 찍혀 있는 천사와 인간의 본성을 상징하며 잃어버린 드라크마는 하나님의 질서에서 타락한 인류를 다시 한번 상징한다. '자비에서 우러나오는 사랑을 바탕으로 한 헌신'은 이 잃어버린 드라크마를 찾게 만든다. '등불은 질그릇에 담긴 빛이자 사람의 몸을 입으신 하나님이시다.'[110] 설교자가 해야 할 일은 '집안을 뒤엎는' 것을 도와서 안일한 양심을 깨우는 것이다. 다시 한번 '하나님의 지혜는 사람들이 함께 기뻐하도록 초대한다. 그것이 사랑의 법칙이기 때문이다.'[111] 함께 기뻐해야 하는 이유는 죄가 멸망하고, 정의가 회복되고, 마귀의 교만이 무너지고, 천사의 보호가 회복되고, 교회가 보수되고, 하나님의 진노가 물러가고, 하늘의 예루살렘이 다시 완성되었기 때문이다.[112] 보나벤투라는 이 모습을 확인시켜 주기 위해서 해당 성경 본문에 대한 완벽한 성경 주석을 제공한다. '하나님을 사랑하는 모든 자들과 선을 사랑하는 자들 그리고 사랑과 애정을 소유한 자들은 다 함께 기뻐해야 한다.'[113]

보나벤투라는 앞선 두 비유를 매우 상세하게 다루었다. 그러므로 회개하는 죄인을 위한 하나님의 크신 사랑에 관한 이야기인 아버지와 두 아들의 비유가 지니는 중요성에 대해 그가 길게 논하는 것은 정해진 일이다.[114] 흔히 '돌아온 탕자 비유'라고 알려졌지만 '질투하는 형제 비유'라고 해도 무방하다. 이 비유는 분명 지극한 하나님 아버지의 자비와 용서와 사랑에 대해 말한다. 그러나 이 자비의 길로 향하기 위해서는 무례함에서 벗어나야 하고 극심한 궁핍을 통과해서 회개로 나아가야 한다. 그러므로 이 비유가 전하는 메시지는 모든 사람에게 보편적으로 중요하다.[115] 왜냐하면 아들들은 '자유의지를 가진 존재로 창조되었으며 영원한 기업을 소유하도록 정해진' 자들이기 때문이다.[116] 작은 아들은 은혜의 법칙을 따르지 않고 자신의 방식으로 자신의 의지를 행사할 수 있는 자유를 원했다. 그리고 아버지 하나님은 이 선택에 동의하신다. 그러나 아들의 죄는 그를 하나님에게서 멀어지게 만들었다. 그의 불순종과 의지의 불일치는 하나님과 거리감을 만들었고 어둠을 불러왔다. 가장 높으신 분과 맞바꾸었으나 결국 아무것도 얻지 못했다.[117] 결과적으로 인간 본성의 특유한 모든 것은 교만, 허영심, 질투, 분노와 게으름, 그리고 육체적으로 타락한 삶으로 인해 탕진된다.[118] 기근과 노예생활과 빈곤에 직면하자 청년은 정신을 차린다. 이 기근은 영적 기앙분의 결핍과 단순히 사람의 보살핌의 부족에서 왔다. 지금 그는 노예 상태에 있으므로 마귀의 '시민'이다. 사람들이 자신의 의지로 넘겨주지 않는 한, 마귀는 아무나 지배하지 못한다.[119] 돼지는 육체적 감각을 상징하는데 유대인들이 이 비유를 처음 들었을 때 돼지를 부정하게 여겨서 혐오했다. 돼지가 먹는 음식은 사람이 먹기에 부적합하고 영양분이 없다. 그러나 결국 '아무도 그에게 그 무엇도 주지 않았기 때문에' 그는 그마저도 먹을 수 없었고 그의 갈망은 채워지지 않았다.[120]

보나벤투라에게 있어 '청년이 스스로 정신을 차린' 순간은 '통회와 죄 고백과 충족'과 더불어 회개가 시작된 순간이다.[121] 그는 하나님의 은혜와 교훈을 상실한 것을 인지하고 안타까워했다.[122] 그의 죄는 하나님뿐만 아니라 천국에서 하나님과 연합한 자들까지 대적했다. 그는 아버지를 멸시했기 때문에 자신이 아들이라 칭함을 받기에 합당하지 않다는 것을 깨달았다. 오직 진실하고 겸손한 고백에 기초해야만 자비를 바라는 간절한 마음이 받아들여질 수 있다. 그는 죄의 길을 버리고 일어나서 아버지 집으로 돌아가기 시작했다. 청년은 보나벤투라가 소위 진정성 및 회개의 만족이라 부르는 반응을 보였고 이는 화해로 이어졌다. 그는 아버지를 떠올렸고 자비와 환대로 맞이하는 아버지께 마침내 받아들여졌다.

아버지의 자비는 아들이 돌아오기를 끝까지 기대하는 모습과 아들을 환영하고 다시 한번 그에게 어울리는 옷을 입히는 모습에서 드러났다. 여기서 하나님의 은혜가 회개를 선행하고 또 회개를 가능하게 한다는 것을 알 수 있다. 무엇보다 이는 그리스도의 인격 안에서 잘 드러난다. 왜냐하면 '하나님께서 두 팔로 안아주신 것은 성육신하신 말씀의 인성'이기 때문이다. 그리고 그분의 '키스는 사랑과 평화의 표시'이다.[123] 보나벤투라는 '우리가 사랑으로 그분께 기꺼이 키스할 때 하나님 아버지는 우리가 자기 아들들인 것을 인식하신다고 결론내렸다. … 이 입맞춤의 기원은 성육신하신 말씀이신 예수님으로부터 찾을 수 있다. 말씀이신 그분 안에는 가장 큰 사랑이 연합하고 있고 두 본성이 함께 공존하고 있으므로 이를 통해 하나님은 우리에게 입 맞추시고 우리는 하나님께 입 맞출 수 있다.'[124]

작은 아들의 참회는 진실하고 완전했다. '이제 아버지께로 완전히 돌이켰고… 그는 하나님의 은혜를 구한다.'[125] 아버지 앞에 맨몸으로 섰지만 이전처럼 가장 좋은 옷을 받았다. 이는 내면의 순결이 회복된 것을 상징한다. '우리의 마음은 깨끗한 옷을 입어야 한다. 창조되었을 때부터 우리는 순결로 옷 입고 있었다.'[126] 교회에서 세례를 받을 때 하나님의 종인 목회자를 통해 정결함이 부여되고 속죄를 통해 새롭게 된다. '반지는 믿음과 신실함의 증표이므로' 아버지께 받은 반지 선물은 순수한 사랑에서 나오는 아름다움을 회복시켰다.[127] 신발은 그리스도와 성도들의 모범을 따르는 설교자들에게 특별히 요구되는 순종과 겸손을 상징한다.[128] 마지막으로 영양 결핍이었던 청년은 진수성찬을 먹었다. 살진 송아지는 죄인의 구원을 위해 그리고 그들의 영적 양식으로 십자가의 제단과 성찬에 바쳐진 그리스도를 상징한다. 천국 잔치에서 그리스도는 '음식이요, 손님이요, 청지기'이시다.[129] 청년의 회개는 그를 참된 삶으로 되돌려 놓았다. 그리고 '잠자는 자여, 깨어서 죽은 자들 가운데에서 일어나라. 그리스도께서 너에게 비추시리라.'는 명령을 실현시켰다.[130]

이 비유에서 잃어버린 아들을 회복한 아버지의 외침이 두 번 반복된다는 사실은 매우 의미심장하다. '내 아들은 죽었다가 다시 살아났으며 내가 잃었다가 다시 얻었노라.'[131] 이야기 마지막 부분에 가면 큰아들이 의무적으로 집에 남아있었음에도 아버지한테서 얼마나 멀리 떨어져 있었는지가 드러난다. '당신의 아들'이라는 이 끔찍한 말은 아벨을 살해한 뒤에 가인의 불평을 떠올리게 한다.[132] 그의 짜증과 분노는 전적으로 이해할 수 있는 부분이다. 그러나 큰아들과 아버지의 대화에서 더 추악한 것이 드러난다. 그가 받아들일 수 없는 것은 '회개와 은혜와 구원'의 기적과 자기 아버지의 관대함이다. 그의 독선은 그가 아버지의 뜻에 협력하지 못하게 했고 자신이 내뱉는 말의 의미를 깨닫지 못하게 만들었다. '당신의 아들!'이란 말에서 그가 자신의 동생과 친족 관계인 것을 거부할 준비가 되어 있는 것처럼 보인다. 반면에 이런 불완전한 반응에 분개할 수도 있었던 아버지는 큰아들의 충성과 복종을 칭찬하고 정당한 유산을 약속하며 이성적으로 대화하려고 시도한다. 보나벤투라는 '하나님은 죄인들에게 온화하시어 그들을 희망으로 인도하시되 의인들에게는 엄격하시어 그들을 겸손으로 굽히게 하신다'고 말한다.[133] '잃어버린 동생이 돌아왔을 때 그 형제의 기쁨이 얼마나 크겠으며 다시 아들을 되찾은 아버지의 기쁨은 또 얼마나 크겠는가!'[134] 그러나 결론이 나지 않는 이 비유의 성격에서 알 수 있듯이 항상 그런 것은 아니다. 형은 결국 분별력을 찾아 아버지를 더 닮아갔을까? 이처럼 위대한 자비와 긍휼의 비유 속에 엄중한 경고가 담겨 있다.

각주
7장 가르침

1. 보나벤투라의 설교 중 많은 부분이 그의 주석서에 포함되어 있다.

2. 누가복음 4:18-19: 이 본문은 이사야서 61장 1-2절 [시편 146:7-8]과 이사야서 58장 6절의 말씀을 합친다.

3. 누가복음 4:16-22.

4. I.2.

5. I.4; 그레고리우스 1세(Gregory the Great) 강론 17. In D. Hurst (tr.), *Gregory the Great – Forty Gospel Homilies* (Michigan, 1990).

6. I.6-7.

7. I.11.

8. I.10.

9. I.12: 1-3장; 4-21장; 22-23장; 그리고 24장

10. I.12.

11. 골로새서 4:14 및 디모데후서 4:11.

12. I.314f.

13. 누가복음 4:14.

14. 요한복음 18:20; 보나벤투라는 이단적이고 비정규 설교자들이 비밀스런 전통과 가르침으로 끼치는 파괴적인 영향을 염두에 두고, 그들을 '세속적이고 육체적이며 악마적'이라고 비난한다 – 야고보서 3:15 참조.

15. I.317.

16. I.320, 각주 55: 라틴어로 – 중재자(mediator), 교육자(eruditor), 보상자(reparator), 보복자(retributor).

17. 다니엘 9:24: 벌게이트역 본문 – et impleatur visio et prophetia, et unguatur sanctus sanctorum.

18. I.322; 마태복음 5:3 인용.

19. Ibid.

20. I.323.

21. Ibid., 각주 62: 이사야서 61장에서 사용된 단어는 대사(indulgentia, 大赦)이다.

22. II.324; 보나벤투라는 이사야서 58장 6절에서 인용한 원문을 따른다.

23. 이 마지막 각주는 이사야서 61장 2절의 원문에서 파생된 것이다. 이것은 복음서에 인용된 것이 아니라 함축되어 있다.

24. I.327; 누가복음 4:32 참조.

25. I.328.

26. 요한복음 6:69.

27. 시편 45:2.

28. 히브리서 6:6.

29. I.345.

30. 고린도후서 2:15-16; D.J. Dales, *Living through Dying – The Spiritual Experience of St Paul* (Cambridge: James Clarke & Co, 1994) 참조.

31. 누가복음 2:32; 요한복음 9:39 그리고 베드로전서 2:7-8 비교.

32. 누가복음 8:1-18.

33. I.658.

34. I.662.

35. I.664; 마태복음 22:14 인용.

36. 누가복음 8:8; I.665.

37. I.667.

38. Ibid.

39. I.669.

40. I.673-5.

41. I.676, 각주 47: 이것이 보나벤투라 기독론의 중심 원리이다.

42. I.679; 이 원칙은 보나벤투라가 교부 전통에 충실하게 되는 기초가 된다.

43. 누가복음 8:18.

44. I.681.

45. I.682.

46. 마태복음 10:8; 사도행전 20:35 비교.

47. 누가복음 10:25-37.

48. II.972.

49. II.976.

50. II.978; 이에 대한 바울의 분명한 가르침은 갈라디아서 3장 28절에서 나온다.

51. II.979.

52. II.983; 보나벤투라는 암브로시우스나 베다가 아니라, 성 세르의 위그로부터 이 해석을 파생시켰지만, 위그의 유대인에 대한 인종적 비방은 없었다. 각주 150 참조.

53. II.984.

54. 이사야 58:7.

55. 그러나 사마리아인들은 토라를 준행했고, 유대인들과 공동의 유산을 주장했으며, 예배를 위해 자신들의 성전을 유지했다.

56. II.986.

57. II.987.

58. II.989-90; 요한복음 8:48 참조.

59. II.992.

60. 누가복음 13:6-9.

61. II.1243.

62. II.1244.

63. II.1245.

64. II.1252; 요한계시록 22:2; 보나벤투라는 *The Tree of Life*를 묵상하며 이 비유를 더 발전시켰다. In E. Cousins (tr.), *Bonaventure: The Soul's Journey into God; the Tree*

of Life; the Life of St Francis, from the series, The Classics of Western Spirituality (New York, 1978).

65. 누가복음 13:18-19.

66. II.1268.

67. II.1270.

68. II.1272.

69. II.1273.

70. II.1281.

71. Ibid.

72. II.1283.

73. 누가복음 13:22-4.

74. II.1286; 마태복음 7:14.

75. II.1288.

76. 누가복음 14:1 그리고 7-24.

77. II.1330.

78. II.1334: 보나벤투라는 고위 성직자들이 행렬의 마지막에 오기 때문에 이러한 겸손이 교회에서 공식적으로 입증된다고 지적한다.

79. II.1336.

80. II.1340; 보나벤투라는 고린도후서 12장 9절의 바울의 말을 인용한다: '이는 내 능력이 약한 데서 온전하여짐이라.'

81. 마태복음 25:31-46.

82. 누가복음 14:15.

83. II.1351f.; 이것은 보나벤투라의 기독론의 결정적인 차이다.

84. II.1354.

85. II.1355.

86. II.1357, 각주 82; 당시 이것은 특히 도미니카회와 프란치스칸에게 적용되었다.

87. II.1358.

88. 요한일서 2:16 – 핵심 본문.

89. II.1365; 보나벤투라는 신약에서 '아내'라는 단어가 혼인의 성사, 교회의 성사, 육신의 정욕을 의미할 수 있다고 지적한다.

90. II.1372.

91. 누가복음 14:25-7.

92. II.1374.

93. II.1377.

94. II.1378; 아마도 프란치스코가 요한계시록 7장 2절의 '살아 계신 하나님의 인을 가진' 천사라는 주장을 간접적으로 언급했을 것이다. 보나벤투라에게 이 '인장'은 십자가와 그것이 의미하는 모든 것이다.

95. 성령의 새 시대의 천사인 프란치스코의 중요성에 대한 당시 프란치스칸들 사이에 있었던 날카로운 논쟁도 마찬가지였다.

96. II.1391.

97. 누가복음 14:33: 이것은 프란치스칸들의 핵심 텍스트였다.

98. II.1392.

99. 누가복음 15:1-2.

100. II.1401.

101. Ibid., 로마서 10:12 인용.

102. 보나벤투라는 여기서 구속이 '화해의 제물, 해방의 대속물, 양자의 영'으로 이뤄진다고 설명한다.

103. II.1402.

104. 마태복음 18:12-14 그리고 요한복음 10:1-18.

105. II.1404-5.

106. 누가복음 19:10.

107. II.1410, 각주 33 – 베다 그리고 그레고리우스 1세 인용.

108. II.1411.

109. II.1413.

110. II.1416.

111. II.1418.

112. II.1419.

113. II.1421.

114. 15장은 이 번역된 주석의 73페이지에서 보나벤투라에 의해 전체적으로 논의되었다.

115. 누가복음 15:11-32; II.1422.

116. II.1424.

117. II.1426.

118. 이는 누가복음 15장 30절에 나오는 형의 비유에 암시되어 있다.

119. II.1431.

120. 누가복음 15:16.

121. II.1435.

122. II.1437.

123. II.1443.

124. II.1444-5; 주석 127과 128은 보나벤투라의 생각이 이 시점에서 성 셰르의 위그보다 베르나르의 아가서 설교에 얼마나 많은 영향을 받았는지 보여준다.

125. II.1447.

126. II.1448.

127. II.1449.

128. II.1451-2.

129. II.1453-4.

130. 에베소서 5:14.

131. 누가복음 15:24 그리고 32.

132. 창세기 3:9.

133. II.1465.

134. II.1468.

CHAPTER 8

치유

치유

보나벤투라는 누가복음의 저자가 예수님의 치유 사역에 특별한 공감을 가진 의사라는 전통적인 견해를 수용한다. 이는 바울의 서신서 중에 '사랑을 받는 의사 누가'라는 구절에 근거한다.[1] 이 복음서에 나타난 예수님의 치유의 기적에 대해 보나벤투라는 직관적이고 호의적으로 해석한다. 누가가 예수님의 기적을 선택적으로 기록할 때 마가복음을 꽤 참고한 것으로 보인다. 보나벤투라는 복음서에 기록되지 않은 예수님의 초기 기적에 대해 언급할 때,[2] '누가가 예수님의 활동 순서를 따르는 것이 아니라 의도한 목적의 순서를 따르고 있다는 것을 깨달아야 한다'고 강조했다.[3]

예수께서 마가복음에서 특정 종류, 특히 구원의 기적과 관련해서 악의 세력과 충돌하셨다는 것이 지배적인 의견이다. 그리고 누가복음은 이에 대해 침묵하지 않는다. 두 복음서의 공통된 전승은 예수께서 회당에서 가르치실 때 일어난 첫 번째 기적이자 극적인 사건 하나를 서술한다.[4] 귀신 들린 사람은 예수님을 '하나님의 거룩하신 자'로 알아보았다. 예수님은 회당에서 귀신을 쫓아내셨다. 귀신들이 예수님을 알아보는 문제는 계속해서 반복적으로 일어난다.[5] 어두운 곳에 빛이 비치는 것과 같이 예수님의 존재는 사람 안에 있는 악한 존재의 공포와 동요를 유발했다. 보나벤투라는 아우구스티누스(Augustine)를 인용하여 예수님을 보고 떠는 마귀와 그분을 보고도 결국에는 죽이기로 결심하는 인간을 비교한다. '그리스도는 귀신을 멸하시는 이시고 사람을 거룩하게 하시는 분이시다.'[6] 악의 세력은 자신이 겪은 고통 때문에 이를 인식했다.[7] 그러나 귀신은 그리스도 앞에서 사람에게 해를 가하지 못했다.

시몬 베드로의 어머니가 예수님께 개인적으로 열병을 치유 받은 것도 같은 진리를 보여준다. 복음이 전파되기 시작하면서 '하나님의 영광을 드러내기 위해 남자와 여자 모두 치유를 경험한다.'[8] 예수님은 가족의 부탁을 받아 그녀를 치료해 주셨는데 이는 긍휼한 마음을 가지고 중보하는 일의 가치를 보여준다. 누가복음 4장은 예수님의 더 광범위한 치유 사역에 대한 전체적인 그림을 제시하며 마무리된다. 예수님의 설교와 치유, 귀신을 내쫓는 사역은 모두 구원 사역의 일부였다. 예수님은 대중의 환호를 거절하셨고 광야로 물러가셨다. '광야는 바람과 같은 찬사를 기뻐하지 아니하고 비방과 모욕의 혹평에 무너지지 않는 겸손의 장소다.'[9] 예수님은 공공연하게 추종자를 모으려 하지 않으셨고 사람들의 아첨이나 고향 사람들의 말에 영향을 받지 않으셨다. '예수님은 하나님 나라의 복음을 가난한 자들에게 전하시기 위해 보냄을 받으셨다.'[10] 보나벤투라는 예수님을 예로 들면서 훌륭한 설교자는 항상 과시와 야망, 아첨과 편애를 멀리하며 오직 '그리스도가 진리'임을 선포한다고 말하며 마무리한다.[11]

마가복음과 누가복음을 보면 무덤에 거주하는 귀신 들린 사람을 축사하는 사건이 예수께서 갈리리 바다를 잠잠하게 하신 일보다 먼저 등장한다.[12] 예수님은 자연의 혼란뿐만 아니라 인간의 혼란도 잠재우시며 주(Lord)로서의 능력을 보여주셨다. 보나벤투라는 '예수께서 본성과 필요에 있어서 제자들과 비슷하다는 것을 보여주기 위해 그들과 함께 배에 오르셨다'고 설명한다.[13] 제자들은 자신들의 유익과 구원을 위해 예수님과 동행했는데 그들은 '주께서 행하신 일들과 그의 기이한 일들을 깊은 바다에서 보나니'라는 시편의 고백을 목도하게 된다.[14] 예수님의 권세는 폭풍을 잠재우고 고요하게 했다. 예수님은 이 일을 통해 제자들이 자신을 믿고 신뢰하도록 도전하셨고, '제자들이 그들의 작음(smallness)을 뒤로하고 하나님의 광대함을 바라볼 수 있기를 바라셨다.'[15] 창조주의 임재에 자연이 보인 반응은 이 광대함의 일부였다. '자연이 감지하는 것을 우리는 감지하지 못한다.'[16] 또한 보나벤투라는 이 이야기로부터 회심 뒤에 유혹을 거쳐 위로로 전환되는 영적 패턴을 발견한다. '그리스도와 함께 배에 오르는' 행동은 친숙한 것을 버리고 진짜 새롭게 출발하는 것을 상징한다. '우리도 그와 함께 못 박히게' 될 것이기 때문이다.[17] 예수님을 따르는 일은 '어떤 의미에서는 이 세상을 떠나는 것'이다.[18] 이 전환기(transitus)에 그리스도께서 우리와 함께하신다. 이때 유혹과 고난의 폭풍우가 압도적으로 보일 수 있다. 예수께서 함께하지 않으셨다면 실제로도 그랬을 것이다. 그러나 그리스도는 기도를 통해 깨어나시고 삶에서 깨신 그리스도의 존재는 영혼에 평안을 가져다주신다. 그리고 이로 말미암아 하나님께 영광을 돌리게 된다. '그러므로 참회하는 영혼의 전환이 여기서 어떻게 영적으로 정해진 수순인지는 명

확하다.'[19]

예수께서 무덤 사이에 살던 미친 사람 안에 있던 귀신을 쫓아내신 사건이 갈리리 바다 건너편 이방 땅에서 일어났다. 예수께서 이 구원받은 남자를 하나님 나라의 선교사로 파송하시며 집에 돌려보내시는 것으로 이 이야기는 끝난다.[20] 첫 번째 기적이 눈에 보이는 자연에 대한 예수님의 권세를 보여주었다면 이 기적은 보이지 않는 영적인 영역에 대한 예수님의 능력을 드러냈다. 또한 이 일은 이방인을 향한 복음 사명을 시사한다. 누가는 마가의 상황 설명을 주의 깊게 따른다. 이 귀신 들린 사람이 처한 곤경이 얼마나 심각한지 보여주는 지표는 많다. 귀신 들린 기간, 벌거벗음, 자해, 사회적 배척, 무덤 사이에 거주, 절제하지 못함, 공포스러움, 불결함 등이 있다. 이 사람 안에 있던 귀신은 예수께서 '가장 높은 하나님의 아들'이신 것을 알았다. 그리고 그리스도 앞에서 소리치고 슬퍼한다. 자신은 그분과 아무런 상관이 없음을 알았기 때문이다.[21] 악한 세력은 인간의 모든 절제심과 통제력을 무너뜨리는 것으로 자신의 힘과 오만함을 과시했다. 그들은 이 남자에게 군대 귀신이 들끓게 했고 이 불행한 사람을 광야로 몰고 갔으며 다른 사람들로부터 고립시켰다.[22] 이와는 대조적으로 예수님의 권세는 상황을 지휘하는 능력을 통해 입증되었다. 예수님은 악한 귀신들이 불운한 돼지 떼에게 들어가는 것을 허락하셨고 이는 예수님이 행하신 구원과 소유하신 권세의 크기를 보여주었다.[23] 그리스도는 구세주로서 자신의 능력을 나타내셨고 귀신 들린 남자를 완전히 해방하셨다. 그 덕분에 그는 이제 '옷을 입고 제정신으로' 예수님의 발치에 앉아있다.[24]

보나벤투라는 이 이야기에서 중요한 일곱 가지 결론을 도출했다.

그리스도의 말씀의 능력은 모든 악보다 더 크다. 악은 항상 끈질긴 악의로 인간에게 먹잇감을 준다. 그리스도의 존재와 현실은 악을 두렵게 한다. 악은 실체가 없고 그래서 사람과 상황에 감염될 수 있다. 그러나 악은 하나님의 허락 없이는 자연을 지배할 수 없다. 한편 인간은 자연계의 주인이 아니라 관리인일 뿐이다. 마지막으로 '무한한 수의 짐승보다 한 사람의 구원이 더 낫다는 것을 보여준다.'[25] 이 기적을 접한 사람들은 진리를 탐구하고 발견하고 선포하는 반응을 보였고 이는 예수님의 인격 안에 있는 진리를 경배하는 것으로 이어졌다. 마을로 도망친 사람들은 이 일을 퍼뜨리는 역할을 했고 현장에 남아있던 사람들은 중요한 목격자가 되었다. 그들이 구원받은 남자를 통해 본 것은 그들을 예수께로 인도했다. 그들이 예수님께 떠나라고 청한 이유는 겸손과 경외심에서 비롯된 것이지 믿지 못해서가 아니다.[26]

이와는 대조적으로 구원받은 사람은 예수님을 전적으로 따르고 싶어 했다. 그러나 예수님은 그의 새롭고 완전한 자유를 다른 이들에게 보이시기 위해 그를 돌려보내셨다. 그리고 '그에게 어떤 짐도 지우려 하지 않으셨으며 예수님을 순종적으로 따르는 일이 단지 받은 혜택에 대한 대가로 여겨지지 않도록 하셨다.'[27] 반면에 '설교는 사도들에게만 국한된 것이 아니라 그리스도의 가르침을 받은 모든 선한 사람을 위한 일이다.'[28] 이 사람이 자기 백성들에게 그리스도의 대사가 된 것은 누가가 사도행전에 기록한 것처럼 이방 사람들을 향한 선교를 암시한다. 보나벤투라의 결론은 '주님은 돼지 사육사나 목동과 같은 평범하고 겸손한 사람들을 통해 다른 사람들에게 기꺼이 알려지기를 원하셨다'는 것이다.[29] 모든 사람이 완전한 사도들의 공동체에 함께할 수 있는 것은 이니다. 그러나 그리스도에 의해 구원을 받고 고침을 받은 사람들이 그분의 자비를 선포하는 일에 제약을 받아서는 안 된다.[30] 모든 사람은 하나님을 향한 이런 즉각적이고 압도적인 감사에 주의를 기울여야 하며 이 복음서 이야기에 나타난 모범을 따라야 한다.

누가복음에 기록된 세 번째 기적은 변화산 사건 직후에 일어난다. 그리고 이 이야기를 더 자세하게 기록하고 있는 마가복음에서 파생되었다.[31] 보나벤투라는 '무리가 산에서 내려오시는 예수님을 만날 수 있었던 이유는 그들이 그리스도의 겸손한 방식을 기꺼이 받아들였기 때문이라'고 했다.[32] 예수님의 목회적 감수성은 기독교 사역으로 부름을 받은 모든 이들에게 본보기가 된다. 간질로 고통받는 자녀로 인해 절망에 빠진 한 아버지는 예수님께 도움을 간구했다.[33] 그는 예수님의 탁월함을 고백하며 존경을 표했고 큰 도움이 필요한 상황에서 그분의 자비를 구했다. 아이의 상태는 만성적이고 위험하고 심각했으며 때로는 생명을 위협하기도 했다. 그러나 예수님의 제자들은 도울 힘이 없는 것으로 판명되었다. 보나벤투라는 이 곤경이 악의 교만으로 인한 영적 탄압을 대표한다고 보았다. 사람은 허영심에 들뜨지만 시기심 때문에 바닥으로 내동댕이쳐지며 내면은 고통과 분노로 들끓고 마음의 슬픔과 믿음의 파괴에 시달린다.[34] 그리스도는 그들의 굳은 마음을 쫓아내고 믿음을 유도하기 위해 책망하셨다. 아이를 예수께 데려온 자들의 믿음처럼 예수님도 아이를 긍휼히 여기셨다. '사람을 그리스도께 인도하는 것은 중보자의 역할을 하는 믿음이다. 믿음 자체가 빛에 이르는 길이기 때문이다.'[35] 먹이를 지키기 위한 악의 고군분투는 예수님의 꾸짖음에 쫓겨나야 했기에 허사가 되었다. 그리스도의 사역에 참여하도록 부름을 받은 사람들은 예수님처럼 공의에 기반해서 악을 꾸짖고 자비로 치유해야 한다. 죄는 공의로 다스리고 인간 본성의 나약함은 자비로 대해야 한다. 그레고리오 1세(Gregory the Great)의 말처럼 '진정한 정의는 긍휼을 낳는다.'[36] 이 기적을 통해 예수님 안에 계시된 하나님의 위엄을 본 사람들은 경외하는 마음을 갖게 되었다.[37] '예수 그리스도의 얼굴에 드러난 하나님의 영광'으로부터 치유의 은혜가 흘렀다.[38] 그러므로 이 기적은 변화산 사건의 숨겨진 신비에 따른 열린 귀결이었다.

무력한 자들을 치유하심

공관복음 초반에 예수님은 나병환자와 마주치셨다.[39] 나병에 걸린 사람은 완치될 수 없었고 유대교 율법의 엄격한 규정에 따라 사회적 낙오자가 되었다. 랍비이신 예수께서 이런 사람에게 손을 댄다면 의식상 상당 기간 부정하게 되실 수밖에 없었다. 그러므로 나병환자의 간절함은 자신의 믿음을 강화시켰지만 그의 비참한 호소는 예수님께 상당한 도전이 되었다. 예수님의 손길은 문화와 인간이라는 중요한 장벽을 깨뜨렸고 감염의 위협을 무릅쓰고 나병환자의 고립을 끝냈다. '말 한마디로 치유하실 수 있으셨지만 예수님은 그에게 손을 대는 은혜를 베푸셨다.'[40] 예수님의 명령은 예수님의 능력을 보여주었다. '예수께서 원하시면 그분은 무엇이든지 할 수 있으시다.'[41] 예수님은 말씀이 육신이 되신 것과 그 성육신하신 주님이 우리와 하나이신 것을 보여주시기 위해 신체적 접촉과 말씀, 이 두 가지 방법으로 치료하셨다. 이처럼 그분은 우리의 고통을 짊어지셨고 최후에는 고난을 당하사 자신이 치료하신 나병환자처럼 흉한 모습이 되셨다.[42] 보나벤투라는 율법을 따라 제사장에게 몸을 보이라고 하신 예수님의 명령을 고해성사와 결부시켰다. '예수께서는 통회하는 심령을 통해서 깨끗게 하실 수 있음에도 불구하고 고백을 의무화시키셨기' 때문이다.[43] 보나벤투라는 대죄로 인해 어떤 형태로든 파괴된 인간 내면의 범위가 외부적으로 드러난 것이 나병이라 했다. 그는 나병에 큰 영적인 의미를 부여하며 나병에 걸린 사람은 치료를 위해 그리스도와 그분의 교회로 피해야 한다고 주장했다.[44]

지붕을 통해 예수님 앞에 내려진 중풍병자의 치유는 예수께서 소유하신 치유의 능력이 얼마나 큰지 보여주었고 질병을 죄와 하나님의 형벌과 결부시키는 것이 종교 사회에 일으키는 논쟁적인 성격을 드러냈다. 이 일은 예수께서 행하시고 가르치신 일을 평가하려고 멀리서 온 바리새인들과 율법교사들이 지켜보는 앞에서 일어났다.[45] 보나벤투라는 자신을 도울 힘이 없는 마비된 남자의 비참한 처지에 초점을 맞추었고 또한 무슨 수를 써서라도 그가 예수님을 만날 수 있도록 도운 친구들의 친절과 충성심을 강조했다. '장애물은 진정한 믿음을 방해하지 않는다.'[46] 지붕을 부수는 친구들의 단호한 행동은 그들이 중보자로서 무력한 친구를 향해 가지는 긍휼한 마음을 그대로 보여주었다. 예수님은 중풍병자를 안팎으로 치료하셨는데 '그의 영혼을 죄에서, 그의 몸을 질병에서' 고치셨다.[47] 중풍병자의 죄가 무엇이든 간에 그 죄는 '면제되고, 용서받고, 깨끗해지고, 치유되고, 덮어지고, 속량을 받았다.'[48] 보나벤투라는 모든 성경을 참고해서 이러한 구원의 요소가 지니는 각각의 의미를 설명했다. 예수님은 자신을 비판하는 사람들 사이에서 자라셨고 교육을 받으셨다. 그러나 예수님은 이들의 생각을 아셨고 보나벤투라는 이를 통해 드러난 신성모독의 본질에 대해 논한다. 오직 하나님만이 죄를 용서하실 수 있으므로 그들의 반응은 형식적으로 정당했다. 그러나 예수님은 용서하시고 치유하시는 하나님의 능력을 공개적으로 행사하셨다. '누구든지 중풍병자를 단 한마디 말로 구원할 수 있는 사람은 단 한마디의 말로 죄를 용서할 수 있다.'[49] 일어나서 침대를 메고 집으로 돌아가라 명하신 예수님의 말씀은 그가 완전히 치유되었다는 것을 시사했다. 보나벤투라에게 나병과 같은 이런 종류의 마비는 원죄의 파괴성과 숨겨진 내면의 상태와 죄 많은 영혼의 고통을 상징했다. '원죄로부터 치유되는 것과 관련해서 타인의 신앙의 힘은 교회 생활에 동반되는 고해성사와 면제의 신성한 성례전이 주는 힘과 함께 온다.'[50] 그러나 예수님의 능력과 권세의 근원을 둘러싸고 일어난 갈등은 결국 예수님을 고통으로 마비시키고 십자가에서 거절당하게 만든다.

누가복음 17장에 가면 예수님은 또 다른 나병환자들을 마주치신다.[51] 이 이야기는 누가복음에만 기록되어 있는데 예수께서 갈릴리에서 사마리아를 거쳐 예루살렘으로 향하실 때 일어났다. 나병환자 열 명이 마을 어귀에서 '예수, 선생님이여, 우리를 불쌍히 여기소서'하고 부르짖었다. 예수님은 그들에게 가서 제사장에게 몸을 보이라고 명하셨고 그들은 가던 도중에 치유를 받았다. 그러나 예수님께 감사의 말을 전하기 위해 돌아온 사람은 한 사람뿐이었는데 그는 사마리아인이었다. 이 이야기는 복음서의 한 부분으로 예수께서 사마리아인들과 교제하신 것과 그들 중 많은 사람이 예수님을 따르게 된 사실을 알려준다. 보나벤투라는 숫자 십을 사마리아인들이 지키던 십계명과 결부시켜서 하나님의 계명에 불순종하므로 내면의 영적 나병이 어떻게 발병했는지 설명한다. 치유를 위해 기도하며 뉘우침으로 부르짖는 나병환자의 태도는 그들의 참회와 겸손을 보여주었다.[52] 제사장에게 기꺼이 고백하려는 사람은 이미 '그의 의지로 인해 의롭다함을 얻는다.' 이 사실에 근거해서 기독교 목회자들이 자비가 필요한 이들에게 얼마나 많은 자비를 베풀어야 하는지를 알 수 있다.[53] 기쁨에 찬 사마리아인은 그리스도께 돌아올 이방인을 대표한다. 그의 감사는 그를 예수께로 가까이 인도했으며 그는 진정으로 구원을 받았다. 믿음은 구원의 시작이고 소망은 구원의 확대이며 사랑은 구원의 완성이다. 이 모든 것은 그리스도의 긍휼과 자비 앞에 있는 겸손에 기초를 두고 있다.[54]

안식일에 행하신 치유들

안식일에 행하신 치유의 기적 세 가지가 누가복음에 기록되어 있다. 요한복음은 이런 예수님의 행동이 왜 논쟁을 불러일으키는지 두 가지 분명한 이유를 제시한다. 첫 번째는 특정 율법 조문에 대한 엄격한 해석을 따르지 않고 도발하셨기 때문이고, 두 번째는 안식일에 아버지의 일을 하신다고 말씀하시므로 '하나님과 동등됨'을 주장하셨기 때문이다.[55] 즉 예수님은 자신의 백성을 재창조하는 창조주의 역할을 하신 것이다. 마가복음을 보면 이 사건을 계기로 사람들이 예수님을 죽이고자 적극적으로 음모를 꾸미기 시작한다.[56] 누가복음에 따르면 이 기적은 적대자들이 지켜보고 있는 회당에서 일어났다.[57] 예수께서 제기하신 도덕적 도전은 안식일에 생명을 구하기 위해 선을 행하는 것이 합법적인가 하는 것이었다. 예수님을 비판하는 세력들이 격분하는 사이에 손 마른 사람의 팔은 회복되었다. 예수님과 제자들이 안식일을 어떻게 지키는지를 두고 일부 바리새인들과 논쟁이 있었던 직후에 다시 한번 예수님의 치유와 가르치시는 권세가 어디로부터 왔는지 하는 문제가 야기된다. 마가복음에 따르면 예수님은 안식일에 병을 고치는 문제에 대한 자신의 질문에 아무 대답도 하지 못한 비판 세력들의 비인간성과 율법주의에 깊은 분노를 느끼셨다.[58] 여기서 보나벤투라는 '아버지께서 창조되지 않은 말씀으로 만물을 창조하신 것과 같이 예수님는 성육신한 말씀으로 만물을 회복하셨다'는 아우구스티누스의 판단을 인용했다.[59] 예수님과 비판 세력들 사이의 깊은 충돌은 그들의 눈을 멀게 했고 그분을 미워하게 만들었다. 보나벤투라에게 있어 팔이 마른 사람의 곤경은 영혼의 내적 쇠약함과 영혼이 다양한 유형의 죄로 뒤틀려 있음을 나타내는 것이었다. 그래서 그는 모든 성경을 참고해서 영적인 무미건조함이 무엇을 의미하는지 설명하고 적절하게 검토하는데 시간을 할애했다.[60]

예수께서 안식일에 병자를 고치시는 다른 두 가지 이야기는 누가복음에만 기록되어 있다.[61] 첫 번째 이야기에서 예수님은 고통에 매인 여자를 고쳐 주셨다. 회당장이 이를 비판하자 예수님은 그들이 안식일에 가축의 매임을 풀어내는 행동을 지적하시면서 18년을 고통 속에 지낸 '아브라함의 딸'을 매임에서 풀어주는 것 또한 문제가 될 것이 없다고 반응하신다. 두 번째 치유의 기적은 식사하는 상황에서 일어났다. 예수께서 한 바리새인 지도자의 집에 초대를 받으셨고 대적자들은 '그분을 지켜보고 있었다.'[62] 예수님은 안식일에 가축을 합법적으로 구하는 비유를 통해 동일한 도덕적 논점을 끌어내시며 또 다른 형태의 마비된 사람을 고치셨다.

보나벤투라는 안식일을 쉬는 날 이상의 의미로 해석한다. 안식일은 또한 하나님의 은혜의 시간이자 창조된 질서에 가해진 손상을 회복하는 시간이고 하나님의 재창조가 일어나는 날이다.[63] 그는 첫 번째 기적에서 불행한 여자의 곤경을 죄와 현세적 염려에 짓눌린 인간의 영혼이 굽어서 하나님 앞에 제대로 서지 못하는 것을 의미한다고 보았다. 예수님은 진실을 꿰뚫어 보시고 그녀를 긍휼의 눈길로 바라보셨다. 예수께서 그녀를 부르시고 모두가 보는 앞에서 안수하셔서 치료하시므로 희망을 주시고 안심을 시키셨다. 그러자 그녀는 허리를 펴고 똑바로 서서 하나님께 영광을 돌렸다.[64] 보나벤투라는 예수님에 대한 비판과 관련해서 그레고리오 1세(Gregory the Great)의 말을 인용했다. '진정한 정의는 긍휼을 내쉬지만 거짓된 정의는 분노를 내쉰다.'[65] 율법을 고집하는 사람은 그 마음의 완악함 때문에 사실 율법을 깨뜨리고 그 정신을 배반한다.[66] 쉽게 말해서 예수님은 많은 사람이 '율법에 열심인 척하지만 잃어버린 영혼보다 가축이나 돈을 더 염려'하는 현실을 꼬집으신 것이다.[67] 오히려 안식일의 진정한 의미는 하나님의 형상과 모양으로 창조되었고 구원받아야 하는 대상으로 지음을 받은 인간을 특별히 돌보는 데 있다. 안식일에 노동을 하는 것은 금지될 수 있지만 영적인 일은 여기에 해당하지 않는다.[68] 목회적 사역을 통한 영혼의 치유가 긴급하다. 그리고 이제 이 일은 고해성사를 집전하는 교회의 사제들에게 맡겨졌다. 고해성사는 하나님의 은혜가 들어오는 통로이다.[69] 오직 하나님의 사랑만이 영혼을 치유하고 행복하게 할 수 있다.[70]

두 번째 치유의 기적 이야기에서 예수님은 종국에는 자신을 박해할 자들과 함께 앉아 식사하셨다. 보나벤투라는 이 상황이 예수님의 크신 자비와 겸손과 가난을 보여준다고 생각했다.[71] '여기에는 지극히 높으신 분께서 우리를 위해 낮아지시고 가장 의로운 분께서 불경한 자들과 교제하시고 가장 부유하신 분께서 모든 남녀 가운데 가난한 자가 되기를 원하신 그분의 자비가 내포되어 있다.'[72] 예수님의 자비는 적개심과 배신에도 불구하고 끝까지 이어졌다. 예수께서 최후의 만찬 때 떡을 가져다가 주신 날은 배신을 당하시던 날 밤이었기 때문이다. '예수님은 병약한 자들에게 손을 대시는 것을 경멸하지 않으셨고 겸손을 가르치시기 위해' 다시 한번 의도적으로 아픈 사람에게 손을 대셨다.[73] 비판 세력들을 향한 예수님의 도덕적 도전은 사람들이 무엇을 가장 중요하게 여기는지에 관한 질문을 다시 제기했다. 사고가 일어나면 '소유물은 다양한 방식으로 사라질 수 있기 때문에 물질을 사랑의 대상으로 삼으면 안 된다.'[74] 물질로 인한 이기심이 안식일의 엄격한 요구를 제쳐둘 수 있다면 자비에서 나오는 행동은 분명 더욱 그럴 수 있다. 자비의 행동은 관용의 일이지 노역이 아니기 때문이다.[75] 보나벤투라는 '수종'(dropsy)(물이 차는 것-역자주)이 끝없는 갈증과 고통스러운 체액 저류를 초래하는 질병이라고 이해했다.[76] 이 질병은 인간 내면의 곤경을 상징하며 이로부터 치유되는 것은 죄 많은 영혼들이 다양한 차원에서 구원받는 것을 상징한다. 그리스도께서 장사 되신 안식일에 목마른 지옥의 구덩이에서 구출되었기 때문이다.[77]

누가복음과 마태복음에 따르면 병들어 죽게 된 하인을 둔 로마의 백부장이 예수님께 나아왔다.[78] 보나벤투라는 이 이야기를 바로 뒤이어 일어나는 기적, 즉 나인성 밖에서 죽은 청년을 일으키신 기적과 결부시켰다.[79] 첫 번째 기적에서 예수님은 자신이 생명과 육신을 주관하는 주(Lord)이심을 보여주셨다. 그리고 두 번째 기적에서 영혼을 구원할 수 있는 유일한 주이자 죽음의 정복자로서 자신의 능력을 행사하셨다.[80] 보나벤투라는 이 일이 일어난 장소가 유대인과 이방인들의 만남의 장소였던 가버나움이었기 때문에 예수님의 행동과 그분의 가르침이 잘 맞아떨어진 사실에 주목한다. 백부장의 긍휼과 믿음은 예수께서 예외적으로 보지도 않고 하인을 치료하시도록 이끈 가장 주요한 요소였다. 백부장의 겸손은 예수님을 향한 완전한 믿음과 순종의 증거였다. '그는 교만 때문에 자신의 하찮음(unworthiness)을 숨긴 것이 아니라 남다른 겸손 때문에 드러내 보였다.'[81] 또한 백부장의 겸손은 하나님의 능력의 완전한 본질을 있는 그대로 이해할 수 있게 해 준 핵심 열쇠였다. '그는 예수께서 말씀하시는 것과 행동에 차이가 없으신 것을 확실하게 믿었고 자신의 믿음을 입술로 고백했다.'[82] 보나벤투라는 백부장의 고백이 이방인의 믿음을 가리킨다고 보았고 유대인과 사도들을 이어주는 매개 역할을 하며 유익을 얻는다고 여겼다. 또한 백부장의 하인을 치유하신 기적은 하나님께서 도움이 필요한 존재를 편애하지 않으시는 분이라는 사도행전의 진리를 보여주었다.[83] 바울의 말을 빌리면 '유대인이나 헬라인이나 차별이 없으신 것은 한 분이신 주께서 모든 사람의 주이시고

그를 부르는 모든 사람에게 부요하시기 때문이다.'[84]

예수님과 제자들이 나인성에서 마주한 상황은 참혹했다. 슬픔으로 가득 찬 장례 행렬은 죽은 청년이 과부의 외아들이었다는 사실로 인해 더욱 악화되었다. 과부의 곤경은 너무나 절망적이어서 사람이 위로할 수 있는 그런 슬픔이 아니었다.[85] 그리스도는 두 가지로 반응을 보이셨는데 그분의 인성은 긍휼과 자비를, 신성은 능력의 위엄을 보이셨다. 더욱이 시체를 만지면 의식적으로 부정해지지만 예수님은 죽은 자를 모른 척하지 않으셨다. 그리고 긍휼한 마음으로 말씀하시고 행동하셨다. '또한 명령하지 않으시고 손을 대시는 겸손한 행동을 통해 관을 메고 있는 자들을 멈추게 하려는 목적이 있으셨다.'[86] 예수님의 음성은 그 내면에 창조주 하나님의 음성을 전달하여 죽은 청년을 다시 한번 소생시켰다.[87] 이 부활의 기적으로 청년이 일어나 앉았고 말을 했다.[88] 예수님은 '생명과 구원을 베푸시는 분으로서' 긍휼한 마음으로 그의 어머니를 위로하셨다.[89] 이 기적으로 인해 자기 백성을 방문하시겠다는 하나님의 약속을 대표하는 큰 선지자로서 예수님을 향한 믿음이 깊어졌다.[90] 보나벤투라는 이어서 다음과 같이 이 기적을 영적으로 해석한다. 청년은 '땅에서 머리를 들어 올리는' 참회를 통해 일어나 앉았고 그는 고백하는 방식으로 입을 열었으며 그의 어머니인 교회의 품으로 돌아왔다. '어머니가 소생한 아들을 기꺼이 받아들인 것처럼 그리스도와 교회는 회개한 죄인을 기뻐한다.'[91]

어린 딸이 죽어가고 있는 회당장 야이로의 집으로 서둘러 가시던 예수님의 옷자락을 만진 여인에게 일어난 기적을 세 권의 공관복음이 모두 기록하고 있다.[92] 보나벤투라는 앞선 두 기적에서 강조했던 여러 가지 논점을 다시 반복한다. 그는 '겸손한 자는 다시 여호와로 말미암아 기뻐하고 가난한 자는 이스라엘의 거룩하신 이로 말미암아 즐거워한다'라는 이사야서의 예언을 토대로 열광적인 군중의 기대를 해석했다.[93] 회당장은 예수께서 집에 도착하실 때쯤이면 자신의 딸이 이미 죽었을지도 모른다는 두려움에 기인한 급박한 필요 때문에 경외심과 확신을 가지고 예수님께 나아갔다. 그가 가장 원하지 않았던 상황은 예수님을 절실히 필요로 하는 다른 누군가와 맞닥뜨리는 것이었으나 그 일이 실제로 일어났다. 이 두 이야기가 서로 얽혀 있는 방식은 이야기에 선명한 진정성을 부여하며 복음서의 극적인 사건의 중심에 이 두 이야기가 있음을 보여준다.

예수님의 옷자락을 만진 여인은 수치스럽고 만성적인 부인과 질환 때문에 의식적으로 부정한 몸이었다. 이 질병은 12년이라는 긴 세월 동안 그녀를 괴롭혔다. 여자는 그동안 회당 예배와 그 밖의 많은 일에 참여하지 못했을 것이다. 자연도 인간의 의술도 그녀를 도울 수 없었다.[94] 보나벤투라는 자연에서 오는 에너지, 치료제, 하나님의 능력의 상호 작용을 필수적으로 보았다. 그는 만약 의학이 자연과 하나님의 능력을 무시한다면 궁극적으로 사람을 치유하는데 실패할 것이라고 경고한다. 붐비는 군중 속에 있었기 때문에 자신의 익명성이 보장될 것으로 생각한 여자는 예수의 옷자락을 남몰래 만졌다. 이는 그녀의 절박한 믿음과 마침내 고침을 받을 수 있다는 희망을 보여준다. 그녀의 겸손은 자신의 부정한 상태를 숨기지 않는 데에 있다. '믿는 자에게 불가능을 가능하게 하시는 그리스도의 능력은 경이롭다. … 따라서 믿음으로 그분의 옷자락을 만져서 구원을 받을 수 있다면 그리스도를 붙잡으면 얼마나 더 확실하게 구원을 받을 수 있겠는가?'[95] 예수님은 누군가가 '영적으로 자신의 몸에 손을 댄' 사실을 알아차리셨다.[96] 이런 예수님의 주장은 그녀가 고침을 받은 사실을 완전히 공개적으로 고백할 수 있게 해 주었다. 이는 공개적인 장소에서 랍비이신 예수께서 이례적으로 여자와 나누신 대화였다. 예수님은 그녀를 '딸'이라고 부르셨다. 이 호칭은 치유의 토대가 된 구원하는 믿음을 통해 그녀가 하나님의 자녀로 다시 재창조된 것을 가리킨다. 예수님의 옷자락을 만진 그녀의 행동은 '거룩한 삶에 따르는 노동'을 모방하고자 하는 의지를 보여주었다.[97]

한편 회당장 야이로가 두려워하던 대로 아이가 죽었다는 소식이 전해졌다. 이제 예수님은 죽은 자의 집에 들어가셔서 곧 부정하게 되실 것이다. 보나벤투라는 이 부정적인 소식을 '사람의 내면을 파고드는' 불신의 목소리이자 절망에 빠지게 하는 유혹으로 묘사한다.[98] '그래서 그리스도는 죽음을 전하는 말이 아버지의 내면에 침투하지 않도록 반대로 생명의 말씀을 하셨고 이는 믿음의 기초를 견고하게 했다.'[99] 집으로 향하던 길에 혈루증을 앓던 여인을 치료하신 것은 그의 믿음을 강화시키기 위해서였다. 곧 변화산 사건의 증인이 될 가장 가까운 세 제자인 베드로, 야고보, 요한만이 아이의 부모와 함께 아이의 부활을 목격하는 것이 허락되었다. 예수님은 조문객들의 비웃음에 '죽음이란 현실을 부정하지 않으셨지만 아이가 살아날 것이라는 확신을 주시는' 말씀으로 반응하셨다. '살아 있는 자의 하나님이 거기에 함께 하셨기에 "아이가 죽지 않았다"고 하신 예수님의 말씀은 옳다.'[100] 예수님은 다시 소생할 힘을 주시기 위해 아이의 손을 잡고 자기 안에 있는 하나님의 능력으로 명령하셨다.[101] 예수님은 이 부활이 착각이 아님을 보여주시려고 아이에게 먹을 것을 주라고 하셨다. 이 일을 아무에게도 말하지 말라고 부모에게 당부하신 이유는 예수께서 '드러나지 않은 채로 겸손하게 남기를 원하셨고 겸손의 본을 보여주시기 위해서였다.'[102]

오천 명을 먹이심

이 이야기는 예수께서 메시아로서 행하신 일 가운데 가장 중요한 사역이자 초대교회의 삶과 예배에 있어서 핵심적인 것이기 때문에 사복음서에 모두 기록되어 있다.[103] 보나벤투라는 이제 누가에 의해 '사도'로 지명된 제자들과 예수님의 관계의 질에 주목한다. 사도들은 돌아와서 자기들이 행한 모든 일을 숨김없이 예수님께 이야기하며 그분과 교제했다.[104] 예수님은 많은 이들을 치유하고 돌아오시는 길에 자신을 찾는 무리를 영접해주셨다. '이 본문에서 설교자나 고위 성직자는 양들에게 기적을 행해야 하고 말과 행동에 있어서 자신을 자비롭게 나타내야 한다는 교훈을 얻어야 한다.'[105] 많은 이들을 먹이신 기적은 무리를 향한 예수님의 깊은 목회적 헌신에서 비롯되었다. 늦은 시각, 척박한 장소, 그리고 확연히 부족한 식량은 사람들의 필요를 더욱 부각시켰다. 또한 보나벤투라는 구약성경의 선례를 언급한다. 엘리사는 규모는 작지만 먹을 것을 제공하는 기적을 행했었다.[106] 예수께서 자신의 거룩한 능력으로 음식을 축복하실 때 하늘을 보시며 기도하신 이유는 하늘의 능력이 역사하고 있었음을 보여주시기 위해서였고 또한 겸손을 나타내시기 위해서였다.[107] 제자들은 예수님의 신하가 된 것처럼 음식을 나누어 주었다. 하지만 '이제 예수 그리스도의 큐리아(curia: 고대 로마 시절 여러 씨족을 포함하는 행정 단위-역자주)에서 더 고귀한 자들은 성직자들과 종들이다.'[108] 보나벤투라는 오병이어의 기적을 모든 목회자와 설교자의 패러다임으로 보았다.

> '그러나 주께서 무리를 먹이시기 위해서 완전히 새로운 떡을 만들어내신 것이 아니기 때문에 그들은 마음에 새로운 것을 찾으려고 하지 말아야 한다. 주님께서 축복을 통해 보리떡 다섯 개를 배가시키셨듯이 참된 가르침에서 나오는 모든 풍성함도 신성한 성경 말씀의 토대에서 취해야 한다. 이는 하늘을 바라보는 기도와 헌신을 통한 축복으로 배가되어야 하고, 묵상으로 떡을 떼고 설교를 통해 나눠주므로 배가되어야 한다.'[109]

보나벤투라는 완벽한 성경적 레퍼토리의 윤곽을 그리며 이 패턴에 대해 자세한 설명을 이어나갔고 '주님께서 교제를 통해서 그리고 이 신비하고 비유적인 일을 통해서 설교자들을 양성하신 것이 분명하다고 결론내렸다. 주님은 오병이어의 기적을 통해 육신을 먹이시는 것보다 정신을 함양하는데 더 큰 관심이 있으셨다. 왜냐하면 예수님은 영혼을 특별히 사랑하시는 분이시기 때문이다.'[110]

회개의 의미

바리새인 시몬의 집에서 예수님의 발을 씻긴 여인의 이야기는 누가복음에만 등장한다. 누가가 섬세하게 들려주는 이 이야기 속에 예수께서 영혼을 얼마나 사랑하시는지가 가장 잘 드러나 있다.[111] 인간이 보이는 두 가지 반응의 측면에서 볼 때 이 이야기는 돌아온 탕자와 질투심 많은 형의 비유와 유사한 면이 있다. 보나벤투라는 누가가 이 여자와 바리새인의 이야기를 특별하고 중요하게 생각하는 것을 알아차렸다. 이 여자의 집중적인 관심을 수용하신 예수님의 자비는 매우 컸다. 그러나 여자를 인정해주신 것은 더 큰 자비였고 여자를 용서하신 것은 최고의 자비였다. '예수께서 자기에게 나아온 여자를 받아주셨고 여자의 사랑을 칭찬해 주셨으며 회개하자 용서해주셨기 때문이다.'[112] 보나벤투라는 교부들과 공통된 전통을 따라 이 여자를 주님께서 일곱 귀신을 쫓아내 주신 막달라 마리아로 보았다.[113] 그는 여자가 예수님의 자비에 대해 이미 알고 있었다고 정확하게 추론했다. 어쩌면 그녀는 이미 예수님을 만난 적이 있었을 것이다. 그녀는 모든 겸손으로, 심지어 종의 자세로 예수님께 기름을 붓기 위해 찾아왔다. 회개하는 다른 사람들과 마찬가지로 여자는 수치심과 두려움, 슬픔을 경험했다. '예수님 앞에 섰기 때문에 수치스러웠고, 몸을 숙이며 예수님의 발 앞에 멈춰 섰기 때문에 두려웠고, 자신의 눈물로 예수님의 발을 씻겼기 때문에 슬펐다.'[114] 이때부터 '예수님의 가장 낮은 부분에 집중하는 순수하고 애정 어린 사랑이' 이어졌다.[115] 참된 회심은 '회개를 통해 죄에서 돌이키고 자비 안에서 하나님께 향하는 것'을 포함한다. 이렇게 되면 하나님을 등지고 교만으로 내달리던 모든 육신적인 욕망이 전도된다.[116]

아직 이름이 밝혀지지 않은 바리새인이 이 여자를 어떤 시선으로 바라봤을까? 처음에 그는 악한 정죄와 위선으로 여자를 보았고 예수님의 분별력과 판단력에 의심을 품었다. 사실 이 악명높은 죄인을 '받아들이면 안 되었고 오히려 쫓아내야 했기' 때문이다.[117] 바리새인과 대조적으로 예수님은 '안으로는 자비로 그녀를 가까이하셨고 겉으로는 온화함으로 맞아주셨다.'[118] 예수께서 바리새인의 이름을 '시몬'이라고 부르시는 순간 이 이야기의 초점이 바뀐다. 예수님은 그의 생각을 읽으셨고 그의 태도를 너무 잘 아셨다. 그래서 예수님은 그가 진리에 눈을 뜰 수 있도록 대화를 나누셨다.[119] 예수님은 빚진 두 죄인의 비유로 말씀하셨다. 그들은 액수는 다르지만 빚을 갚을 수 없는 같은 처지에 놓여 있었다. 예수님은 시몬이 상황을 새롭게 볼 수 있도록 그의 주머니 사정을 가지고 관심을 끌 수밖에 없으셨다. 하나님은 자신에게 돌아오는 모든 죄인에게 자비를 베푸시고 대가 없이 용서해주신다. 그 결과 하나님의 긍휼과 자비를 피할 수 있는 사람은 아무도 없다. 하지만 이는 동시에 하나님의 심판이기도 하다. '우리의 죄로 인해 발생한 빚을 제외하고 진정 우리가 가진 모든 것은 하나님께 진 빚이다.'[120] 그러므로 우리의 유일한 의무는 그에 상응하는 사랑을 받고 보여주는 것이다. 바울의 말과 경험에 따르면 '죄가 더한 곳에 은혜가 측량할 수 없이 넘친다.'[121] 이는 여자의 경험이기도 했다. 이 경험은 그녀가 공개적으로 큰 사랑을 표현하게 된 동기가 되었다. 예수님에 의해 눈이 열리자 바리새인의 비판적인 사고는 혼란에 빠졌다. 어쩌면 그의 회심은 이 순간 시작되었을 것이다.[122]

예수님은 무명의 여인에 대해 직접 언급하시기 위해 몸을 돌려 시몬에게 도전적인 질문을 하셨다. 하나님께 용서받고 사랑받는 자로서 이 여자를 바라보고 있는지 '이 여자가 보이느냐?'라고 물으신 것이다 여자가 예수님을 돌본 것과 바리새인이 간단하고 관습적인 환영과 환대를 소홀히 한 것은 대조되었다. 여자의 눈물은 깊은 죄책감의 표현으로 내적 은혜와 애정에서 나왔다.[123] '여자는 내면의 갈망을 멈추지 않았기에 예수께 입 맞추는 것을 멈추지 않았다. 불이 항상 타오르는 것처럼 사랑은 끊임없이 불타오른다.'[124] 그 결과 주님은 주저함 없이 여자에 대해 단언하셨다. 왜냐하면 그녀는 사랑 때문에 죄에서 깨끗하게 되었고 사랑의 결과로 온전하게 되었고 넘치는 사랑 때문에 바리새인보다 선호되었다. '사랑이 위대한 이유는 장점은 더하고 죄는 몰아내기 때문이다.'[125] 이 이야기는 죄 용서로 시작하고 끝난다. '그리고 그 한 가운데 사랑이 있다.'[126] 예수님의 적대 세력들은 '이가 누구이기에 죄도 사하는가?'라고 생각했다. 그녀의 회복은 그들의 영적 질병을 악화시키는 비극으로 이어졌다. 여자를 안심시키시며 '네 믿음이 너를 구원하였으니 평안히 가라'는 예수님의 말씀과 그들의 불안은 극명하게 대비되었다. 예수께서 여자와 또 이와 같은 많은 이들을 치유하신 일은 예수님의 대적들이 공격할 수 있도록 지원하신 것과 다름이 없기에 값비싼 대가를 치러야 했고 심지어 위험하기까지 했다. 예수께서 그들의 마음과 생각 속의 금기와 장벽에 도전하신 일은 결국 그들의 분노가 예수님의 머리 위에 부어지는 결과를 초래했다.

각주

8장 치유

1. 골로새서 4:14; 디모데후서 4:11 참조.
2. 누가복음 4:23.
3. I.333.
4. 누가복음 4:31-7.
5. 누가복음 4:41.
6. I.351.
7. I.353.
8. I.358.
9. I.371.
10. 누가복음 4:43; I.374.
11. I.375.
12. 누가복음 8:22-39; 마가복음 4:35-5:20 참고; 마태복음 8장 23-34절은 이 이야기를 요약해서 기록했다.
13. I.688.

14. 시편 107:23-30: 모든 복음서에서 이 기적이 이야기되는 방식 뒤편에는 이 시편 말씀이 있다.

15. I.692.

16. I.693; 각주 78은 히에로니무스와 베다에 이르는 일반 주해서에 담긴 이런 통찰력의 출처를 설명한다.

17. I.694.

18. Ibid.

19. I.697: 전환기(transtus) – '지나가다'(passing over)는 프란치스코의 가르침과 모범에 비추어 특별한 의미를 갖는다.

20. 누가복음 8:26-39; 그는 그 지역의 초기 기독교 교회의 창립 멤버가 되었을까?

21. I.701-2: 보나벤투라는 귀신 들린 자가 예수님을 큰 소리로 부른 것을 어떤 식으로든 예수님을 창조된 존재로 여겼던 아리우스주의와 그분을 귀신 들린 사람으로 여겼던 유대인 적대 세력에 반하는 증언으로 간주한다.

22. 누가복음 11:24-6 참조.

23. 유대인 청중들에게 돼지는 부정했고 이 모든 이질적인 상황의 끔찍한 기이함의 일부였다. 보나벤투라에게 그들의 운명은 마귀적인 교만을 내려놓는 것을 상징했다.

24. 누가복음 8:35.

25. I.711: 보나벤투라가 생각하기에 돼지를 몰살시킨 일은 돼지를 도둑질한 것이 아니다. 그 주인도 청지기일 뿐이기 때문이다.

26. I.716: 그들의 반응은 누가복음 5장 8절의 시몬 베드로와 같았다.

27. I.718-19; 보나벤투라는 설교가 상급을 위한 것이 아니라 사람들의 구원을 위한 것이라고 본다.

28. I.720: 프란치스코회의 관행에 대한 중요한 지지이자 이에 대해 너무 배타적인 견해에 대한 경고이기도 하다.

29. I.722.

30. 이는 당시 프란치스코회 운동 때문에 그들 내부에 존재했던 상반되는 입장에서 오는 압력에 대해 직접적으로 언급한 것이다.

31. 누가복음 9:37-43; 마가복음 9:14-28 참조.

32. II.878.

33. II.881 보나벤투라는 이 상태를 간질로 본다.

34. II.883.

35. II.884.

36. II.887, 각주 176 – 그레고리우스의 설교집 34 인용. D. Hurst (tr.), *Gregory the Great – Forty Gospel Homilies* (Michigan, 1990) 참조.

37. 누가복음 9:43.

38. 고린도후서 4:6.

39. 누가복음 5:12-16; 마가복음 1:40-44 참조.

40. 마가는 그렇게 행동함으로써 예수님의 깊은 감정을 강조한다: 마가복음 1:41.

41. I.403.

42. 이사야 53:4 그리고 52:14-15.

43. I.407.

44. I.412-13.

45. 누가복음 5:17-26.

46. I.420.

47. I.421.

48. I.422.

49. I.426.

50. I.431-3.

51. 누가복음 17:11-19.

52. III.1653.

53. III.1654.

54. III.1660.

55. 요한복음 5:18.

56. 마가복음 3:6.

57. 누가복음 6:6-11.

58. 마가복음 3:5.

59. I.417, 각주 30.

60. I.473-5; 이런 맥락에서 보나벤투라는 베다의 교회사 III.6에 나오는 오즈월드 왕의 관대함과 가난한 사람들에게 내민 왕의 손을 성 에이단이 축복한 이야기를 인용한다. 왕의 손은 그가 죽은 후에도 부패하지 않았다.

61. 누가복음 13:10-17 그리고 14:1-6.

62. 누가복음 14:1.

63. II.1254.

64. II.1258; 보나벤투라는 구원에 대한 이러한 분석을 뒷받침하기 위해 로마서 8장 30절을 인용한다.

65. II.1258, 각주 58 – 그레고리우스의 복음 설교집 34에서 발췌. Hurst, *Gregory the Great - Forty Gospel Homilies* 참조.

66. II.1259.

67. II.1261.

68. II.1262.

69. II.1263-4.

70. II.1265; 구원에 대한 이 비유는 보나벤투라의 사상에 매우 중요하다. 하나님의 은혜가 작용하면 아래로 휘어진 인간의 마음과 영혼이 회복된다. 구원은 이성과 사랑이 회복되어 똑바로 보는 것이다.

71. II.1316-17.

72. II.1317; 보나벤투라는 이 판단을 뒷받침하기 위해 프란치스칸의 핵심 본문인 고린도후서 8장 9절을 인용한다.

73. II.1321 – 프란치스코가 문둥병자들과 함께 일한 것과 같은 맥락이다.

74. II.1322.

75. II.1323.

76. II.1324-5; 각주 19-21은 전통적인 주해의 범위에 대한 완전한 그림을 제공한다.

77. II.1327-8: 스가랴 9:11 인용.

78. 누가복음 7:1-10; 마태복음 8:5-13 참조.

79. 누가복음 7:11-17.

80. I.568.

81. I.576.

82. I.580.

83. 사도행전 10:34-5.

84. I.582; 로마서 10:12 인용; 갈라디아서 3:28 참조.

85. I.586.

86. I.587.

87. I.589.

88. I.589:보나벤투라는 이 기적을 음식을 먹은 어린 소녀의 치유와 무덤에서 걸어 나온 나사로의 치유를 비교한다. 이 세 가지 기적은 인간의 영혼의 모든 측면에 대한 그리스도의 완전한 주권을 드러낸다.

89. I.590.

90. 엘리야와 엘리사는 둘 다 죽은 자를 일으켰다: 왕상 17:17-24 및 왕하 4:32-7; 또한 열왕기하 13장 20-21절에서 죽은 사람이 엘리사의 뼈와 접촉해서 살아났다는 이야기도 있다.

91. I.593-4.

92. 누가복음 8:40-56; 마가복음 5:22-43 그리고 마태복음 9:18-26 참조.

93. I.724; 이사야 29:19.

94. I.729.

95. I.731.

96. I.733.

97. I.736-7; 보나벤투라는 눈물로 그리스도의 발을 만진 여인과 그분의 상처를 만진 도마를 비교한다.

98. I.739; 잠언 26:22 인용.

99. I.740.

100 I.744; 누가복음 20:38 인용.

101. I.746; 마가복음 5장 41절에서 아이에게 하신 말씀을 원래의 아람어 그대로 기록하고 있는 점은 주목할 만하다.

102. I.749.

103. 누가복음 9:10-17; 마가복음 6:30-44; 마태복음 14:13-21; 요한복음 6:1-15 참조.

104. II.813.

105. II.816.

106. II. 열왕기상 4:42-4.

107. II.821.

108. II.822; 누가복음 22:26-7 인용.

109. II.824; 각주 46은 보나벤투라가 베다에게 진 빚과 그가 베다의 가르침을 빌린 것을 보여준다.

110. II.825; 지혜서 11:27 인용.

111. 누가복음 7:36-50, 이 이야기는 다른 세 복음서에 기록된 수난 이야기와 도입부가

다른 모습으로 등장한다: 마태복음 26:2-13; 마가복음 14:3-9 및 요한복음 12:1-8. 보나벤투라는 동일인으로 간주한다 – 막달라 마리아: I.636 참조.

112. I.626.

113. I.628; 누가복음 8:2 그리고 마가복음 16:9 참조.

114. I.630.

115. I.631.

116. Ibid.; 보나벤투라는 그토록 쉽게 그녀의 여성성을 잘못된 방향으로 이끌었던 유혹의 눈짓과 머리카락에 대한 집착, 관능적인 입맞춤과 값비싼 향기가 그녀의 사랑스런 행동에 의해 각각 어떻게 그리스도를 향해 돌이켰는지 보여준다.

117. I.634.

118. I.635; 그레고리우스 1세의 복음 설교집 33. Hurst, *Gregory the Great – Forty Gospel Homilies* 참조.

119. 이것이 무명 여인의 회심 이야기라면, 시몬의 이야기가 될 수도 있지 않을까?

120. I.638.

121. 로마서 5:20.

122. 갑자기 시몬의 이름이 호명된 사실은 그가 초기 기독교인의 목격자였음을 의미할 수 있다. 이는 시몬의 이야기이자 이름 없는 여성의 이야기였다. 많은 바리새인, 특히 바울이 그리스도인이 되었다.

123. I.642.

124. I.643.

125. I.644.

126. I.646.

127. 누가복음 7:49-50.

CHAPTER 9
수난

수난

예수님의 '신성 포기'[1]

비록 정식적이진 않지만 보나벤투라에게 수난 내러티브는 누가복음 18장 후반부터 효과적으로 시작된다.[2] 예수님은 자신의 도전에 대한 부자 청년의 반응에 대답하시면서 그리스도인을 완전함에 이르게 하는 길인 '가난은 인정받을 만하다'는 것을 제자들에게 보여주셨다. 그리고 예수님은 가장 완벽한 본보기, 즉 십자가에 못 박히는 그리스도라는 길을 이제 선택하시고 증명해 보이셔야 한다.[3] 보나벤투라는 가장 가까운 열두 제자를 안심시키려는 예수님의 사랑과 인자함을 상상한다. '예수님은 왕과 제사장 그리고 선생과 심판자로서 예루살렘에서 고난을 받으셔야 한다.'[4] 한 나라의 수도이자 종교적 권위의 원천이고 공의의 중심에 있는 예루살렘에서 그리스도가 고난을 당하시고 죽음을 맞이하시는 것이 적절하기 때문이다. 그러나 수난의 자리에서 새로운 나라가 나올 것이며 구원과 새 법과 참된 정의가 일어날 것이다. 그리스도께서 십자가에서 죽으심으로 인류에게 '선의 나라와 거룩한 제사장직과 심판과 진리의 법'을 주실 것이다.[5] 예수님의 임박한 죽음의 신비 안에서 그분이 겪으실 수모와 고난을 통해 모든 예언이 성취될 것이다. 예수님은 배반, 조롱, 채찍질, 침 뱉음, 죽임당함, 그리고 부활이라는 여섯 가지 고난을 받으시고 엿새 만에 창조하신 온 세상의 구속을 이루셨다. 예수께서 부활하신지 이레째 되는 날은 완성의 날로 성령의 충만한 일곱 가지 은사를 주셨다.[6] 그리스도가 십자가에서 죽기까지 자기를 비우시는 것, 즉 케노시스(kenosis)는 그분의 사랑의 깊이를 드러냈고 구원의 능력의 수단이었다. 그러나 당시 예수님의 이 가르침을 이해하거나 받아들이지 못한 제자들의 무능은 타락한 인류의 비참한 무자각을 여실히 보여주었다. 이는 또한 그들을 형성한 종교적, 정치적 문화를 반영했기에 왜 메시아가 십자가에 못 박혀야 하는지 의문을 품게 했다. 하나님께서 사람에게 빛을 비춰주셔야 마음과 생각이 하나님의 진리를 깨달을 수 있다. '주의 빛 안에서 우리가 빛을 보기 때문이다.'[7] '따라서 맹인이 눈을 뜨는 기적이 뒤이어 등장하는 것은 적절하며 이로부터 인류의 조명이 이해되어야 한다.'[8]

맹인 거지

맹인 거지를 향한 그리스도의 긍휼은 그분의 은혜와 능력의 특성을 모두 보여줄 뿐만 아니라 '탁발하는 또는 거지의 가난을 수용'하신 것을 의미했기 때문에 중요하다. '탁발'은 당시 프란치스코회 내부에 일어났던 운동에서 야기된 위기를 직접적으로 언급하는 단어였다.[9] 그러나 맹인의 구걸은 죄와 무지라는 어둠 속에 길을 잃은 인류에 대해 더 많은 진실을 담고 있다. 이러한 확신은 보나벤투라가 영적 생활을 다룬 자신의 논문 제목을 〈순례기: 사막에 거하는 가난한 자에 대한 반추〉*(Itinerarium: the reflection of a poor man in the desert)*라고 붙인 것에 반영되었다.

여리고는 변할 수 있는 인류의 운명을 의미한다. 거지는 길을 잃고 길가에 앉아 있었다. 그러나 그는 자기 주변 사람들에게 지도를 구하며 끈질기게 탐색했다. '만물은 그들의 창조주와 회복자에게로 인도될 수 있다. 그리고 피조물의 책(the book of creation: 일상생활의 경험을 통해 인간이 읽어낼 수 있는 책-역자주)에서 우리에게 말을 거는 모든 피조물은 모든 성경이 그렇듯이 창조되지 않는 말씀이신 분에 대해 우리에게 이야기한다.'[10] 구원을 간절히 바라는 거지는 예수님을 '다윗의 자손'이라 고백하며 큰 소리로 부르짖었다. 그의 기도는 주변 사람들에게 부정당하지 않았고 자기 자신도 가로막히지 않았다. '이것이 진정한 믿음에서 나오는 기도의 힘이다.'[11] 예수님은 거지의 부르짖음을 들으시고 그의 필요를 다루시기 위해 멈추셨다.

> '우리가 기도를 통해 그분을 우리에게로 이끄는 것처럼 보이지만 우리의 마음이 그분을 향해 불타오르고 황홀경 속에 있을 때 오히려 그분이 우리를 자신에게로 이끄시는 것이다.'[12]

예수님은 자신을 낮추시고 거지가 바라던 대로 '내가 너를 위해 무엇을 해주기를 원하느냐?'고 물으셨다. 그 거지는 솔로몬처럼 자신에게 필요했던 한 가지, 하나님의 지혜가 비춰지기를 간구했다. '의로움 안에서 믿음의 눈을 통해 우리의 마음이 고양되기 때문에' 거지는 완벽하게 고침을 받았다.[13] 그는 '세상의 빛'이신 예수님의 제자가 되었다.[14] 하나님의 능력과 지혜, 자비하심으로 구원을 받았기에 맹인 거지의 회심은 하나님을 향한 찬양으로 가득했다. 여리고의 이 불쌍한 자는 예루살렘의 다른 이들이 보지 못했던 것을 보기 시작했기 때문이다.

삭개오의 회심

삭개오 이야기는 누가복음에만 기록되어 있으며 마가복음에서 파생된 맹인 거지 이야기를 보완한다.[15] 두 이야기 모두 자신을 의지하는 자들을 '끝까지 구원'하실 수 있는 예수님의 능력을 보여준다.[16] 누가복음에 기록된 예수님의 마지막 기적은 나사렛에서 하신 첫 설교, '인자가 온 것은 잃어버린 자를 찾아 구원하려 함이니라'는 메시지를 반영한다. 이 회심 이야기에서 관대함은 소유욕을 극복한다. 그리고 기적이 내면적이고 영적일수록 더욱 확실하다는 그레고리오 1세(Gregory the Great)의 판단이 틀리지 않았음을 보여준다.[17] 또한 삭개오는 하늘의 나라에 들어가고자 하는 부유한 기독교인들에게 본보기와 위로가 되어 준다. 그의 회심은 '사람이 할 수 없는 것을 하나님은 하실 수 있다'는 예수님의 예언을 성취하는 것이었다.[18]

맹인 거지처럼 삭개오도 예수님이 누구신지 알려는 큰 결의를 보였다.

'진정한 열망은 비록 가는 길에 장애물이 생길지라도 식지 않고 오히려 더 불

타오를 영혼을 그리스도께로 끌어당긴다.'[19]

더욱이 예수께서 죄 많은 도시를 방문하셨기에 죄인들을 끌어들였다. 프란치스코(Francis)의 삶에서 목격했듯이 자비는 불행한 이들을 끌어당기기 때문이다.[20] 삭개오는 맹인 거지와 사회적으로 반대되는 위치에 있었지만 그 또한 불행하기는 마찬가지였다. 그는 부정하게 쌓은 부로 미움을 샀고 고립되었다. 그는 백성들이 있는 곳에 가는 것을 두려워했으며 멀리서나마 나무 위에서 예수님을 지켜볼 수밖에 없었다. 그러나 삭개오의 열심은 잠자고 있던 예수님을 향한 사랑을 일깨웠고 예수께서 그에게 보이신 사랑으로 인해 불이 붙어 터지기 일보 직전이었다. 예수님은 죄인들과 사회적으로 교제하시는 것을 절대 두려워하지 않으셨다. 그러나 다른 많은 경우처럼 보나벤투라는 여기서도 군중이 예수께 나아오려는 사람들을 방해하려 했다고 지적한다.[21] 이 이야기는 여리고로 대표되는 세상의 악에서 돌아서는 이방인 회심의 또 다른 상징이 된다.

삭개오와 그로 대표되는 사람들은 죄 때문에 이성이 흐려지고 하나님의 빛에서 멀어져서 도덕성이 손상되었기 때문에 도움이 없이는 또는 명확하게 볼 수가 없었다. '예수님을 보는 것은 이성을 뛰어넘는 일이기 때문이다.'[22] 오직 믿음을 통해서만 진정한 시각을 소유하는 것이 가능하다. 삭개오는 신체적 제약 때문에 예수님을 전혀 볼 수 없어서 나무 위에 올라가야 했다. '그의 믿음의 본에 힘입어 다른 이들이 "관소"(contuition)로 예수님을 보기 위해 일어났다.'[23] 하나님의 은혜의 빛의 도움을 받으면 진정으로 볼 수 있는 새로운 능력이 생기는데 보나벤투라는 이를 가리켜 '관조'라고 표현했다.

예수님의 관대함은 삭개오의 관대함에 필적했다. 예수님은 자비의 눈으로 삭개오를 바라보셨고 그에게 환대를 청하는 것을 부끄러워하지 않으셨다. 예수님은 겸손의 본보기로 그와 함께 머무셨다. 그리고 그토록 악명 높은 죄인과 사귀는 것을 두려워하지 않으셨다. 그러나 비판 세력들이 지켜보고 있었기에 이런 예수님의 행동은 자신을 훨씬 더 위태롭게 만드셨다.[24] 삭개오는 자기 백성의 가장 훌륭한 전통에 따라 신속한 관대함과 환대로 예수님을 영접했다. 보나벤투라는 이런 종류의 환대가 어떻게 종종 하나님의 은총을 얻었는지 성경에서 열까지 예를 열거한다.[25] 그러나 이 전환적인 사건의 비판 세력들은 과거에 하나님의 방식에 대해 불평했던 자들과 같은 부류의 사람들이었다. 보나벤투라는 예수께서 자신을 구하는 사람들의 집에 들어가시는 것이 어떤 의의가 있는지 간단하게 설교한다. '그리스도는 삭개오에 의해 정해진 다음의 일곱 가지 방식으로 이방인 교회에 들어오시는 것을 환영받으셨다.'[26] 예수님은 알려지지 않은 손님으로, 교회의 성찬 때, 자신에게 속한 그리스도인들 안에서, 마리아의 뱃속에서, 깨끗한 양심과 함께, 성경 말씀 안에서, 그리고 마침내 하늘의 예루살렘 안에서이다. 또 그리스도께서 오시는 일곱 가지 방식은 삭개오의 일곱 가지 반응과 행동에 반영되어 있다. 그의 결심, 따뜻한 마음, 관대함, 배상금의 합법적인 성격, 빠른 행동력, 확고한 목표, 그리고 자신이 잘못한 사람들을 위한 체계적인 보상이다. 삭개오의 행동은 그가 아브라함의 진정한 아들이자 하나님의 자녀로 회복되었고 그가 타고난 존엄성대로 행동할 자유도 회복되었음을 보여주었다. 자비로 표현된 예수님의 지혜는 이 사람을 가장 놀라운 방법으로 구원했다.

심판 비유

이다음 비유는 예수께서 유월절에 예루살렘에 입성하셔서 어떤 즉각적이고 정치적인 방법으로 하나님의 나라가 도래하게 하실 것이라는 널리 퍼진 기대에서 비롯되었다. 하지만 보나벤투라는 이 비유가 삭개오의 회심 메시지를 통해 '영적인 선과 충실한 순종을 통하지 않고는 하나님의 나라에 들어갈 수 없다는 것을 가르치기' 위한 것이라고 생각했다.[27] 보나벤투라는 이 비유를 그리스도가 승천하시고 성령을 보내주신 이후에 계속되는 교회의 사명과 결부시킨다. 비유에서 귀인이 떠나는 것은 그리스도의 승천을 상징하며 또 그가 심판하러 돌아올 것을 의미한다. 고위 성직자와 설교자로 부름을 받은 사람들은 각각 성령의 은사를 받은 열 명의 종으로, 그들의 의무는 자신들에게 맡겨진 사람들을 섬기고 보호하는 것이다. 각자에게 주어진 은사를 영적으로 해석하면 '계명을 이해해서 이행하고 설교하기 위해 주어진 충분한 은혜'로 볼 수 있다.[28] 그들은 설교를 통해 그리고 영적으로 열매 맺는 삶을 통해 받은 은사를 가지고 장사하라는 부름을 받았다. 비유에 나오는 반역자들은 복음을 거부하고 교회를 핍박하는 자들이다. 주의 재림의 심판은 부지런한 자와 게으른 자와 완고한 자에게 임한다. 하나님의 명령에 응하는 책임에 대한 비유이기 때문이다. 주께서는 행한 일과 그 일들을 행한 동기를 엄격하게 조사하실 것이다.[29]

가장 먼저 보고한 종은 베드로를 포함, 하나님의 백성인 유대인에게 복음을 전한 자들을 대표한다. 그리고 이제 유대인들은 진정으로 십계명의 정신에 순종하게 되었다. 두 번째 종은 바울처럼 이방인 선교의 사명을 받은 자들을 대표한다. 이방인들은 한때 영적인 오감이 하나님에게서 멀어졌으나 하나님의 은혜로 회심한 자들이다.[30] 이 두 종은 복음의 보편적 사명에 참여하는 주님의 다른 모든 충실한 종들을 대표한다. 보나벤투라는 마태복음이 말하는 것과 대조적으로 누가복음의 비유에 내포된 선교적 강조에 주목한다.[31] 프란치스코회 지도자로서 부지런한 설교와 효과적인 복음 전도의 의무는 보나벤투라의 주된 관심사였다.

태만한 종은 하나님의 지혜의 은사를 숨긴 나태한 자이다. '먹을 것이 있으면서도 자기 양들을 굶어 죽게 하는 것은 타락한 목회자의 모습이기 때문에' 이로부터 태만한 종의 이기심과 무책임함이 드러났다. 보나벤투라는 일반 주해서의 해석에 동의하며 이를 인용한다. '하나님의 말씀을 숨기는 것은 매우 위험하다.'[32] 그는 신중한 침묵을 지지하지만 두려움, 아첨, 탐욕 또는 태만에서 비롯된 침묵은 정죄한다. '곡식은 곳간에서 자라지 않고 좀먹기' 때문이다.[33] 영혼을 추수하기 위해서는 하나님의 말씀이 부지런히 뿌려져야 한다. 그러나 태만한 종은 오히려 주인에 대한 두려움을 이유로 들며 마치 자신의 잘못을 주인의 탓인 것처럼 변명했다. 그는 자신의 말로 자기를 정죄했고 주님은 돈을 갚으라고 요구하신다. 그리고 태만한 종에게 맡기셨던 은사를 열 배를 남긴 자에게 주셨는데 이는 이스라엘이 마침내 하나님의 나라로 돌아올 것을 상징한다.[34] 보나벤투라는 이 명백한 불공정함을 듣고자 하는 열망과 기꺼이 일하고자 하는 의지에 대한 하나님의 지속적인 보상의 관점에서 설명했다. 이때 행동은 지식으로 이어지고 하나님의 은혜에 충성하는 것은 영광으로 이어진다. 이는 선으로 충만한 삶에 대한 상으로 주어지는 영원한 상급을 받기 위한 진지한 도전이다.[35]

그러므로 이 비유는 다섯 부류의 사람들을 다루고 있다. 충성되게 가르치는 자들, 복음의 진리를 고수하는 신실한 자들, 태만한 자들, 무지한 자들, 악의가 있는 악한 자들이다.[36] 그러나 그들을 정죄하는 것은 하나님을 대적하는 자들의 교만이다. 이 비유는 예수께서 왕으로 오시는 것을 거부하는 예루살렘 지도자들을 향해 주어진 즉각적이고 엄중한 경고이기 때문이다. 그래서 예수께서 이 비유로 말씀하시고 바로 예루살렘에 입성하신 것이다.[37] 예수님은 기독교 리더십과 사역에 부름을 받은 자들을 위해 하나님의 양떼를 지키는 목자로서 예루살렘에서 솔선수범하신다.[38]

예루살렘 입성

보나벤투라는 예수님의 엄숙한 거룩한 성 입성을 예수님의 왕권과 도시의 운명을 향한 제사장적인 긍휼과 성전의 상인들을 도전하시는 사법적 정의와 백성의 교사로서 능력과 위상을 기득권들의 목전에서 보여주는 것으로 묘사한다.[39] 감람산은 하나님의 기름부음과 자비와 지혜의 상징이며 예수께서 승천하시는 거룩한 산이 될 것이다. 보나벤투라는 예수께서 모든 부류의 사람들을 자신에게 끌어당길 수 있게 해 준

자비로운 겸손의 기적을 강조했다. 모든 기독교 설교와 그리스도인의 행동은 제자가 되어 온전함을 추구하는 것을 통해 처음부터 신앙생활의 세 가지 성장에 기여해야 한다.[40] 맞은편 마을로 두 제자를 보내신 행위는 예수님 안에 있는 하나님의 긍휼이 흘러넘쳐서 세상에 전해지는 복음의 사명을 상징한다. 나귀 새끼를 발견한 것은 하나님의 섭리의 표시이기도 하지만 아직 길들여지지 않은 이방인을 상징하기도 한다. 이 행동을 뒷받침한 것은 주이신 예수님의 권세였다. '그리스도께 순종하는 사람은 미혹될 수 없기' 때문에 제자들의 순종은 모범이 되었다.[41] 나귀는 또한 빈곤을 상징한다. 너무 가난해서 가축을 소유할 수 없는 마을 사람들의 짐을 지는 짐승이었기 때문이다.[42] 예수님은 어떤 식으로든 나귀 주인의 존재를 알고 계셨는데 아마도 그는 예수님을 따르는 유대교 추종자 가운데 한 명이었을 것이다. 여기서 놀라운 점은 보나벤투라가 이 잘 알려진 이야기의 상징적인 의미를 상세하게 설명할 때 선교적 관점을 크게 강조한 것이다.

예수님은 이렇게 의도적인 방식으로 유월절에 예루살렘에 입성하시며 구약의 예약, 특히 스가랴의 예언을 매우 극적으로 성취하셨다.[43] 제자들의 옷이 이방인들을 개종시킨 그들의 선한 행위와 본보기를 대표한다는 점을 고려할 때 이 또한 선교적 차원의 의미가 있다. 한편 '예수님은 영광을 받으시는 날에 가련한 나귀 새끼 위에 오르시는' 강력한 겸손을 보이셨다.[44] 그리고 나중에 오르셔야 할 감람산에서 내려오셨다. 적어도 잠시나마 '예수께서 행하신 표적에 감동한 무리는 율법에 약속된 대로 그분이 참으로 그리스도요 또 자신들의 왕임을 믿었다.'[45] 예수님은 구약의 예언을 성취하시기 위해 '최고의 선'으로서 진정한 축복과 찬양을 받으셔야 했다.[46] 보나벤투라는 그리스도께서 인간의 삶에 찾아오시는 세 가지 방법을 간략하게 설명한다. 예수님은 가장 큰 겸손의 행위인 성육신으로 오셨고 참사랑의 반응을 끌어내시면서 마음에 찾아오시며 마지막으로 기대되는 최후의 심판 때 우리를 찾아오신다. '이 세 가지 가운데 어떤 형태로 찾아오시든지 그리스도는 마땅히 축복을 받으셔야 한다.'[47] 그분의 오심은 평화를 가져오고 또 거룩함을 가져오기도 한다. 그러므로 그리스도의 탄생과 이제 곧 다가올 그리스도의 수난은 모두 비슷한 언어로 찬양되어야 한다.[48] 스가랴의 노래(Benedictus)는 '그리스도의 겸손을 노래하는 숭고한 찬양'이기 때문에 성찬 때 부르는 거룩송(Sanctus)인 '주의 이름으로 오시는 이여, 찬미 받으소서!'와 연결되어 있다.[49] 보나벤투라는 바리새인 가운데 예수께 항의한 자들이 질투심 때문에 동기부여가 되었지만 그에 못지않게 유월절 기간에 발생할 수 있는 정치적 도발과 진압을 두려워했을 수 있다고 본다.[50] '그들은 기회를 잡아 더욱 격렬하게 증오했지만 하나님은 오히려 이를 통해 큰 선을 이루실 것이다.'[51] 예수님을 향한 빈약한 지지가 여기서 드러났으며 이는 적들과 폭도들의 손에 맡겨진 예수님의 최종적인 운명과 날카롭게 대비된다. '이 세상의 기쁨은 한순간에 사라지기 때문에 얼마나 깨지기 쉬운 것인지 분명하게 알 수 있다. 그러므로 세상의 기쁨과 찬양의 함성과 이 세상의 영광은 멸시의 대상이 되어야 한다.'[52] 소리를 지르는 돌들은 '십자가의 능력으로 마음이 부드러워진' 이방인들의 개종을 상징한다.[53] '그리스도께서 이 땅에서 가장 큰 영광을 받으시는 날에 거룩한 성 예루살렘의 임박한 운명 때문에 긍휼의 눈물을 흘리신 것'에서 '그리스도의 크신 자비'를 엿볼 수 있다.[54] 보나벤투라는 복음서를 보면 그리스도께서 눈물을 네 번 흘리셨다고 말한다. 태어나셨을 때, 나사로의 무덤에서, 자신을 죽음으로 내몰게 될 도시의 운명 앞에서, 그리고 십자가 위에서다. 그리스도인들은 이처럼 공감을 하도록 부름을 받았기에 뉘우침, 긍휼, 연민, 천국을 향한 갈망으로 눈물 흘려야 한다.[55] '양심의 낙원(the paradise of conscience)은 이 네 가지 종류의 눈물로 물을 주어야 하고 긍휼한 마음에서 이 네 가지 눈물의 강이 흘러나와야 하기' 때문이다.[56]

성전을 정화하심

그리스도께서 환전하는 자들과 짐승을 파는 자들을 원래 이방인이 유대인의 하나님께 예배드려야 하는 성전 바깥뜰에서 쫓아내실 때 재판관으로서 명백한 권세를 행사하신 것이다. 이것은 물론 예언적 항의의 상징적 행위였으며, 아마도 인기가 있었을 수도 있지만, 예루살렘의 유월절 분위기에서 매우 위험하고 도발적인 행동이기도 했다. 그러나 예수님은 '하나님께 입힌 해를 형벌하는 측면에서 엄격하고 의로운 재판관'이셨다.[57] 예수님은 예루살렘의 임박한 멸망에 대해 경고하신 직후에 성전으로 이동하셨는데 이는 성전을 관리하는 제사장들의 죄가 하나님의 심판의 원인인 것을 확인시켜 주기 위함이었다. 예수님의 행동은 제한적이었지만 강력한 표징이었다. 보나벤투라는 이 판결을 당대 교회의 악덕에 적용하기를 주저하지 않았는데 예수께서 '무엇보다도 성직자들의 탐욕을 정죄하셨기 때문이다.'[58] 예수님 당시 제사장들은 기도와 예배의 장소인 하나님의 성전을 도적의 소굴로 만들었다. 기독교 교회 내부에서 그들의 후계자들은 종종 '그리스도의 뜻에 반하게 그분의 유산을 다루었다.'[59] 보나벤투라는 '규율이 없는 사람들을 보면 그 사제직이 건전하지 않다는 것을 알라'는 크리소스토모스(Chrysostom)의 엄격함을 강조했다.[60] 한편 예수님은 매일 성전에서 꽤 공개적으로 가르치셨고 '백성은 모두 그분의 말씀에 귀를 기울였다.'[61] 종교 당국은 그분을 막을 힘이 없었다. 예수님은 청중에게 유익이 될 만한 어떤 것도 감추지 않으시므로 어떻게 공개적이고 포괄적으로 설교해야 하는지 본을 보여주셨다. 그분을 따르는 데는 비밀스러운 전통이나 엘리트주의적인 교리가 없었다. 사제들과 신학자들, 즉 서기관들에게 이는 그들의 교육 권위에 대한 달갑지 않은 도전이었다. 그들의 질투와 악의는 어떻게 해서든 예수를 파괴하려는 음모를 꾸몄다. '자신들의 명예를 잃을까 봐 두려웠기 때문이다.'[62] 그러나 평범한 백성들은 예수님을 '충실하고 선한 선생'으로 사랑했다. 예수님 안에 있는 하나님의 지혜가 그들 가운데 함께 하며 꽤 자주 가르치시고 소통하셨기에 백성들은 놀라움, 애정 어린 헌신, 열렬한 열망으로 가득 찬 반응을 보였다.[63]

마지막 비유

누가는 이 시점에서 마가복음을 매우 밀접하게 따르며 예수께서 마지막으로 성전에서 가르치고 복음을 전하실 때 일어난 다양한 대표적인 논쟁들을 소개한다.[64] 이러한 논쟁 전반에 걸친 핵심 질문은 예수님이 권위의 본질이었다. 보나벤투라는 예수께 도전한 사람들의 교만을 강조한다. 제사장들은 영적인 자존감 때문에, 서기관들은 그들의 학식 때문에, 그리고 장로들은 그들의 서열과 지위 때문에 도전했다. 예수님을 향한 그들의 저항은 시기심 때문에 시작되었고 이는 명확한 사실들을 의심하게 만들었다.[65] 그 결과 그들은 예수님의 권위를 받아들일 수 없었다. 예수께서 세례 요한의 권위에 대해 그들에게 제기하신 도전은 그들이 예수께 제기하던 바로 그 문제에 그들을 가두었다. 그들은 요한을 믿지 않았지만 그가 거룩한 사람이자 순교자로 널리 여겨졌기 때문에 요한의 사역을 정죄했을 때 대중이 어떻게 반응할지 두려워했다. 그러므로 '빛(예수님)을 의심하던 자들은 등불(세례 요한)에 대해 숙고하기 위해 다시 돌아가야 했다.'[66] 그들이 무지를 핑계로 비겁하게 회피한 것은 사실 두려움에서 비롯된 거짓말이었다. '그들이 진리를 부인하였으므로 진리이신 분에 의해 그들에게 진리가 부정되는 것은 당연하다.'[67] 그들의 악의는 예수께서 말씀하신 어떤 것도 받아들이지 못하게 했다.

성전의 기득권 세력에게 거절을 당하시고 나서 예수님은 누가복음에 마지막으로 기록된 포도원 농부의 비유를 말씀하신다.[68] 이것은 예루살렘과 유대의 부패함에 대한 통렬한 비난으로 이미 몇 세기 전에 이사야도 언급한 적 있다.[69] 그들의 폭력, 불의, 배교 때문에 도시가 완전히 황폐하게 될 심판의 조짐이 보였다. 이사야의 비유에서 언덕 위의 포도원은 거룩한 도성과 그 백성을 상징한다. 그들은 하나님의 관심 속에서 귀하게 여김을 받고 특권을 누렸다. 그러나 추수할 때가 되어 보니 정성 들여 심은 포도나무는 제멋대로 자랐고 열매가 없었다. 하나님의 좌절은 포도원을 완전히 방치하는 것으로 나타났다.

예수님은 종교 지도자들이 익히 잘 알고 있는 말씀으로 그들을 겨냥하셨다. 그러나 단순히 이야기를 들려준 것만으로 누군가를 체포할 수는 없었다. 예수님의 손에서 이 오래된 비유는 임박한 심판의 전조가 되었다. 이 비유는 과거에 기득권층에 의해 선지자들이 거절당하고 나쁜 대우를 받았음을 보여준다.[70] 이제 아들이자 상속자는 사절로 보냄을 받았지만 질투와 증오심 때문에 거절을 당하고 죽음을 맞이했다. 그러므로 예수님은 최후의 심판과 상속권 박탈을 예언하셨고 이 말을 들은 학식 있는 성직자들로부터 '그렇게 되지 말지니이다!'라는 격렬한 반응을 유발하셨다.[71] 예수님은 유월절에 순례자들이 성전에 오르며 읊는 시편 가운데 하나인 시편 118편의 말을 인용하시며 이 고대 비유를 완성하셨다. 이 시편은 차후에 다른 사람들에게 주어질 새 건물의 초석이 되는 버려진 돌에 대한 역설적인 비유를 담고 있다.[72] 더 나아가서 예수님은 많은 예루살렘 주민들에게 걸림돌이 되는 기초석에 대한 이 비유에 대해 이사야가 다른 용도로 사용한 것을 언급하셨다.[73] 예수님의 비판 세력들은 이 성경 구절들을 알고 있었고 또 이 비유가 직접적으로 그들을 겨냥하고 있다는 사실도 알았다. 이 비유는 그들이 부인할 수 없는 마지막 경고였고 그들이 예수님을 공개적으로 체포하는 일을 매우 어렵게 만들었다.[74] 그래서 그들은 속임수, 음모, 배신에 의존했다. 그리고 그렇게 함으로써 그들은 그들 자신과 자신들의 신념을 모두 배반했다.

크리소스토모스(Chrysostom)를 따라 보나벤투라는 이 비유의 메시지를 자기 시대의 교회와 결부시키는 데 주저하지 않았다. '주님의 포도원인 이 포도원의 일꾼들은 교회의 감독과 사제들이다.'[75] 포도원의 주인이 상당 기간 외국에 나갔다는 사실은 그에게 맡겨진 사람들이 순종적으로 자유의지를 행사할 수 있도록 하기 위한 것이었다. '하나님은 사람들이 회개하기를 기다리실 만큼 큰 인내심을 가지고 계신다.'[76] 이스라엘 역사 전반에 걸쳐 하나님은 자신의 사자를 보내셨다. 첫째는 입법자인 모세인데 그는 백성들의 저항을 받았다. 그다음 다윗은 통치자이자 예언적 시편 기자였다. 비록 그는 아들 압살롬의 반역을 견뎌야 했지만 그의 시편은 '목이 곧은 백성을 겸손하게 할 수' 있었다.[77] 마지막은 순교를 당한 '선지자들의 무리'이다.[78] 이 사절들을 거절한 통치자들과 백성들의 비극적인 고집은 '그들이 핍박한 모든 자들이 그들을 매우 사랑했다는' 사실에 의해 평가되었으며 이 점에서 선지자들은 '그리스도의 형상'으로 기능했다.[79]

하나님은 아들이신 예수님을 이 땅에 보내시므로 주실 수 있는 최고의 선물을 주셨다.[80] 하지만 그분의 오심으로 인해 통치자들은 자유에 맡겨졌지만 운명적인 선택을 해야 했다.[81] '하나님의 아들을 경외하지 않는 자는 결코 하나님과 그분이 보내신 사자를 경외하지 않는다.'[82] 원수들은 예수님의 정체를 의심했고, 증명할 수 없었지만 그분을 두려워했다. 그들의 탐욕은 자신들에게 맡겨진 것을 마치 자기 소유인 양 보존하려고 했기 때문에 그들을 파멸로 이끌었다. '그러나 그리스도는 가장 가난하셨다.'[83] 또 그들의 시기심은 자신들을 몰아붙여 예수님을 잔혹한 죽음에 이르게 했다.[84] 그들이 실패한 원인은 눈이 멀어서 보지 못했기 때문이다. 따라서 시편 118편 말씀을 낭독하시며 거절과 수치를 감내하려는 의지를 보이신 예수님의 겸손은 그들과 대비되어 더욱 돋보였다.[85] 화해를 가져오는 그분의 힘과 능력은 겸손에서 나온다. 따라서 '이 땅의 모퉁잇돌이 교회를 하나 되게 하는 돌이다.'[86] 보나벤투라는 신약성경 전반에 걸쳐 이 포도원 농부의 비유가 어떻게 발전되었는지 논한다. 그리고 매우 놀랍게도 이를 중세 성당 내부의 장미창에 적용했다.

> '그러므로 그리스도는 원의 둘레에 비유될 수 있는 교회 전체의 중심부에 있는 돌로 상상되어야 한다. 참으로 모든 선이 그분에게 연결되고 그분을 모퉁이로 만든다. 선들은 그분 안에서 하나가 되기 때문에 나눌 수 없다. 이 점에서 십자가의 네 개의 선은 그분의 중심에서 합쳐지고 함께 흐른다.'[87]

결국 사람들은 자신의 선택에 따라 이 거룩한 원의 필수적인 부분이 되기도 하고 안 되기도 한다. 그리스도의 실제와 임재, 부르심은 사람을 안정적으로 만들고 유지하거나 사람들의 끈질긴 거부에 의해 그들을 깨트리거나 둘 중의 하나다.[88] 그러므로 예수님의 이 마지막 비유에 내포된 도전은 여전히 유효하다.

가이사와 하나님

다른 전도자들처럼 누가복음의 저자도 예수님을 향한 예루살렘 종교 지도자들의 견락을 의심하지 않았다. 그들은 예수님의 말씀을 구실삼아 그분을 함정에 빠트려 로마의 군사 당국에 넘기려 했다.[89] 독실한 유대인들이 황제 또는 신의 형상이 새겨진 로마 주화를 성전 내부에 지니고 다니는 것을 허용하지 않았던 점을 고려하면, 그들의 달콤한 아첨은 위험한 종류의 덫이었다. 유대인들은 로마 주화를 제사장들이 판매하는 특별한 주화로 환전해야 했다. 종교 지도자들이 '가이사에게 세금을 바치는 것이 옳습니까? 옳지 않습니까?'하고 자신의 운명을 바꿀 수도 있는 질문을 던지고 있음에도 불구하고 예수님은 오염된 이방인 주화를 소유하고 있던 비판 세력들의 위선을 폭로하셨다.[90]

가이사에게 세금을 바치는 것을 정죄하면 예수님은 투사이자 반역자로 드러날 것이었다. 하지만 그렇게 하지 않는다면 독실한 유대인 중 많은 이들이 예수님을 부의 이해관계 속에 있는 배신자로 여겼을 것이다.[91] '가이사의 것은 가이사에게 하나님의 것은 하나님께 바치라'는 예수님의 수수께끼 같고 역설적인 답변은 비판 세력들을 당황시켰고 당면한 문제에서 벗어나게 했다. 그리스도의 대답에 대한 보나벤투라의 해석은 흥미로우며 프란치스칸 접근법을 띠는 것이 특징이다. 그는 일반 주해서(Glossa Ordinaria)에서 암브로시우스(Ambrose)가 한 말을 상당히 길게 인용했는데 '가이사에게 복종하기를 원하지 아니하면 세상의 것을 소유하지 말라'는 것이 결론이었다. 부는 사람을 인간 권위에 종속되게 하는 반면에 소유를 포기하면 해방된다. 따라서 '가진 모든 것을 버리고 그리스도를 따라야 한다.'[92]

부활의 실재

일부 사두개인들이 예수님께 사후에 부활의 가능성이 거의 없다는 가설적인 질문을 던진 배경에는 토비트서(the book of Tobit)가 있다.[93] 여자가 율법이 허용한 대로 일곱 형제와 연속해서 결혼했는데 모두 후사가 없이 죽으면 내세에 여자의 남편은 누구일까? 사두개인들이 질문을 던진 의도는 많은 바리새인과 다른 유대인들이 공유한 부활의 가능성에 대한 믿음을 경멸하기 위해서였다.[94] 기독교인인 보나벤투라에게 부활을 부정하는 것은 '거룩한 예배의 기초를 파괴하는 것과 다름없었다.'[95] 그는 한번 창조된 인간의 영은 지성과 열망, 선행에 의해 죽지 않는다고 단언했다. '인간의 육신은 하나님의 공의와 자비, 능력으로 회복될 수 있다.[96] 그는 바울의 고린도전서 가르침을 인용하여 영적 생명이 죽음으로부터 나오는 방식에 대해 언급한다.[97] 사두개인들은 율법 조항을 문자 그대로 해석하면서 오류를 범했다. '영적인 성경과 영적인 영광에 대한 그들의 육신적인 이해는 영적인 말씀을 왜곡시키고 망친다.'[98] 이는 보나벤투라가 자주 언급했던 성경적 해석의 기본 원리에 대한 중요한 진술이다. 예수님을 비판하던 자들은 이 사실을 깨닫지 못했고 '합리적인 정신의 고귀함'과 하나님의 능력 또한 알지 못했다.[99] 성경에서 결혼은 인간의 생식을 보장하고 후손을 남기기 위해 존재하는데 보나벤투라는 이에 대해 흥미로운 의견을 내놓는다:

> '결혼이란 영적인 사람들의 것일 수 있으나 살아있는 사람들의 육신 안에서만 존재한다. 따라서 여기서 "세상의 자녀들"이란 표현은 죄를 내포하지 않는다.'[100]

예수님은 죽은 자가 부활할 때 인류가 변화될 것이며 더는 죽음이 없을 것이기 때문에 결혼도 하지 않을 것이라고 단언하신다. 인간의 몸은 천사와 같은 존엄성을 지니며 본질적으로 영적이게 될 것이다.[101] 그러므로 우리는 하나님의 자녀로 '영광을 통해 하나님과 같이 될 것이므로' 놀라지 말아야 한다.[102] 그러나 '사람이 천사들처럼 남을 섬기기를 원치 않는다면 그 사람은 천사의 영광과 같이 될 수 없다.'[103]

예수님은 공개적으로 모세와 불타는 가시떨기나무 이야기를 인용하시며 금기를 깨뜨리셨다. 이 본문은 하나님의 거룩한 이름과 관련이 있었기 때문에 당시 유대 신학 전문가들에게 국한되어 있었고 회당에서 공개적으로 읽지는 않았다. 족장 아브라함, 이삭, 야곱은 여전히 하나님과 교제하는 인격체로 살아 있다. 육신은 죽었을 수 있지만 본질적으로 살아 있는 것이다. 따라서 이 가능성이 성취되기 위해서 '미래의 부활을 사실로 받아들일 필요가 있다.'[104] 그래서 보나벤투라는 부활의 가능성에 대해 말하는 일곱 개의 주요 구약성경 본문을 제시한다. 그러나 그리스도는 사두개인들에게 그 본문들을 인용하지 않으셨다. 그들이 최종적으로 영감을 받아 기록된 토라, 즉 모세오경의 권위만 받아들였기 때문이다.[105] 보나벤투라에게 성육신과 수난, 그리고 이제는 부활의 신비까지 포함하고 있는 불타는 가시떨기나무 이야기는 매우 중요했다. 이 안에 기독교 신앙의 거의 모든 신비가 존재한다. 성경에 감춰진 모든 신비는 성육신하신 말씀 안에서 성취 또는 '완성'된다.[106] '하나님은 죽은 자의 하나님이 아니라 산 자의 하나님'이라는 예수님의 말씀은 기독교의 믿음과 희망을 뒷받침할 뿐만 아니라 자신의 부활의 기적과 그것이 의미하는 바를 예고한다. 성경의 주요 텍스트이자 계시적인 한 사건을 해석하시는 예수님의 권위 앞에 그분을 대적하던 자들은 침묵할 수밖에 없었다.

성육신의 신비

보나벤투라는 예수님과 예수님의 비판 세력들이 시편 110편의 올바른 해석을 두고 대화를 주고받는 것을 보았다.[107] 보나벤투라에게 이것은 '그리스도가 참 인간이자 하나님'이심을 의미했다.[108] 예수께서 던지신 질문은 그분의 인격 안에서 하나가 된 두 본성, 인성과 신성에 대한 믿음이 있어야만 대납할 수 있는 질문이었다. 메시아가 '다윗의 자손'인 것은 어떤 의미가 있을까? 이는 당시 어떤 이들에게는 공격적인 테러 저항의 신호였고, 예수께서 예루살렘에 입성하실 때 환호했던 일부 사람들에게는 나라의 회복과 이스라엘 성전 개혁에 대한 소망이 담겨있다. 복음서 저자들과 바울을 포함한 초기 유대 기독교인들에게 예수께서 다윗의 혈통이라는 사실은 역사적으로 중요했고 의심의 여지가 없었다. 한편 시편 110편의 언어는 수수께끼였다. "여호와께서 내 주에게 말씀하시기를 내가 네 원수들로 네 발판이 되게 하기까지 너는 내 오른쪽에 앉아 있으라 하셨도다." 예수께서 지적하신 것처럼 다윗이 그를 '주님'으로 불렀다면, 어떻게 주께서 그의 '아들'이 되실 수 있겠는가? 예수님은 자신의 질문에 대답하지 않으셨고, 예수님을 비판하던 자들도 대답하지 않았다. 그러나 이 구절은 이후 초기 기독교인들에 의해 변증을 위한 중요한 본문으로 사용되었다.[109]

보나벤투라에게 이 본문은 기독론적으로 매우 중요했다. '시편

110편은 그리스도에 관한 본문으로 받아들여진다. 하나님께서는 예수님으로 하여금 모든 것을 심판하게 하셨고, 그분을 제외한 다른 누구에게도 최고의 통치권과 영원한 제사장 직분을 주지 않으셨다.'[110] 그러므로 이 다윗이 기록한 시편은 하나님의 마음에서 영감을 받은 음성(voice)이었고, 이 말씀들은 영원한 진리를 담고 있다. '하나님께서 아들을 낳으셨을 때 영원히 말씀하셨기' 때문이다.[111] 시편 말씀은 아들의 영원한 후세와 또 '내 오른쪽에 앉아 있으라'는 말씀에서 알 수 있듯이 아버지와 동등 되심을 이야기하고 있다. 시편 110편 말씀은 하나님의 아들이 전 세계를 통치할 것을 약속한다. 예수께서 아직 잉태되거나 인간으로 태어나지 않으셨기 때문에, 다윗의 말은 인간적인 차원에서는 맞지 않는다. 이 말씀은 그리스도께서 하나님이시자 동시에 사람일 때만 진실이 될 수 있다. '구약과 신약의 의도는 주로 그리스도의 두 본성에 관한 것이기 때문에,' 이 신비는 성경 전체에 암시되어 있다.[112] 이 중요한 기독교 해석과 교리의 원칙을 확증하기 위해 보나벤투라는 모든 성경에서 관련 본문을 취합해서 제시했다. '알파와 오메가이신 그리스도는 자신의 인성 안에서 가르침의 목표를 이루셨기 때문이다.'[113] 따라서 보나벤투라는 다음과 같이 결론 내린다:

> '성육신이 기독교 신앙의 기초인 이유는 이것이 모든 것의 뿌리이기 때문이다. 이는 그리스도께서 사람이시자 하나님이신 것을 모두 믿어야 한다는 말이다. 모든 믿음의 기사는 그리스도의 신성 또는 인성으로 귀결된다.'[114]

참된 온전함

수난 내러티브에서 이 부분은 사람의 본성, 종교적 열심, 부와 가난에 대한 비판적인 개요로 마무리된다. 예수님은 노골적으로 제자들에게 서기관들의 위압에 당하지 말라고 경고하셨다. 그들은 율법학자이나 가식과 위선을 조장했다.[115] 보나벤투라는 다시 한번 이 같은 본문에 바리새인을 포함시킨다. 예수님은 다른 가르침에서 그러셨던 것처럼 차려입기를 좋아하고, 명예를 좇고, 물질을 탐하며, 덕스럽게 보이려 하는 그들을 풍자하셨다. 이 모든 것을 서기관들의 요새, 즉 성전에서 자신의 말씀을 듣는 사람들에게 아주 공개적으로 말씀하셨다. 보나벤투라는 당시 기독교 성직자들에게 이에 대해 경고를 할 때 크리소스토모스(Chrysostom)를 인용한다. '모든 형태의 악을 멀리하되 특히 과부와 같이 취약한 여성과 관련이 있는 악은 더욱 멀리해야 한다.'[116] 그들은 약탈자가 아니라 목회자가 되어야 한다. 예수께서 기도를 정죄하신 이유는 기도를 길게 해서가 아니라 그들을 부패하게 하는 가식 때문이었다.[117] 어떤 종류든지 위선은 몹시 불쾌한데, 특히 기도와 같은 진리의 문제에 있어서는 더욱 그렇다. 왜냐하면 예수님의 말씀에 따르면 '하나님을 예배하는 사람은 신령과 진정으로 예배해야' 하기 때문이다.[118]

보나벤투라는 성전 헌금함을 통해 드러난 가난한 과부의 관대함을 하나님 앞에서의 참된 의의 훌륭한 본보기로 제시했다.[119] 그녀는 프란치스코(Francis)와 그의 제자들의 정신을 정확히 구현했다. 보나벤투라는 이 내러티브를 해석할 때 상당한 주의를 기울였다. 그는 오늘의 기독교 교회와 마찬가지로 거룩한 예배와 죄 용서와 감사를 위해 경외하는 마음으로 어떻게 예물을 드렸는지 보여주면서 유대교 예배의 구약적 배경을 설명한다.[120] 예수님은 이 가난한 과부가 작은 동전 두 닢밖에 없는 것을 '가난한 이들을 바라보시던 친절한 시선으로 알아차리셨다. 이는 주께서 가난한 자들의 기도를 들으시기 때문이다.'[121] 하나님께 무엇을 드리든지 하나님은 그 의도와 마음, 희생의 무게를 달아보신다. 그레고리오 1세(Gregory the Great)의 말처럼 '하늘의 나라는 당신이 소유한 만큼의 비용만 든다.'[122] '더 많이 드리는 사람은 더 큰 마음으로 드리는 것이기에'[123] 과부의 작은 동전 두 닢은 그녀의 가난의 깊이와 그녀의 관대함을 보여주었다. 사실 그녀는 자신을 위해 아무것도 남기지 않고 모든 것을 드렸다. 보나벤투라는 '너의 소유를 모두 팔라'는 그리스도의 명령에 순종한 진정한 '복음주의 여성'으로 과부를 칭송한다. 그녀는 미래에 대해 염려하지 않았다.[124] 인간의 관점에서 볼 때 그녀의 행동은 경솔해 보였을지 모르지만, '그녀가 가진 모든 것을 드림으로 그녀는 그리스도를 참으로 본받는 자가 되었다.'[125]

이로부터 보나벤투라는 프란치스코회 형제들을 위해 중대한 결론을 내렸다. '모든 것을 버리는 것은 죄악된 행동이 아니라 완전한 행동이다. 덕의 뿌리는 주로 마음의 애정에 있고, 하나님은 선물의 크기보다 마음의 열정에 더 큰 무게를 두시기 때문이다.'[126] 그는 당시에 탁발의 소명이 기독교에 있어서 이질적이고 위험한 요소라고 비판했던 교회 내부 사람들에게 직접적으로 반박했다. 보나벤투라는 예수님께 인정받은 이 가난한 과부를 그리스도인의 완벽한 삶의 패러다임으로 보았다. 그녀는 영원하지 않은 것에 마음을 두지 않는 영혼이었고, 한때 기쁘게 여겼던 사회적 가치를 완전히 버린 과부였고, 인간이 일반적으로 묶여있는 것에서 자신을 끊어냈기 때문에 가난하게 되었고, 자기 부인과 겸손에서 비롯된 가난한 정신으로 동전 두 렙돈을 드렸기 때문이다. 그녀는 또한 이방인 교회를 대표하는데, 하늘에 계신 그리스도가 남편이 되신다. 그녀의 관대함은 그리스도 안에서 자신을 희생하시는 하나님의 관대함을 반영한다. 겸손한 하나님께 바친 그녀의 초라한 헌금은 자비를 간청하는 것이었다. 그녀는 믿음과 사랑을 드렸다. 그녀가 드린 믿음은 하나님이시자 사람이신 그리스도의 두 본성에 대한 믿음이었고, 그녀가 드린 사랑은 하나님과 이웃에 대한 사랑이었다. '하나님은 그녀가 겸손으로 드린 작은 동전을 가장 기쁘게 받으셨을 것이다.'[127] 그녀는 개인적으로 '그리스도의 제자들이 특별히 선택해야 하는 삶인 비범한 완덕으로 영혼을 인도하는' 청빈과 순결, 순종을 이루었다.[128] 이는 교회의 권면이기도 하다.

각주
9장 수난

1. 케노시스(Kenosis)는 자기 비움을 의미하며 기독교 신학에서 그 의미는 빌립보서 2장 7절에서 파생되었다.

2. 누가복음 18:31-4.

3. III.1772.

4. III.1773.

5. III.1774; 이사야 32:22 참조.

6. III.1778.

7. 시편 36:9. '관조하다'(Contuit)는 아우구스티누스에서 파생된 보나벤투라의 핵심 용어로 하나님의 조명에 비추어 참된 비전, 하나님의 은총에 의한 영적 직관이 가능함을 의미한다.

8. III.1779.

9. 누가복음 18:35-42.

10. III.1782 3: 이것은 보나벤투라 신학의 기본 원리이다.

11. III.1784.

12. III.1785-6.

13. III.1787.

14. 요한복음 8:12.

15. 누가복음 19:1-10.

16. 히브리서 7:25.

17. 마가복음 16:14-20에 대한 그레고리우스의 강론 II.29; B. Colgrave, (tr.) T*he Earliest Life of Gregory the Great,* (Cambridge, 1968) 85에 인용됨.

18. 누가복음 18:27; 보나벤투라는 삭개오에 관한 이 모범적인 복음이 새로운 기독교 교회의 봉헌식에서 읽혀진다고 언급한다.

19. III.1790.

20. III.1791.

21. III.1793.

22. III.1795.

23. III.1796; 보나벤투라의 사상에서 '관조'의 중요성에 대해서는 위의 주석 7을 참조.

24. III.1797-8.

25. III.1799-800.

26. III.1803.

27. 누가복음 19:11-28; III.1809.

28. III.1813; 에베소서 4:10-12 참조.

29. III.1819.

30. III.1836; 에베소서 2:17 참조.

31. 마태복음 25:14-30.

32. III.1830.

33. III.1831.

34. III.1836; 로마서 9:27 참조. 보나벤투라는 이것을 매우 확고하게 믿었고 유대인에 대한 그의 태도를 완화시켰다.

35. III.1837-8.

36. III.1839.

37. III.1840.

38. 요한복음 10:4 참조. 선한 목자는 양을 인도한다.

39. 누가복음 19:29-48; III.1843.

40. III.1845.

41. III.1851.

42. III.1853.

43. III.1855; 스가랴 9:9 참조; 또한 예수님과 동행하는 순례자들이 노래한 시편 118편도 있다.

44. III.1857.

45. III.1862.

46. III.1863.

47. III.1865; 예수께서 이 사건을 예언하시는 것과 관련해서 누가복음 13:34-5 참고.

48. Cf. 누가복음 2.14 참조.

49. III.1867.

50. 일년 전 유월절에 갈릴리 순례자들을 학살한 일이 있었다: 누가복음 13:1 참조.

51. III.1689; 지혜서 2:15 참조.

52. III.1870.

53. III.1871.

54. III.1872.

55. III.1874.

56. III.1875.

57. III.1883.

58. III.1884: 성직 매매는 중세 교회의 주요 문제였는데 교회 직분을 돈으로 팔았다. 단테는 자신의 《신곡》*(Divina commedia)*에서 보나벤투라를 소개할 때 보나벤투라가 이것에 의해 더럽혀지지 않았다고 했다.

59. III.1886 – 독특하고 인상적인 표현이다: 프란치스칸 내에서 가능한 출처에 대해서는 주석 324를 참조.

60. III.1887; 크리소스토모스의 강론 38장, 마태복음 21:12; 주석 325 참조.

61. 누가복음 19:47-8.

62. III.1890.

63. III.1891.

64. 누가복음 20:1-8;어떤 이유에서인지 보나벤투라는 여기서 예수를 비판하는 사람들을 바리새인으로 묘사한다.

65. III.1895.

66. III.1898; 요한복음 1:18 그리고 5:35 참조.

67. III.1900; 로마서 1:28 참조.

68. 누가복음 20:9-18.

69. 이사야 5:1-7.

70. 히브리서 11:35-8 참조: 모든 선지자들이 순교했다고 널리 받아들여지고 믿어졌다.

71. 누가복음 20:16.

72. 시편 118:22: 누가복음 19장 38절에서 예수님이 그 도시에 들어가실 때 환호하는 순례자들의 입술에 있었다; 이 구절은 초기 기독교 변증법에 널리 사용되었다: 사도행전 4:11 그리고 베드로전서 2:7 참조; 이사야 28:16 참조. '다른 이들'(the others)은 물론 누가와 보나벤투라가 그토록 관심을 두었던 이방인이었다.

73. 이사야 8:14-15; 바울이 로마서 9장 33절에서, 베드로가 베드로전서 2장 8절에서 사용했다. 누가복음 2:34 복음 참조.

74. 누가복음 20:19.

75. III.1903.

76. III.1905.

77. III.1908.

78. III.1906-10.

79. III.1910.

80. 요한복음 3:16.

81. III.1911.

82. III.1912.

83. III.1913.

84. 보나벤투라는 예수님을 반역하는 사람들의 동기를 분석할 때 지혜서를 크게 활용한다. 그리고 예수님의 운명은 형들의 손에 맡겨진 요셉의 운명과 평행을 이룬다.

85. III.1917.

86. III.1918.

87. III.1919.

88. III.1919-20.

89. 누가복음 20:20.

90. 누가복음 20:21-6.

91. III.1924.

92. III.1928; 보나벤투라는 바울이 로마서 12장 1-2절에서 가르친 것을 인용한다.

93. 누가복음 20:27-40; 토비트서 3:8-9 참조 – 독실한 유대인인 사라는 일곱 번 결혼했지만, 결혼이 성사되기 전에 모든 남편이 악마에 의해 죽임을 당했다.

94. 사도행전 23:6-10 참조: 바울은 예루살렘에서 재판을 받을 때 이 부활 문제를 두고 바리새인들이 사두개인들을 대적하게 만들었다.

95. III.1931; 이것은 그가 여기에서 인용한 크리소스토모스의 견해이기도 하다.

96. III.1932.

97. 고린도전서 15:35-8.

98. III.1937.

99. III.1937; 보나벤투라는 마태복음 22장 29절에 기록된 대로 그들을 향한 예수님의 예리한 답변을 인용한다.

100. III.1938.

101. III.1940; 보나벤투라를 지지하기 위해 요한계시록 21장 17절에서 인간과 천사를 연관시키는 흥미로운 텍스트를 인용한다.

102. I 요한복음 3:2; 여기서 그리스도인의 소명은 '신성한 성품에 참여하는 자'가 되는 것이다. 베드로후서 1:4 참조.

103. III.1940.

104. III.1941.

105. III.1942.

106. 이사야 28:22 참조: 벌게이트역은 'consummationem enim et abbreviationem audivi, a Domino Deo exercituum, super universam terram'이다. 중세 신학자들은 이것을 인간의 육신으로 '압축된' 하나님의 말씀이신 그리스도를 암시하는 것으로 해석했다. III.1943 참조; 주석 126.

107. 누가복음 20:41-4.

108. III.1944.

109. 사도행전 2:34-5 그리고 히브리서 1:13.

110. III.1946.

111. III.1946; 각주 135는 하나님의 말씀의 영원한 본질을 명확히 하기 위해 안셀무스의《독어록》*(Monologium)* 32장을 인용한다.

112. III.1949.

113. III.1950; 암브로시우스 인용.

114. Ibid.: reducere - 'reduce'라는 단어는 여기에서 '단일 원칙으로 되돌아가다'를 의미한다.

115. 누가복음 20:45-7.

116. III.1955.

117. III.1956.

118. 요한복음 4:24.

119. 누가복음 21:1-4.

120. III.1961.

121. III.1962; 이사야 66:2 그리고 시편 101:18 인용.

122. III.1962; 그레고리우스 설교집 5.n2 인용. D. Hurst (tr.), *Gregory the Great – Forty Gospel Homilies* (Michigan, 1990) 참조.

123. III.1963.

124. III.1964; 누가복음 18:22 인용 – 주요 프란치스칸 본문.

125. III.1965; 고린도후서 8장 9절을 다시 인용.

CHAPTER 10

십자가와 부활

십자가와 부활

세상의 종말

보나벤투라는 누가복음의 이 본문을 전통적인 교부주의적 주요 노선에서 벗어나지 않고 주해했다. 그는 다가오는 종말에 대한 그리스도의 일반적인 말씀, 임박한 교회 박해, 주후 70년에 일어날 예루살렘의 멸망, 최후 심판의 징조, 21장의 나머지 본문을 이렇게 네 부분으로 나눠서 다뤘다.[1] 예수님은 성전에 대한 제자들의 잘못된 인식을 도전하셨다. 그들은 실제적인 것은 참되고 영적인 것으로, 순간적이고 썩어질 것은 영원한 것으로 착각해서 성전이 담고 있는 참된 하늘의 예배에 시선을 돌리지 못했다.[2] 성전을 포함한 거룩한 성의 종말은 구체적이고 최종적이며 마지막 때에 만물의 소멸을 가리키는 징조가 될 것이다. 보나벤투라는 마가복음을 보면 예수께서 가장 가까운 제자인 베드로, 야고보, 요한, 안드레에게만 이 일과 관련된 가르침을 주셨다고 언급한다.[3] 예수님은 기독교에 대한 전반적인 박해를 설명하신 이후에 사도들과 사도들의 길을 따르는 모든 이들에게 닥칠 맹렬한 공격을 예언하셨다.[4] 그러나 순교자들의 증언은 오히려 하나님의 사랑의 실재, 그들 자신의 덕, 악에 대한 정죄, 복음의 진리에 대한 증거가 될 것이다.[5] '이런 거룩한 순교자들의 증언은 기독교 신앙을 신빙성 있게 만든다.'[6] '진리는 잠시 무너지더라도 다시 일어설 것이다.'[7] 보나벤투라는 가족과 친구들, 그중에서도 특히 부모님에게 개인적으로 받는 박해로 인한 영향을 주목한다. 이때 그는 아마 프란치스코(Francis)와 성 클라라(St. Clare)의 길을 따랐던 자들이 지불해야 했던 대가를 염두에 두고 있었을 것이다. 그는 그리스도인들이 '그리스도의 이름을 믿고, 사랑하고, 전파하고, 따르는' 이유 외에 다른 이유 없이 박해를 받을 수 있다는 사실이 얼마나 놀라운 일인지 언급한다.[8] 순교를 기대하는 것은 초기 프란치스코회 영성과 사명에 중요한 요소였다. 그럼에도 불구하고 기독교인들의 곤경은 하나님의 섭리를 보여주며 그들의 내적 보호 의식은 인내로 표현된다. 기독교의 인내는 이성을 다스리고, 화를 누그러뜨리고, 갈망을 표출하고, 그 갈망을 행동으로 표현하는 방식에 있어 하나님의 인내가 반영된다.[9] 이러한 결단력 있는 인내는 비록 다양한 형태의 순교로 이어질지라도 그 자체로 보상을 가져온다.

복음서에는 예루살렘과 예루살렘 성전의 임박한 멸망을 예고하시는 예수님의 예언이 한 번 이상 기록되어 있는데, 예수님은 예언하셨다는 죄로 정죄 받으셨다. 또 보나벤투라에게 거룩한 성의 곤경은 이 세상에 있는 하나님의 교회가 처한 곤경에 비유되기도 한다.[10] 로마의 맹공격 당시, 유대 기독교인들의 도피는 '위험을 피해 불완전한 자들이 도망치는 것이 허용되었기 때문에' 그들에게 즉각적인 구원이나 다름없었다.[11] 때때로 기독교 지도자들이 양떼를 보호하기 위한 자신들의 리더십을 지키기 위해 이런 식으로 행동하는 것이 적절할 수 있다.[12] 보나벤투라는 전통적인 교부주의 주석을 따라 예루살렘과 예루살렘 성전이 AD 70년에 역사적으로 함락된 사건은 예수님을 배신하고 살해한 것에 대한 직접적인 결과라고 주장했다. 보나벤투라는 당시 성직자들의 부패를 즉시 질책하면서 그들에게 유사한 심판을 경고했다.[13] 로마인들이 유대인에게 행사한 끔찍한 폭력은 심판의 날이 다가오고 있다는 사실에 비추어 봤을 때 인류를 멸망으로 몰고 갈 최후의 폭력에 대한 예고였다. 그러나 그날이 오기 전에 유대인들은 회복할 것이고 이방인의 지배에서 해방될 것이다. '주님의 진노에 자비가 없지 않기 때문이다.'[14] 창조된 세계에 일어나는 대격변은 이런 두려운 날들을 동반할 것이고, 인간과 천사 모두에게 영향을 미칠 것이다. 보나벤투라는 15일이라는 틀 안에서 최후의 재앙을 설명하는데, 그는 자신의 《명제 주석집》*(Sentence Commentary)*에도 이 틀을 사용했다.[15]

예수님은 제자들에게 하나님의 구원이 임박했음을 느끼며 믿음과 소망이 충만한 상태에서 기뻐하라고 명하셨다.[16] 그러므로 흔들리지 않는 기대와 명확한 비전은 영적인 사람들의 진정한 특징이다. 보나벤투라는 무화과나무 비유가 하나님에 의해 창조되고, 맺은 열매로 심판을 받는 인류를 대표한다고 보았다. '겨울이 지난 후에 나무가 열매를 맺듯이, 인간도 고난 후에 열매를 맺으며,' 하나님의 영원한 나라에 여름이 다가오면 무르익게 될 것이다.[17] 그러므로 '영원히 견디고자 하는 사람은 덧없는 것에 속지 말고, 그것을 버리고 기록된 말씀을 붙들고 영원한 것을 향해 나아가야 한다.' 그리스도의 말씀만이 유일하게 남을 것이기 때문이다.[18] 따라서 그리스도인은 세 개의 과도기를 통과하거나 거쳐야 한다. 죄에서 회개로, 회개에서 지혜로, 그리고 지혜에서 영생으로 넘어가면 진짜로 하나님의 유월절을 기념하게 된다.[19] 진리와 덕을 등한시하거나 관상을 방해하는 모든 것을 경계해야 한다. 이 땅의 소유를 의존하는 것은 올무가 되며, 재앙이 닥쳤을 때 그대로 드러난다. 그러므로 유일하고 확실한 길은 깨어서 기도하는 것과 도덕적, 영적 위험을 경계하는 것과 덕을 행하는 것과 부지런히 관상하는 것이다.[20] 하나님의 심판은 모든 그리스도인이 자신의 삶에 지대한 책임을 져야 하는 것을 의미한다. 특히 교회의 리더십을 위임받은 사람들, 즉 '때를 얻든지 못 얻든지 긴급히 말씀을 전파'하도록 부름을 받은 자들은 더욱 그렇다.[21]

최후의 만찬

누가복음 22장은 보나벤투라에게 있어 새롭고 뚜렷하게 다른 세 번째 단계, 즉 그리스도의 '수난'의 희생이 집중 조명되는 장이다.[22] 이는 유다의 음모, 최후의 만찬, 예수께서 제자들에게 마지막으로 지시하신 것, 겟세마네 동산에서 겪으신 고통 등 네 가지를 통해 준비된다. 유월절은 예수님의 죽음을 준비하기 적절한 시기였다. '유월절은 예수님의 죽음에 대한 예표가 되었다.'[23] 제사장들과 서기관들이 보인 적대감은 거룩한 선생으로서 자신들의 소명을 배반하는 행위였고, 백성을 두려워하는 그들의 마음은 자신을 기만하게 했다. 유다의 배신은 예수님과 나눈 우정과 예수님의 제자로서 자신의 존엄성을 부인하는 혐오스러운 행동이었다. 그의 탐욕은 악이 개입할 수 있는 문을 열어 주었고, 이는 그가 비밀스럽게 움직인 것에 반영된다.

누가복음에서 유월절을 위한 만찬을 준비한 것이 성만찬을 시작하게 된 배경이다. 성찬 때 빵에 누룩이 없는 이유는 당시 로마의 관습을 따랐기 때문이다.[24] 보나벤투라는 복음서에서 사용하는 '유월절'이라는 단어의 의미를 희생당할 어린양, 유월절 만찬에 차려진 특별한 음식, 유월절 그 자체를 포괄하는 의미로 확대한다. 그래서 예수님은 유월절 전날 밤을 자신의 희생이 시작되는 날로 성별하셨다. 이 중요한 순간에 예수님은 자신과 가장 가까운 베드로와 요한을 의지하셨다. '한 명은 더 사랑하는 자였고, 다른 한 명은 더 사랑받는 자였다.'[25] 예수님은 도시 안에 적들의 눈을 피할 수 있는 안전한 장소를 사전에 준비하셨다. 아마 그 집은 이름 없는 예수님의 제자 중 한 명의 집이었을 것이다. 물 한 동이를 가지고 가는 사람이 바로 그 표시였다. 보나벤투라에게 있어 거룩한 도시 예루살렘의 다락방은 교회 안에 숨어 있는 관상가의 삶을 의미하기도 한다.[26] 이들은 그리스도께서 마음의 문을 두드리실 때 자신들의 마음을 연다.[27]

이러한 성찰은 보나벤투라가 항아리에 담긴 물을 나르는 일의 중요성을 깊이 묵상하게 했다.[28] 세례는 그리스도의 성전에 들어갈 수 있는 유일한 방법이며, 예수님은 물로 함께 식사하는 사람들의 발을 씻기셨다. '받은 세례를 더럽힌 사람 중에 폭풍 같은 눈물을 흘리지 않고 성찬에 합당하게 참석할 자는 없다.'[29] 그리스도의 물이 항아리(Amphora: 초기 교회에서 성찬 전례 때 쓸 포도주를 저장하는 항아리-역자주)에 숨겨져 있을지라도 소생하게 하는 힘이 있고, 거룩한 가르침과 하늘의 은혜로 가득 차 있다. 예수님의 가르침에 순종한 제자들은 구원과 치유의 복음을 선포하는

데 있어 그들의 발자취를 따르는 모든 사람에게 모범이 된다. '세상은 미움을 받고 하나님은 사랑을 받으시도록 모두 외쳐야 한다. 이는 보이는 세계에서 보이지 않는 세계로, 일시적인 것에서 영원한 것으로, 죽음에서 생명으로 건너가는 유월절을 기념하기 위해서다.'[30]

보나벤투라는 요한복음을 참고해서 예수께서 제자들과 함께 식탁에 편한 자세로 앉으신 사실에 주목한다. 이는 '제자들과 놀라운 친밀감을 형성하신 것을 보여준다… 주님께서 제자들과 훌륭한 방식으로 사랑을 주고받으신 것이 분명하다.'[31] 이 사랑이 성찬의 기초이자 그리스도의 몸인 교회의 일치를 이루는 기초이다.[32] 유월절 만찬에서 일어나는 모든 일은 이제 예수께서 하나님의 어린양이 되시는 모습이다. 그리스도의 수난을 통해 정의가 실현되고, 지식이 열리며, 영광에 도달하는 길이 회복되었다.[33] 그리스도의 말씀은 자신의 몸이기도 한 성찬의 빵을 창조해냈는데, 그 달콤함은 만나에서, 그 가치는 멜기세덱의 봉헌물에서 예측될 수 있었다. 이는 그리스도가 '오직 말씀만으로 빵을 자신의 몸으로 변화시키셨기' 때문이다.[34] 하나님의 말씀은 즉각적이고 창조적인 효과가 있다. 빵을 가지신(taking) 것은 말씀이 육신이 되신 그리스도의 성육신을 상징한다. 감사(thanksgiving)는 예수님의 몸인 교회에 그분의 은혜가 흐르는 것을 시사한다. 빵을 떼는(breaking) 것은 수난의 잔혹함을 상징한다. 빵을 주시는(giving) 것은 그리스도 안에서 하나님의 사랑이 넘치는 것을 의미한다. 그러므로 '성찬은 최고의 선물이다.'[35]

자신의 수난과 더불어 부활의 능력과 사랑을 기억하기 위해서 '너희가 이를 행하여 나를 기념하라'는 예수님의 명령은 성찬을 재현할 권한을 그리스도께서 주신 것이기에 사제직의 기초가 된다. '이는 살아

있는 진정한 기림(remembrance)이다. 과거를 기념하는 표시일 뿐만 아니라 현존하는 무언가에 대한 흔적 같은 표시이기 때문이다.'[36] 성찬에 참여하는 모든 사람은 거룩하게 되고, 강화되고, 대속을 받는다. 성찬식의 희생적 성격은 그리스도의 육체의 실재성에 내재되어 있다. 교회의 가르침은 예수께서 성찬의 잔(chalice: 성배)을 축복하신 다양한 형태를 요약하고 있다. 당시 관례를 따르면 물과 포도주를 섞는 것은 인간이 되신 그리스도의 겸손을 대표한다. 또한 '물이 포도주와 하나가 된 것 같이 그리스도와 함께 하는 자들도 그분과 하나가 된다.'[37] 새 언약은 오직 그리스도께서 화평을 이루시기 위해 십자가에서 흘리신 피에 의해서만 성별 되고 실현될 수 있다.

이와 대조적으로 '배신자의 배은망덕함은 매우 고귀한 성찬의 은혜에 대한 직접적인 공격'이었다.[38] 그러나 만찬에서 예수께서 유다에게 보이신 반응은 어떻게 원수를 사랑해야 하는지, 어떻게 그들의 존재를 용인하고 손을 내밀어야 하는지 보여주신 강력한 본보기이다. 그러나 '그 큰 겸손과 그토록 큰 사랑과 큰 친밀감도 배신을 막지는 못했다.'[39] 오히려 자신을 내주시므로 인자의 고난에 관한 구약의 예언을 성취하셨다. 하나님은 자신의 사랑을 최고로 표현하시기 위해 이 희생을 원하셨고, 그리스도는 그 뜻에 순종함으로 원하셨다. 반면에 예수님의 원수들은 그들의 잔인함으로, 유다는 자신의 탐욕으로 이 비통한 일련의 사건들을 원했다. 다른 제자들의 불안에도 불구하고 '주님은 유다의 이름이 밝혀지는 것보다 다른 제자들이 근심하는 쪽을 택하셨다.'[40] 예수님의 세심함은 그분의 사랑을 보여주는 척도였다.

이 숨겨진 위기 속에서 제자들은 누가 더 크고 중요한지 공개적으로 다투기 시작한다. 예수님과 바울 모두 이렇게 지위를 놓고 다투는 것을 정죄했다. 주교의 죽음이 가까워지면 성직자들이 후계자 후보에 줄을 서기 시작하는데, 보나벤투라는 이를 예리하게 제자들의 행동과 비교했다. 이에 대한 유일한 해결책은 행동으로 표현되는 마음의 겸손이다. 여기서 핵심은 권력 또는 지위를 사랑하는 마음이 있냐는 것이지 정당한 순서가 중요한 것이 아니다. 예수께서 '나는 섬기는 자로 너희 중에 있노라'고 말씀하셨기 때문에, 오히려 그분의 겸손한 모범을 충분하게 여기고 따라야 한다.[41] 이런 겸손 앞에서 교만은 위험한 것일 뿐만 아니라 잘못된 것이다.[42] 하나님의 나라에서 몫을 주시겠다는 약속은 이 치명적인 인간의 열망을 무가치하게 만든다. '아버지께서는 겸손을 통해 아들을 높이실 것을 확정하셨기' 때문이다.[43]

예수님은 제자들에게 곧 닥칠 유혹에 대해 경고하셨다. '위험이 닥쳤을 때 폭력에 반대하는 것이 필요하고, 미혹되지 않도록 주의하는 것이 필요하다.'[44] 거룩한 백성들이 환난을 통해 정결해지므로 키질하는 비유는 티끌보다 더 큰 진리를 담고 있다. 예수님은 베드로가 넘어지지 않기를 기도하신 것이 아니라 그의 믿음이 떨어지지 않기를 기도하셨다.[45] 그리고 그 일은 실제로 일어났다. 마찬가지로 교회가 타격을 받을 수 있지만 파괴되지는 않는다. '하나님이 다른 교회들을 견고하게 하시려고 로마의 교회에 이 견고함을 세우셨다.'[46] 그러나 예수님은 베드로의 열의와 주제넘음을 알아보셨다. '그리스도를 위해 그리고 그리스도와 함께 죽는 것은 가장 완전한 사랑의 일이기 때문이다.'[47] 예수님은 아직 완쾌하지 않았는데 자신을 건강하게 여기는 환자를 대하시듯 베드로에게 말씀하셨다. '그리스도의 예언은 상황을 미리 예견한 게 아니

다. 오히려 인간 의지의 자유에 대해 미리 알리신 것에 가깝다.'[48]

베드로가 극심한 공포에 사로잡혀 예수님을 부인했을 때 그는 충분히 경계하지 못했다. 예수님은 제자들을 선교사로 파송하신 방식을 상기시켜 주셨다. 예수님은 자신의 가난이 하나님에게서 온 것이며 초대교회가 실천해야 하는 것임을 보여주셨다. '내면이 충만한 외적 결핍은 결핍으로 여겨서는 안 되며 오히려 부유함으로 받아들여져야 한다.'[49] 반면에 낯선 사람과 박해할 가능성이 있는 자들을 대상으로 선교하는 일에는 잠재적인 위험이 있으므로, 자기방어를 할 수 있도록 신중하게 대비해야 한다. 여기서 검을 사라는 예수님의 명령은 교부들과 중세 주석가들로 하여금 많은 자기 성찰을 하게 만들었다. 예수님의 비폭력적인 가르침과 본보기를 고려할 때 이 말씀은 무엇을 의미하는 것일까? 보나벤투라는 영적인 의미에 무게를 둔다. '검'은 진리를 열망하고 죄를 대적하는 것을 상징한다.[50] 그러므로 제자들이 제공한 두 개의 검은 아마도 교회의 유일한 방어 수단인 두 개의 언약을 상징할 것이다. 보나벤투라는 베르나르(Bernard)의 전통적인 해석도 지지했다. '물리적인 검은 교회를 대신해서 휘둘러야 하고, 영적인 검은 사제와 황제의 명령 아래 교회가 휘둘러야 한다.'[51] 그러나 예수께서 무장한 제자들 속에서 체포되신 이유는 정말로 '죄인과 같이 여겨지기' 위함이셨다.[52] 당시 열심 당원들의 테러가 매우 우려되는 상황이었기 때문에 로마 총독은 해로운 불만과 종교적 동기에 의해 한 해 전 일어났던 폭력을 막기 위해 유월절 동안 예루살렘에 머물러야 했다.

예수님은 겟세마네 동산에서 어떻게 기도해야 하는지 본을 보여주셨다. 그분의 기도는 '나라가 임하시오며 뜻이 이루어지이다'라는 주기도문의 가르침을 성취하는 기도였다.[53] 보나벤투라는 여기에서 기도의 일곱 가지 패턴을 식별해서 각 특성을 완전하고 신중하게 다루었다.

기도는 첫째로 개인적이고 은밀해야 한다. 감람산은 바로 그런 장소였으며 기름부음과 마지막에 그리스도의 승천과도 은밀하게 연관되어 있었다. 마가복음에 따르면 예수님은 변모하셨을 때와 마찬가지로 자신의 기도 생활과 밀접했던 베드로, 야고보, 요한과 동행하셨다.[54] 둘째는 유혹이 항상 가까이 있으므로 늘 합당한 주의와 관심을 기울여 기도해야 한다. 이것이 주기도문에 나오는 유혹과 관련된 말씀의 의미이다.[55] 셋째는 무릎을 꿇고 앉은 예수님의 기도자세다. 이는 그분의 '헌신과 겸손, 경외하는 마음'을 보여준다.[56] 예수님은 제자들과 어느 정도 거리를 두고 앉으셨는데, 이는 그분의 내적 은둔과 자기 생활의 표시였다. 넷째로 예수님은 쓰디쓴 고난의 잔이 다가옴에 따라 자신의 의지를 아버지께 순복하시며 신중하게 기도하셨다. 예수님은 자신의 진정한 인성과 겸손, 그리고 자신을 따르는 연약한 제자들에게 모범을 보이시기 위해 이러한 방식으로 기도하셨다.[57] 다섯째 그분의 기도는 '본성과 은혜 사이에서, 이성과 육체적 감각 사이에서' 극심한 내면의 싸움을 표현하는 강렬하고 값비싼 기도였다.[58] 마지막으로 내면의 고통이 얼마나 강렬했는지 예수님은 피땀을 흘리셨다. 여기에는 교회를 위한 기도와 인류의 구원을 위한 예수님의 영원한 기도가 내포되어 있다. 보나벤투라는 프란치스코(Francis)가 어떻게 성흔을 받게 되었는지도 염두에 두었을 것이다.

보나벤투라는 주님께서 어떻게 여섯 차례 피 흘리셨는지 설명한다. 할례를 받으셨을 때, 기도하셨을 때, 채찍질 당하셨을 때, 가시관을 쓰셨을 때, 십자가에 못 박히셨을 때, 그리고 옆구리에 창이 찔리셨을 때이다. 마지막으로 기도는 신중함이나 보살핌을 배제하지 않는다. 예수님은 졸리고 마음이 상한 제자들을 돌보시기 위해 기도 중에 세 번이나 일어나셨다. '예수님은 자신의 대상들과 하나님께 가장 헌신하셨으며 깨어 계셨다.'[59] 예수님의 세 가지 기도는 유혹의 세 가지 본질에 맞서 우리가 삼위일체 하나님께 드릴 수 있는 기도의 본보기가 되었다.[60] 이때 하나님의 세 가지 선인 용서, 은혜, 영광을 받기 위해서 믿음과 소망과 사랑의 세 가지 덕을 따라 기억과 지성과 의지라는 삼중적인 능력을 이용해야 한다. 예수님의 이런 삼중적인 방문은 주님께서 세 가지 방식으로 영혼을 찾아오시는 것을 의미한다. 예수님은 열정을 심어주시고, 생각을 빛으로 채우시고, 마음을 갈망으로 불타오르게 하시기 위해 찾아오신다.[61] 따라서 보나벤투라는 누가복음의 이 중요한 사건으로부터 완전한 기도의 패턴을 추출했다.

예수님이 당하신 수난의 마지막 단계에는 체포, 조롱, 고발, 정죄, 십자가에 못 박히심, 죽음, 장사라는 여섯 가지 측면이 있었다.[62] 보나벤투라의 접근은 이 시점에서 불가피하게 공관 복음적이었고, 적절한 경우 다른 복음서에 기록된 내용들을 잘고해서 취합했다. 예수님은 자신의 변함없는 은혜를 나타내시기 위해 유다의 거짓된 배신의 입맞춤을 받아주셨다.[63] 제자들의 폭력적인 반응에 대응하신 예수님의 모습에서 그분의 인내와 치유의 능력이 드러났다. 그리스도를 미워하는 자들은 '빛을 미워하고 인류의 형제, 즉 예수님을 미워한다.'[64] 베드로가 대제사장의 집 뜰을 배회하다가 예수님을 세 번 부인한 일은 베드로의 나약함을 보여준다. '우리가 마음, 입술, 행동 이 세 가지 방법으로 하나님을 대적할 수 있다는 것을 보여주기 위해 그는 세 번 부인하도록 용납을 받았다.'[65] 예수께서 닭 울음소리로 경고하신 것에서 베드로를 긍휼히 여기시는 마음이 드러났고, '인간의 눈이 아니라 하나님의 눈으로' 베드로를 똑바로 응시하신 것에서도 그분의 마음을 알 수 있었다.[66] 베드로의 눈물은 깊은 죄책감의 표현이었다. 그러나 이는 회복의 유일한 토대로서 값비싼 회개의 본보기가 된다.

예수님을 조롱한 이유는 그분이 능력이 없어 보였기 때문이고 또한 소위 선지자라 불릴 만한 예지력이 부족해 보여서였다. 예수님의 인내심은 적들의 비난을 무시했다. 한편 예수님을 죽이려는 고위급 음모자들은 이제 그들이 손에 쥐고 있는 예수님의 정체가 궁금해서 함께 의논했다. 그들의 노림수는 예수님의 말씀으로 예수님을 함정에 빠뜨리려는 것이었으나 예수님은 단순히 '내가 말할지라도 너희가 믿지 아니할 것이요 내가 물어도 너희가 대답하지 아니할 것이니라'고 간단하게 답하셨다.[67] 인자의 도래에 대한 예수님의 예언은 '네가 정말 하나님의 아들이냐?'라는 신성모독으로 비난이 번지게 만들었다. 벌게이트 본문은 헬라어로 기록된 예수님의 답변을 '너희들 스스로 내가 그렇다고 말한다'로 번역하고 있다.[68] 신성모독에 대한 처벌은 사형이었다.

정죄

보나벤투라는 제사장들이 로마 총독 빌라도 앞에서 예수님을 공식적으로 정죄한 근거를 주의 깊게 분석한다.[69] 그들은 비난의 근거로 내세웠던 체제 전복과 납세에 대한 비판을 제쳐두었다. 빌라도는 예수께서 어떤 종류의 왕인지에만 관심을 보였다.[70] 그러나 '빌라도는 그에게 사형에 해당하는 죄를 찾지 못했다.'[71] 예수께서 선동하셨다면 그것은 정치적인 이유가 아니라 오히려 양심의 가책(compunction)과 환희(exultation)를 유발하기 위해서였을 것이다. 이 두 가지는 하나님께서 예수님을 통해 일하시는 구속 사명의 두 가지 측면이다.[72] 빌라도는 예수께서 갈릴리 출신이기 때문에 자신이 바라던 대로 헤롯에게 책임을 전가했다. 그러나 헤롯의 관심은 진심이 아니라 단순한 호기심이었다. 예수님의 침묵은 비난과 역경 앞에서 신중함, 인내, 무고함, 자신감, 인내의 본보기가 되었다.[73] 이와는 대조적으로 성직자들의 악의적인 끈기는 그들의 시기심으로 인해 사그라지지 않을 것이다. 헤롯의 조롱은 예수께서 받으신 수치를 더했다. 누가는 예수께서 받으신 최후의 판결을 사악하고 무자비한 결정으로 묘사했다. 예수님은 빌라도와 근본적으로 왜곡된 부당함에 갈취를 당하셨다.[74] 제사장들이 선동한 군중들은 피를 보기 원했으며, '가장 자비로운 주님보다 가장 무자비한 살인자를 선택했다.'[75] 군중들의 압박에 굴복한 빌라도는 비굴했다. 정당한 법적 절차도 없이 폭도처럼 예수님을 십자가에 못 박으라고 외치는 그들의 잔혹함은 실제로 로마인들에 의한 그들 자신의 압제를 상징하는 길고, 고통스럽고, 수치스러운 죽음으로 예수님을 내몰았다. '그들은 저주받은 자처럼 예수님께 저주의 형벌을 내리기를 원했다.'[76] 예수님은 그들의 희생양이 되어야 하셨다. 예수님을 향한 정죄는 정당하지 않았기 때문에 도리에서 벗어나는 것이었다.[77] 보나벤투라는 예수님의 파멸에 대한 궁극적인 도덕적 책임이 그분을 고발한 제사장들에게 있다고 지적한다. 빌라도는 '결국 무너졌고, 의와 자비, 자기 뜻과 올바른 이성의 명령을 거역했다.'[78] 그는 로마의 가이사를 두려워하는 것같이 폭도들을 두려워했다. 잠언에 '사람을 두려워하면 빨리 무너져 내린다'는 말씀이 있다.[79]

십자가에 못 박히심과 장례

보나벤투라는 기존 주석을 바탕으로 풍부한 성경 참고 문헌을 구축하면서 예수님의 십자가 처형에 대해 세심한 주의를 기울여 해석한다.[80] 그는 베다(Bede)의 뒤를 이어 구레네 시몬이 이방인의 개종을 대표한다고 보았다. 여자들의 애도는 그들의 타고난 공감과 동정심을 반영했다. 그들은 이 드라마 내내 '그리스도를 더 열정적이고 꾸준하게 사랑했다.'[81] '가난하고 고통받지만, 사랑스럽고 가장 후하신 그리스도는 가장 자비로운 마음으로 긍휼히 여기심을 받아야 한다.'[82] 예수님은 영적인 죽음에서 인류를 구원하시기 위해 죽임을 당하셔야 했기에, 그들에게 인류의 죄를 슬퍼하라고 말씀하셨다. 예수님은 다시 한번 자신을 배신하고 파멸시킨 대가로 예루살렘과 그 백성에게 닥칠 재앙이 임박했음을 예언하셨다:[83] '푸른 나무에도 이같이 하거든 마른 나무에는 어떻게 되리요 하시니라.'[84]

예수께서 십자가에 못 박히신 상황은 '죄인으로 취급을 받으신' 그분의 겸손을 다시 한번 보여주었다.[85] 두 범죄자는 '현재 환난의 십자가에 매달린' 인류를 대표한다.[86] 그들은 또한 그리스도와 함께 십자가에 못 박혀야 하는 세상과 육체를 상징한다.[87] '그러나 영의 십자가는 소망, 사랑, 두려움, 슬픔으로 이루어진 네 개의 팔을 가진 열렬한 자기희생이다.'[88] 자신을 십자가에 못 박는 자들을 위한 예수님의 기도는 그들에게 유익했다. 그분의 기도는 '자기 자신을 드리면서 백성의 구원을 위하여 중보하는' 참 대제사장의 행동이었다.[89] 모든 그리스도인, 특히 주교와 목사는 박해자를 위해 기도함으로써 이 모범을 따라야 한다. 한편 예수님은 제사장들과 관원들과 군인들에게 잔인하게 조롱을 받으셨다. 그분은 인간이 당할 수 있는 모든 면에서 고난을 받으셨다. 예수님의 귀는 모욕의 말을 들으셔야 했고, 눈은 눈물을 흘리셔야 했고, 육체는 매를 맞고 고문을 당하셔야 했다. 그리고 예수님의 입과 혀는 조롱으로 건넨 식초를 맛보셔야 했다.[90] 그러나 회개한 강도는 자신의 고백과 신뢰와 기도로 예수님과 그분의 신성한 능력에 대한 참된 믿음을 드러냈다.[91] 그리고 예수님은 그의 믿음에 반응하시며 자신에게 돌아오는 자들을 구원하실 수 있음을 보여주셨다. 보나벤투라는 약속된 낙원을 기쁨의 동산, 하늘의 고향, 영광의 비전으로 능숙하게 묘사했다. 또 낙원은 은혜와 하나님을 경외함과 그리스도의 환시(beatific vision)의 원천인 교회와 성모 마리아의 신비를 상징한다.[92]

누가는 예수께서 제 육시쯤, 즉 정오가 되어 어떻게 돌아가시기 시작했는지 설명한다.[93] '이 여섯 시와 여섯 번째 시기와 한 주의 여섯째 날에, 예수님은 여섯째 날에 완성된 인류를 위해 십자가에 못 박히셨다.'[94] 자연이 괴로워했고, 예루살렘 성전 휘장은 예수님의 숨겨져 있던 신성에 대한 표징으로 찢어졌다. 보나벤투라는 히브리서를 통해 예수께서 돌아가시면서 통곡과 눈물을 흘리셨을 것으로 추측했다.[95] 이는 인간으로서 겪으신 실제적인 고통이었다.[96] 그러나 백부장의 반응은 이방인의 믿음을 대표했다. 그렇지 않으면 마지막에 예수님의 어머니만 다른 여인들과 함께 예수님 곁에 남았고, 다른 모든 사람은 떠났다. '예수께서 가장 가난한 상태에서 멸시를 받아 지금은 죽임을 당하셨기 때문이다.'[97] 그러나 마리아는 사랑으로 '예수께서 고난을 겪으시는 동안 고역과 슬픔 가운데' 그분 가장 가까이에 머물렀다.[98]

예수님을 따르던 여인들이 목격하고, 아리마대 요셉의 보호와 개입 하에 치러진 예수님의 장례를 모든 복음서가 공들여서 전하고 있다. 보나벤투라는 마리아의 남편과 같은 이름을 공유하는 요셉을 인간의 본성과 그의 민족의 전통에서 선한 모든 것의 전형으로 묘사한다.[99] 그는 위엄과 선함과 정의를 갖춘 사람이었고, 예수님을 파멸시키려는 음모에 가담하지 않았다. 요셉은 선지자 사무엘과 같은 고향 출신이었으며, 경건하고 하나님의 나라를 고대하는 인물이었다. 그는 용감하고 단호하게 빌라도에게 접근했고, 예수님에 대한 충성심을 숨기지 않았다. 기독교 지도자로 부름을 받은 사람들의 삶은 힘, 성실함, 덕을 끼치는 행동양식, 정의, 결백함, 깨어있음, 자신감으로 특징지어져야 하고, 화평하고 연합을 깨트리지 않는 방식으로 행동하므로 그들 가운데 함께 하시는 십자가에 못 박히신 그리스도를 영접하기에 적합해야 하는데, 요셉은 이들에게 좋은 본보기가 된다.[100] 성찬식에 사용되는 성체포(corporal)는 아리마대 요셉이 제공해서 그리스도를 감았던 천을 상징한다. 바위를 파서 만든 새 무덤은 예수님의 정결하심과 어울렸고, 일곱째 날은 예수님을 장사 지내고 안식하기에 적합한 날이자 '밤이 빛으로 마무리될' 엄숙한 부활절 안식일이었다.[101] 보나벤투라는 성경에서 '안식일'이라는 단어의 일곱 가지 의미를 식별했다. 명령을 성취한 후에 취하는 육체적 안식, 무덤 안에서 그리스도의 휴식, 영혼의 휴식, 죄를 그침, 관상, '복음적 완성의 준수'로서 종교생활, 영원한 기쁨의 평화이다.[102] 여인들이 예수님의 몸을 돌본 것은 바로 이러한 많은 특성 중에서도 특히 '덕의 향기, 선행으로 알려짐, 거룩한 기도의 즐거움'을 반영했다.[103] 또한 그들이 예수께서 어디에 그리고 어떻게 장사 되셨는지 알고 있었다는 것을 의미하기도 한다.

부활

다시 한번 보나벤투라는 누가의 부활 내러티브의 의미를 확대하기 위해 공관 복음적인 접근을 취했다.[104] 여인들은 '빛이 창조된 첫째 날'이자 한 주가 시작되는 첫날에 아주 일찍 무덤을 찾아갔다.[105] 또 이 새로운 날은 모든 영적 조명의 원천이다. 부활하신 그리스도의 몸이 무덤 안에 갇혀 있을 수 없었기 때문에 돌문이 굴려졌다.[106] 보나벤투라에게 무덤은 성경 안에 숨겨진 그리스도를 상징했다. 그리스도를 숨기고 있던 돌문을 천사들이 제거해야 했던 것처럼 학식 있는 교사들이 추후에 이 신비를 밝혀야 했다.[107] 천국으로 향하는 사다리는 그리스도 자신이시다. 그리스도가 주시는 은혜를 통해 그리스도인들은 '그분의 신성과 영생을 관조한다.'[108] 천사들은 그들의 빛나는 옷에 드러난 '빛의 놀라운 특성'을 동반하며 여자들에게 나타났다. 모든 복음서는 이것이 여자들에게 미친 무서운 영향을 각기 다른 방식으로 기록하고 있다. 이들은 사도들에게 가장 핵심적인 증인이 되었고, 천사들이 예수님의 탄생을 알린 것처럼 예수께서 부활하신 소식을 알렸다.[109] 여자들이 예수께서 자신에게 무슨 일이 일어날지 예언하신 것을 기억하므로 이제 부활을 믿을 수 있는, 이해할 수 있는 토대가 마련된다. '주님은 사람들을 슬프게 하고 또 사랑으로 부르시기 위해 자신의 수난과 부활에 대해 예언하셨다.'[110] 이 좋은 소식을 남자들에게 전한 것이 여자들이었다는 사실은 태초에 이브와 아담이 초래한 내리막길을 역전시켰다. 그러므로 '여성,' 특히 막달라 마리아와 같은 죄인들을 향한 비난이 완전히 사라졌다.[111] 예수님의 부활과 관련된 사복음서의 모든 기록에서 그녀의 중요성은 공통적으로 강조된다. 보나벤투라는 이에 대해 적어도 네 가지 이유를 식별했다. 용서의 기반 위에 세워진 예수님을 향한 그녀의 깊은 사랑을 기념하고, 죄인들을 향한 예수님의 사명을 보여주는 강력한 예시이기 때문이고, 인간의 교만을 파괴하고, 신뢰를 심어주기 위해서이다.[112] 베드로가 무덤에 갔다가 본 세마포는 부활 때 드러나게 될 그리스도의 인성의 신비를 상징한다. '예수님의 인성과 연합한 신성으로 인해 모든 것을 단번에 이해할 수 없기 때문이다.'[113]

예루살렘에서 엠마오로 가는 길에 예수께서 두 제자에게 나타나신 이야기는 누가복음에 유일하게 등장한다.[114] 여기에 글로바로 나오는 인물이 요한복음에 기록된 십자가 사건에 언급된 것처럼 마리아(예수님의 어머니의 자매)의 남편이었다면, 이 복음은 예수님 자신의 가족에 대한 개인적인 이야기로 시작했던 것처럼 그렇게 마무리될 것이다.[115] 보나벤투라는 두 순례자 사이의 조화를 강조했으며, 그들의 여정이 하늘의 본향으로 서둘러 가는 교회의 여정을 상징한다고 본다.[116] 두 제자가 예수님을 깊이 사랑했기에 예수께서 맞이하신 운명은 그들의 생각을 사로잡았다. '이런 대화는 모든 선한 말의 근원이므로 주의 영은 이런 말 가운데 함께 하신다.'[117] 예수께서 친히 두 제자에게 가까이 다가가시고 대화에 참여하실 수 있었던 이유는 양질의 우정과 공통된 헌신 때문이었다. 그들은 환대뿐만 아니라 그리스도인의 바람직한 교제의 본을 보여준다. 예수께서 자신을 숨기시므로 친밀한 대화가 이어질 수 있었다.[118] '예수께서 세상에서 나그네이시기 때문에, 제자들에게 나그네로 나타나신 것은 알맞은 선택이셨다.'[119] 이런 모습으로 예수님은 그들과 대화를 시작하셨고, 그들의 가장 깊은 두려움과 슬픔과 흔들리는 소망을 수면 위로 끌어내셨다.[120] 메시아가 고난을 당하셔야 했던 가장 타당한 세 가지 이유는 죄인을 치료하시기 위해, 덕의 본을 보이시기 위해, 성경 말씀을 성취하시기 위해서이다. 모든 성경은 그분이 '탄생하시고, 고난을 당하시고, 장사 되시고, 이제 부활하신 분이라는 말로 요약되어 왔기' 때문이다.[121] 그분 안에서 성경의 모든 말씀은 초점이 맞춰지고 성취된다.

예수께서 계속 길을 가시겠다는 확실한 의사를 표현하시므로 제자들의 환대를 유도하셨고 그들의 사랑을 자극하셨다.[123] '이 나그네가 그리스도의 방식을 따라 떡을 축복하고 떼었기 때문에 제자들은 마침내 그분을 알아차렸다.'[124] 예수님을 알아차리는 일은 그분과 교제할 때만 일어난다. '그리스도의 식탁에 앉지 않고서는 아무도 그리스도의 참된 관상과 환시에 이르지 못하기 때문이다.'[125] 예수께서 눈앞에서 빠르게 사라지시자 제자들은 예수님을 기억해냈고, 그분과 함께하고 싶은 열망으로 불타올랐다. '하나님의 말씀은 사랑의 불로서 불같은 성질을 가지고 있기에, 그리스도의 말씀이 그들의 마음에 불을 지폈다.'[126] 하나님의 사랑의 불은 성령에 의해 타오르는데, 세라핌과 같은 열렬한 갈망을 불러일으키고 날카로운 화살로 심장을 찌르며 영혼을 녹인다.[127] 프란치스코(Francis)가 어떻게 성흔을 받았는지에 대한 기억은 아마도 보나벤투라가 이 글을 쓰는 방식 속에 녹아들어 있을 것이다. 두 제자는 밤이 늦었음에도 불구하고 예루살렘으로 돌아갈 만큼 사도들과 그곳에 있는 다른 친구들을 사랑했다.[128]

예수께서 승천하시기 전에 다섯 번이나 다른 모습으로 나타나셨듯이, 부활하신 날에도 여러 제자들에게 다섯 번 나타나셨다.[129] 예수님은 그들 가운데 중보자로 또 화평을 이루시고 그것을 주시는 분으로서 서 계신다. 그리고 제자들의 두려움을 잠재우시기 위해 '나인 줄 알라'는 말씀으로 자신의 존재를 확인시켜 주신다.[130] 부활하신 예수님의 인간되심의 실체는 만지고 맛보는 것으로 확증되었다. '그분의 영광스러운 육체는 감각을 바꾸고 저항하거나 움직이게 하는 힘을 가지고 있으며, 미묘하지만 감지할 수 있는 특성에 의해 육체의 감각을 관통하는 힘을 가지고 있다.'[131] 예수님의 상처는 그분의 사랑을 보여주는 최고의 척도인 십자가에서 당하신 고난의 현실을 더욱 확증해 주었다. 이는 주님께서 선지자와 그의 백성에게 '내가 너를 내 손에 새겼노라'고 하신 말씀을 성취하는 것이었다.[132] 예수께서 음식을 드시므로 야이로의 딸과 나사로의 경우와 같이 죽음에서 부활하신 사실을 확인시켜주셨다. 그들은 모두 예수님에 의해 죽음에서 살아났고 다시 일어나 가족 및 친구들과 함께 식사했다. '그러므로 예수님은 제자들이 확신을 가질 수 있도록 그리고 제자들로 인해 우리가 확신을 가질 수 있도록 자신이 진짜로 부활하신 사실을 감각을 활용하셔서 증명하셨다.' 그러나 부활하신 주님은 음식이 필요하셔서가 아니라 드실 수 있었기 때문에 식사를 하셨다.[133] 예수께서 드신 구운 생선은 그분이 생각한 인류의 고통을 상징하는 반면, 벌집 모양은 그리스도의 거룩한 임재를 상징한다. 베다(Bede)의 말처럼 '밀랍 안에 있는 꿀은 그분의 인성 안에 있는 신성이다.'[134]

그리스도는 성경의 증거와 제자들의 마음을 조명하심으로 당신의 고난과 부활의 의미를 설명하셨다.[135] 이런 방식으로 기독교 신앙은 이해를 가능하게 하고 또 이해에 이르게 한다.[136] 기독교 신앙은 결코 맹목적인 믿음이 아니다. 예수님은 세 가지 증거, 즉 구약성경, 모세의 율법, 선지자들과 시편 말씀으로 깨닫게 해 주셨다.[137] 보나벤투라는 율법이 하나님의 권위와 일치했고, 선지자들은 인자의 오심을 직감했으며, 시편은 성령과 관련된 기도로 간주했다. '모두 가장 뛰어난 통치자요, 선생이요, 대제사장이신 그리스도를 증거한다.'[138] 그리스도는 자신의 가르침으로 성경의 진리와 권위를 확증하셨다. '성경에 기록된 이 심오한 비밀은 십자가에 못 박히시고 부활하시고 성령에 의해 이방인에게 전파되신 그리스도 외에는 아무도 이해하지 못하기 때문이다.'[139] 예수님만이 홀로 성경의 문을 여실 수 있으며 그 핵심적인 역할은 결코 대체될 수 없다.[140] 예수님은 약속된 성령의 은사를 사도들에게 주시고 그들을 통해 복음 전파의 사명을 맡기신다. 사도들은 참된 순교자요 증인으로서 그리스도의 진리를 위해 죽기까지 고난을 받은 '거룩하고, 진실하고, 견고한' 백성임이 증명되었다.[141] 요한복음 후반부에서 예수님은 숨겨진 방법으로 성령을 주셨다. 그러나 오순절에는 공개적으로 풍성하게 성령을 부어주셨다.[142] 예수께서 이 풍성함을 연기시키신 이유는 성령의 오심의 신비를 보호하고 또 제자들 안에 성령을 향한 진정한 열망을 일깨우기 위함이셨다. 동시에 제자들 이후에 복음 전파 사역으로 세워질 자들에게 인내와 침묵의 본을 제공하시려는 의도가 있으셨다.[143] 이 복음은 그리스도의 승천으로 마무리된다.[144] 베다니라는 지명의 의미를 '순종의 집'으로 해석한 보나벤투라는 '사람이 순종으로 말미암아 그리스도라는 산에 모이고, 그리스도께 복을 받아 하늘로 올라간다'고 보았다.[145] 기독교는 순종과 축복이 함께 간다. 그리스도의 승리를 목격한 제자들의 기쁨은 그들로 하여금 성전에서 예배하게 했고, 환희와 찬양 가운데 성령의 강림을 기다리게 만들었다. 이것이 바로 하늘에 계신 하나님의 영원한 사랑을 받고, 하나님을 예배하기 위해 만들어진 인간의 삶의 목표이다. 누가는 그리스도의 승천으로 누가복음을 끝맺음으로 그리스도가 성취하신 순환(circuit)을 완벽하고 완전하게 묘사할 수 있었다. '내가 아버지에게서 나와 세상에 왔고 다시 세상을 떠나 아버지께로 가노라.'[146] 복음은 그것이 시작된 지점인 예루살렘 성전에서 끝난다. 이제 복음의 영적 제사장직이 율법의 제사장직을 대체한다. 보나벤투라는 아우구스티누스(Augustine)가 《하나님의 도성》*(City of God)*을 마무리하며 했던 말을 인용하면서 누가가 '끝이 있으시고 끝이 없으신' 하나님을 찬양하며 복음서를 마무리하는 것을 기념한다. 그는 이 누가복음에 대한 자신의 주석을 다음과 같은 기도로 끝맺는다:

'하나님이시며 또한 아버지와 성령과 함께 세세토록 살아계시며 다스리시는 하나님의 아들 예수 그리스도시여, 당신의 지극히 자비로우신 어머니와 복되신 누가복음 전도자의 중보를 통해 우리를 끝까지 인도하소서. 아멘.'

+

생명 나무

+

O Crux, frutex salvificus
Vivo fonte rigatus
Cuius flos aromaticus
Fructus desideratus.

His nos ciba fructibus
Illustra cogitates
Rectis duc itineribus
Hostis frange conatus.

Sacris reple fulgentibus
Spira pios afflatus
Sisque Christum timentibus
Tranquillus vitae status.[147]

각주

10장 십자가와 부활

1. 누가복음 21:5-38; III.1969.
2. III.1970.
3. 마가복음 13:3 – 고유하고 중요한 세부 사항.
4. III.1981.
5. III.1984.
6. III.1985; 일부 프란치스칸들은 보나벤투라가 저술했을 당시 이미 순교를 경험했다.
7. III.1987.
8. III.1989.
9. III.1991.
10. III.1994.
11. III.1995.
12. Ibid.
13. III.1996-7.
14. III.2001.

15. III.2009; 각주 107: 이는 피터 다미안으로부터 파생되었는데, 그는 히에로니무스의 영향을 많이 받았다.

16. III.2012.

17. III.2015.

18. III.2018.

19. III.2019.

20. III.2012-13.

21. 디모데후서 4:2; III. 2024.

22. 누가복음 22:1-38; III.2027f.

23. III.2028; 보나벤투라는 여기에서 고난주간에 일어난 사건들을 자세하게 논하기 위해 요한복음을 인용한다.

24. III.2063; 보나벤투라는 동방 교회가 이에 대해 이의를 제기하고 대신 누룩을 넣은 빵을 사용했다는 사실을 잘 인지하고 있었다.

25. III.2037.

26. III.2039.

27. 요한계시록 3:20.

28. 암포라(Amphora)는 누가복음 22장 10절의 벌게이트역에서 사용된 단어이다.

29. III.2041.

30. III.2042-3; 요한복음 5.24 인용.

31. III.2044.

32. Ibid.

33. III.2047.

34. III.2049; 이는 그리스도께서 어떻게 성례전을 제정하셨는지 당시 논쟁에 대한 보나벤투라의 결론이다.

35. III.2050-51; 마태복음 10:8 인용.

36. III.2052.

37. III.2053.

38. III.2055.

39. III.2056.

40. III.2059.

41. 누가복음 22:27.

42. III.2064.

43. III.2065.

44. III.2067.

45. 누가복음 22:32.

46. III.2068.

47. III.2069.

48. III.2072.

49. III.2073.

50. III.2075-6.

51. III.2078; 베르나르의 *De Consideratione ad Eugenium Papam* IV.3.7 인용. 이는 중세 시대의 이 어려운 구절을 표준적으로 해석한 것이다. 보나벤투라는 이 텍스트를 둘러싼 논쟁의 여지가 있는 정치적 문제에 방해를 받지 않았다.

52. 누가복음 22:37; 이사야 53:12 인용.

53. 누가복음 22:39-46.

54. 마가복음 14:33.

55. III.2080.

56. III.2081.

57. III.2083.

58. III.2085.

59. III.2088: '완벽한 성직자처럼.'

60. 요한일서 2장 16절과 마태복음 4장과 누가복음 4장에서 예수께서 광야에서 받으신 시험을 보라.

61. III.2088-9.

62. 누가복음 22:47-71.

63. III.2091.

64. III.2096.

65. III.2101; 보나벤투라는 요한복음 21장에서 베드로의 회복을 암시하면서 자신의 세 가지 해석을 확대한다.

66. III.2102: Harmony of the Gospels에서 아우구스티누스가 한 말.

67. 누가복음 22:67-8.

68. 누가복음 22:70: Vos dicitis, quia ego sum.

69. 누가복음 23:1-25; III.2114f.

70. III.2115-16.

71. III.2117.

72. III.2118.

73. III.2120-22.

74. III.2128.

75. III.2131.

76. III.2132; 신명기 21:23 인용.

77. III.2133.

78. III.2135.

79. 잠언 29:25.

80. 누가복음 23:26-56.

81. III.2138.

82. III.2140.

83. III.2144.

84. 누가복음 23:31; 에스겔 20:47 참소.

85. 이사야 53:12.

86. III.2147.

87. III.2150.

88. III.2151.

89. III.2152: 보나벤투라는 이에 대한 누가 고유의 설명에 주목했는데, 이는 그리스도의 제사장 역할에 대한 그의 관심에 기인한다. 보나벤투라가 이 주제를 반복해서 이야기하는 이유는 히브리서 신학의 영향을 받았기 때문이다.

90. III.2157.

91. III.2163.

92. III.2165.

93. 누가복음 23:44.

94. III.2166-7.

95. 히브리서 5:7-10.

96. III.2169.

97. III.2172.

98. III.2173.

99. III.2173f.

100. III.2177.

101. III.2181.

102. III.2182-4.

103. III.2186; 보나벤투라는 베르나르와 성 셰르의 위그로부터 그들의 사역에 대한 풍부한 은유적 해석을 끌어낸다.

104. 누가복음 24:1-12.

105. III.2190.

106. III.2192.

107. III.2193; 보나벤투라는 거룩한 진리를 가르치는 자들로서 교부들의 핵심 역할을 언급한다.

108. III.2194; 여기서 '관조'(contuition)는 하나님의 은혜로 향상된 인간의 지각을 의미한다.

109. III.2196.

110. III.2198.

111. III.2199.

112. III.2200.

113. III.2202.

114. 누가복음 24:13-35.

115. 요한복음 19:25.

116. III.2205; 보나벤투라는 역사상 일곱 시대와 그리스도 안에서 시작된 여덟 번째 시내에 대해 언급한다

117. III.2206; 따라서 하나님의 은혜가 항상 선행된다.

118. III.2208.

119. III.2210; 요한복음 1;10 그리고 예레미야 14:8 인용.

120. III.2213.

121. III.2217; 이사야 10:23 인용: 벌게이트 역은 다음과 같다: consummationem enim et abbreviationem Dominus Deus exercituum faciet in medio omnis terrae.

122. III.2218-19; 보나벤투라는 구약에서 그리스도의 희생적 고통의 예표로 볼 수 있는 많은 인물을 나열한다: 아담, 아벨, 노아, 이삭, 야곱의 사다리, 요셉, 모세, 여호수아, 기드온, 삼손, 사무엘, 다윗, 히스기야, 요시야, 또한 욥, 토비트, 엘리야, 엘리사, 예레미야. 모든 제사와 성막도 히브리서에 기록된 바와 같이 그리스도의 희생에 대해 말했으며 그분 안에서 성취되었다.

123. III.2221.

124. III.2222.

125. III.2223.

126. III.2224.

127. III.2225.

128. III.2227; 시편 132:1 인용.

129. 누가복음 24:36-49; III.2227-8.

130. III.2229-30; 벌게이트역은 Pax vobis(그대들에게 평화가 있으라)를 다음과 같이 읽는다.: ego sum, nolite timere.

131. III.2233; *Breviloquium* VII.7 참조.

132. III.2234; 각주 132: 이것은 이사야서 49장 16절과 아가서 8장 6절을 인용한 것으로, 보나벤투라 고유의 프란치스칸적인 강조이다.

133. III.2235; 누가복음 8:55 그리고 요한복음 12:2 인용.

134. III.2236; 베다는 이것을 그레고리우스 1세의 설교집 24:5에서 발췌했다. D. Hurst (tr.), *Gregory the Great – Forty Gospel Homilies* (Michigan, 1990). 벌게이트역은 꿀을 언급한다.

135. III.2237f.

136. 보나벤투라를 인도한 안셀무스 사상의 핵심 원리: Fides quaerens intellectum.

137. 누가복음 24:44.

138. III.2238.

139. III.2239: 이는 성경 주해에 있어 보나벤투라의 중요한 영적 원칙이다.

140. 요한계시록 5:5 – 오직 죽임을 당한 어린양만이 하늘의 책을 열 수 있었다.

141. III.2242.

142. III.2243.

143. III.2244.

144. 누가복음 24:50-53.

145. III.2246.

146. III.2248-9; 요한복음 16:28 인용.

147. 147 *Lignum Vitae* – 프롤로그: 논문 – *The Tree of Life* – 보나벤투라가 이 연(stanzas)을 번역한 것이 Classics of Western Spirituality에 있다 – F. Cousins (tr.), *Bonaventure: The Soul's Journey into God; the Tree of Life; The Life of St Francis,* from the series, The Classics of Western Spirituality (New York, 1978) 121-2.

'오 십자가, 생명 샘의 물로 구원을 맺는 나무, 당신의 꽃은 향긋한 향기를 내뿜고, 당신의 열매는 열망의 대상입니다.

이 열매로 우리를 먹이시고, 우리의 생각에 빛을 비추시고, 우리를 곧은 길로 인도하시고, 적의 공격을 무너뜨리십시오.
당신의 성스러운 빛으로 우리를 채우시고, 거룩한 영감을 불어넣으시며, 그리스도를 두려워하는 이들에게 평화로운 삶의 길이 되어 주십시오. 아멘.'

보나벤투라의 시 서문을 원한다면, F.J.E Raby, *A History of Christian-Latin Poetry* (Oxford, 1953) 421-5 참조. 지금에 와서야 보나벤투라가 스타바트 마테르*(Stabat Mater)*의 저자로 여겨진다.

+

이 책의 첫머리에서 단테의 신곡 *Paradiso* canto XII에서 발췌한 구절의 번역은 다음과 같다:

'내가 그 자리로 돌아섰을 때, 새로운 빛 가운데 한 빛의 중심에서 나를 별에 바늘처럼 보이게 하는 목소리가 들려왔다.
"나는 바뇨레조의 보나벤투라의 살아있는 영혼이다. 나는 큰 직무를 맡았지만, 결코 왼손이 할 일을 소홀히 하지 않았다."'

마지막 구절은 보나벤투라가 수도회 총회장으로 있을 때나 추기경으로 있을 때, 고위직을 이용해서 돈을 버는 것을 완전히 거부했음을 암시한다.

이 칸토(canto: 장편시의 한 부분)에서 보나벤투라는 성 도미니크에게 바치는 승리의 노래를 부르며, 잘 알려지지 않았지만 '하나님의 친구'였던 초기 프란치스칸들과 나란히 칸토 끝에 등장한다. 그는 또한 예언자 나단과 요한 크리소스토모스와 함께 있었는데, 둘 다 통치자들에게 대항한 인물이다. 보나벤투라는 성 세르의 위그뿐만 아니라, 자신의 신학에 깊은 영감을 준 캔터베리 대주교이자 신학자인 안셀무스, 그리고 카롤링거 왕조의 성서 주석가 라바누스 마우루스와 고전 문법학자 도나투스와 동일시된다. 특히 단테는 보나벤투라를 '예언의 영을 받은' 피오레의 요아킴과 동일선상에 둔다. 보나벤투라는 앞선 칸토에서 아시시의 프란치스코를 찬양했던 토마스 아퀴나스의 정신과 자신을 일치시키며 끝맺는다.

Dante: The Divine Comedy – 3. Paradiso, tr. J. D Sinclair (Oxford, 1971) 175-87 참조.

참고 문헌

Doctoris Seraphici S., *Bonaventurae Opera Omnia, Tom. VII – Commentarius in Evangelium S. Lucae* (Collegii S Bonaventurae, Quaracchi, Italy, 1895)

Armstrong, R.J., and Brady, I.C. (tr.), *Francis & Clare – The Complete Works* (New York, Paulist Press, 1982)

Bain, E., *'Parabola', 'Similitudo' et 'Exemplum': Bonaventure et la rhétorique des parables dans son commentaire sur Luc,* in Rocher, A.N. (ed.), *Études d'exégèse mediévale offertes à Gilbert Dahen* (Brepols, Turnhout, 2012) 141-59

Balthasar, H. Urs von, *The Glory of the Lord: A Theological Aesthetics, Vol. 2* (tr. A. Louth et al.; Edinburgh, Ignatius Press, 1984)

Bauckham, R., *Jesus & the Eyewitnesses* (Michigan, Eerdmans, 2006)

Bérubé, C., *De la théologie à l'écriture chez saint Bonaventure,* Collectanea Franciscana 40 (1970) 5-70

Boehner, P. (tr.), *Bonaventure: The Journey of the Mind to God* (ed. S.F. Brown; Indiana, 1993)

Bougerol, J.G., *Introduction to the Works of Bonaventure* (tr. J. de Vinck; Paterson, Franciscan Pr, 1964)

Bougerol, J.G. (ed.), *S. Bonaventura 1274-1974* (5 vols.; Grottaferrata, 1972-4)

Bougerol, J.G., *Bonaventure as Exegete,* in Hammond, J.M., ed., et al., *A Companion to Bonaventure* (Leiden, Brill, 2014) 167-87

Brady, I., *St Bonaventure's Theology of the Imitation of Christ,* in Foley, P.F. (ed.), *Proceedings of the Seventh Centenary Celebrations of the Death of St Bonaventura*

(New York, 1974) 61-72

Brooke, R.B., *Early Franciscan Government* (Cambridge, Cambridge University Press, 1959)

Brooke, R.B., *The Writings of Leo, Rufino & Angelo – Companions of St Francis* (Oxford, Clarendon Press, 1970)

Canty, A., *Light & Glory: The Transfiguration of Christ in Early Franciscan & Dominican Theology* (Washington, Catholic University Press, 2011)

Carpenter, C., *Theology as the Road to Holiness* (New York, Paulist Press, 1999)

Carruthers, M., *The Book of Memory – A Study of Memory in Medieval Culture* (Cambridge, Cambridge University Press, 1990)

Carruthers, M., *The Craft of Thought – Meditation, Rhetoric & the Making of Images, 400-1200* (Cambridge, Cambridge University Press, 1998)

Casto, O., *Dio accoglie l'uomo peccatore: le parabole della misericordia nel commento di San Bonaventura,* Doctor Seraphicus 59 (2011) 103-21

Chiarinelli, *L., 'La parola di Cristo abiti tra voi' in Aspetto del pensiero di S. Paolo nell'opera di S. Bonaventura,* Doctor Seraphicus 57 (2010) 5-16

Ciampenelli, F., *'Hominem Reducere ad Deum': la Funzione mediatrice del Verbo Incarnato nella teologia di San Bonaventura,* Analecta Gregoriana (Rome, 2010) 310

Colgrave, B. (tr.), *The Earliest Life of St Gregory the Great* (Cambridge, Cambridge University Press, 1968)

Connolly, S. (tr.), *Bede: On the Temple* (Liverpool, Liverpool University Press, 1995)

Coughlin, F.E. (tr.), *On the Perfection of Life addressed to Sisters, in Writings on the Spiritual Life* (New York, Franciscan Institute Publications, 2006) 137-95

Cousins, E., *Bonaventure & the Coincidence of Opposites* (Chicago, Franciscan Pr, 1978)

Cousins, E. (tr.), *Bonaventure: The Soul's Journey into God; the Tree of Life; the Life of St Francis* The Classics of Western Spirituality (New York, Paulist Press, 1978)

Crinio, A., and Raischl, J., *A Pilgrimage through the Franciscan Intellectual Tradition* (Canterbury, Franciscan International Study Centre, 2008)

Cullen, C.M., *Bonaventure* (Oxford, Oxford University Press, 2006)

Dales, D.J., *Living through Dying – The Spiritual Experience of St Paul* (Cambridge, James Clarke and Co Ltd., 1994)

Dales, D.J., *Alcuin – Theology & Thought* (Cambridge, James Clarke and Co Ltd., 2013)

Delio, I., *Crucified Love – Bonaventure's Mysticism of the Crucified Christ* (Quincy, Franciscan Media, 1998)

Delio, I., *Simply Bonaventure – An Introduction to his Life, Thought & Writings* (New York, New City Press, 2001)

Delio, I., *Religious Pluralism and the Coincidence of Opposites,* Theological Studies 70 (2009) 822-44

Dillard, P.S., *A Way into Scholasticism - A Companion to St Bonaventure's 'The Soul's Journey into God'* (Cambridge, James Clarke and Co Ltd., 2011)

Doyle, E. (tr.), *Bonaventure: Bringing forth the Christ – Five Feasts of the Child Jesus* (Oxford, SLG Press, 1984)

Drago, A., *L'Esegesi di S. Bonaventura nei suoi Commentari,* Incontri Bonaventuriani 7 (1972) 121-45

Frezza, F., *La verità della carità gratuita nei commenti evangelici di S Bonaventura,* Doctor Seraphicus 58 (2010) 7-25

Gargano, I., *Holy Reading – An Introduction to Lectio Divina* (ed. D.J. Dales ; Norwich, Canterbury Press, 2007)

Gilson, E., *The Philosophy of St Bonaventure* (tr. I. Trethowan and F.J. Sheed; London,

1940)

Grayston, K., *Dying, We Live – A New Enquiry into the Death of Christ in the New Testament* (London, Darton, Longman & Todd, 1990)

Hammond, J.M., *Bonaventura's Trinitarian Theology and the Four-Fold Exegesis of Scripture,* Collectanea Franciscana 79 (2009) 487-503

Hammond, J.M. (ed., et al.), *A Companion to Bonaventure* (Leiden, Brill, 2014)

Johnson, *Bonaventure the Preacher,* in J.M. Hammond (et al. eds), A Companion to Bonaventure

Harkins, F.T., and Van Liere, F. (eds.), *Interpretation of Scripture: Theory – A Selection of the Works of Hugh, Andrew, Richard & Godfrey of St Victor & of Robert Melun* (New York, Victorine Texts in Translation, 2013)

Hayes, Z., *Revelation in Christ,* in Foley, P.F. (ed.), *Proceedings of the Seventh Centenary Celebrations of the Death of St Bonaventura* (New York, Franciscan Institute Publications, 1974) 29-43

Hayes, Z., *What Manner of Man? Sermons on Christ by St Bonaventure* (Chicago, Franciscan Herald Press, 1974)

Hayes, Z., *Christology & Metaphysics in the Thought of Bonaventure,* Journal of Religion 58 (Chicago, The University of Chicago Press, 1978) 82-96

Hayes, Z., *The Hidden Centre: Spirituality & Speculative Christology in St Bonaventure* (New York, Franciscan Institute Publications, 1981)

Hayes, Z. (tr.), *Bonaventure – On the Reduction of the Arts to Theology* (New York, Franciscan Institute Publications, 1996)

Herbst, T.J., *The Road to Union: Johannine Dimensions of Bonaventura's Christology* (Grottaferrata/Rome, Quarrachi, 2005)

Holder, A.G. (tr.), *Bede: On the Tabernacle* (Liverpool, Liverpool University Press, 1994)

Holmes, M.W. (tr.), *The Apostolic Fathers* (3rd ed.; Michigan, Baker Publishing Group, 2007)

Hurst, D.(tr.), *Gregory the Great – Forty Gospel Homilies* (Michigan, Cistercian Publications, 1990)

Johnson, T. (ed.), *Bonaventure: Mystic of God's Word – Selected Spiritual Writings* (New York, Franciscan Institute Publications, 1999)

Just, A.A. (ed.), *Ancient Christian Commentary on Scripture – Luke* (Illinois, IVP Academic, 2003)

Karris, R.J., *A Comparison of the Glossa Ordinaria, Hugh of St Cher & St Bonaventure on Luke 8.26-39,* Franciscan Studies 58 (2000) 121-236

Karris, R.J., *Bonaventure & Talbert on Luke 8.26-39: Christology, Discipleship & Evangelisation,* Perspectives in Religious Studies 28 (2001) 57-66

Karris, R.J. (tr.), *The Works of St Bonaventura, Vol. 8, Parts 1-3: The Commentary on the Gospel of St Luke* (New York, Franciscan Institute Publications, 2001-4)

King, J.C., *Origen on the Song of Songs as the Spirit of Scripture* (Oxford, Oxford University Press, 2005)

Klauck, H.-J., *Theorie der Exegese bei Bonaventura: Vol. iv – Theologica,* in Bougerol, J.G. (ed.), S. Bonaventura 1274-1974 (5 vols.; Grottaferrata, 1972-4) 71-128

Lampe, G.W.H. (ed.), *The Cambridge History of the Bible 2 – The West from the Fathers to the Reformation* (Cambridge, Cambridge University Press, 1969)

La Nave, G., *Through Holiness to Wisdom: The Nature of Theology according to St Bonaventure* (Rome, Istituto Storico dei Cappuccini, 2005)

La Nave, G., *God, Creation & the Possibility of Philosophical Wisdom,* Theological Studies 69 (2008) 812-33

LeClercq, J., *The Love of Learning and the Desire for God: A Study of Monastic Culture* (tr. C. Misrahi) (London, Fordham University Press, 1978)

LeClercq, J., et. al (eds.), *The Spirituality of the Middle Ages* (London, Burnes & Oates, 1968)

Leonardi, C. (ed.), and Gamberini, R., and Solvi, D. (tr.), *La letteratura francescana III: Bonaventura: la perfezione Cristiana* (Milan, Arnoldo Mondadori Editore, 2012)

Lightfoot, J.B., *Commentary on Galatians* (Cambridge and London, 1865)

Luibhéid, C. (tr.), *Pseudo-Dionysius – The Complete Works* (New York, Paulist Press, 1987)

Lorenzin, T., *La fede nei commentari alla Scrittura di Bonaventura da Bagnoregio,* in Forlivesi, M. et al. (eds.), *'Fides Virtus': The Virtue of Faith from the Twelfth to the Early Sixteenth Century* (Munster, Aschendorff, 2014) 73-85

Lozzelli, F., *L'esegesi di Luca 15.11-32 in San Bonaventura,* Studi Franciscani 104) (2007) 205-28

Lozzelli, F., *Aspetti dell'esegesi biblica francescana del XIII secolo,* in Marenesi, P., ed., Teologia Francescana (Assisi, 2010) 117-75

Lubac, H., *Exégèse médiévale: les quatre sens de l'écriture* (Paris, Aubier, 1959) part ii, 263-72

Lubac, H., *Medieval Exegesis: The Four Senses of Scripture* (tr. M. Ebanc; Michigan, Eerdmans, 1998)

Maranesi, P., *'Verbum Inspiratum': Chiave Ermeneutica dell'Hexaëmeron di San Bonaventura* (Rome, Istituto Storico dei Cappuccini, 1996)

Martin, L., and Hurst, D. (tr.), *Bede the Venerable – Homilies on the Gospels* (2 vols.; Michigan, Cistercian Publications, 1991)

McIntosh, M., *Mystical Theology: The Integrity of Spirituality & Theology* (Oxford, Wiley-Blackwell, 1998)

Menard, A., *The Spirituality of 'Transitus' in the Writings of St Bonaventura,* (Greyfriars

Review, 2004) 23-51

Mercker, H., *Schriftauslegung als Weltauslegung: Untersuchungen zur Stellung der Schrift in der Theologie Bonaventuras* (Veröffentlichungen des Grabmann-Institutes, Neue Folge 15, Munich, 1971)

Meyendorff, J., *A Study of Gregory Palamas* (London, Faith Press, 1964)

Michelle, K., *Imagination, Meditation and Cognition in the Middle Ages* (Chicago, The University of Chicago Press, 2011)

Monti, D., *Bonaventure's Use of 'the Divine Word' in Academic Theology,* in *That Others may Know and Love: Essays in Honour of Zachary Hayes OFM* (ed. M. Cusato and E. Coughlin; New York, Franciscan Institute Publications, 1997) 65-88

Monti, D. (tr.), *Bonaventure – Breviloquium* (New York, Franciscan Institute Publications, 2005)

Moorman, J., *A History of the Franciscan Order* (Oxford, Oxford University Press, 1968)

Motta, C., *Le passioni del Cristo nelle opere di San Bonaventura,* Studi Francisci 104 (2007) 229-302

Mottoni de, B.F. (ed.), *Commento al Vangelo di San Luca 1-4* (Rome, Città Nuova Editrice, 1999)

Muller, P. (tr.), and Martignoni, S., *Commento al Vangelo di San Luca 1-4* (Rome, Città Nuova Editrice, 1999)

Murray, R., *Mirror of Experience: Palamas & Bonaventura on the Experience of God,* (Journal of Ecumenical Studies 86, 2009) 432-60

Nichols, A., *The Thought of Benedict XVI – An Introduction to the Theology of Joseph Ratzinger* (London, Burns & Oates, 2005)

Noe, M., *'A Burning & Shining Light': St Bonaventura the Seraphic Doctor* (Paterson, St. Anthony's Guild, 1955)

Pelikan, J., *The Christian Tradition: A History of the Development of Doctrine: Vol. iii – The Growth of Medieval Theology (600-1300)* (Chicago, The Chicago University Press, 1976)

Powicke, F.H., *Stephen Langton* (Oxford, Oxford University Press, 1928)

Quinn, J.F., *The Historical Constitution of St Bonaventure's Philosophy* (Toronto, Pontifical Institute of Mediaeval Studies, 1973)

Raby, F.J.E., *A History of Christian-Latin Poetry* (Oxford, Oxford University Press, 1953)

Ramsey, A.M., *The Glory of God and the Transfiguration of Christ* (London, Longmans, Green, 1949)

Ratzinger, J., *The Theology of History in St Bonaventure* (tr. Z. Hayes; Chicago, Franciscan Pr, 1971)

Rauch, W., *Das Buch Gottes, Eine systematische Untersuchung des Buchbegriffes bei Bonaventura* (Munich, M. Hueber, 1961)

Reist, T., *Saint Bonaventure as a Biblical Commentator: A Translation & Analysis of his Commentary on Luke 18.34-19.42* (Lanham and New York, University Press of America, 1985)

Robertson, D., *Lectio Divina – The Medieval Experience of Reading* (Collegeville, Minnesota, Cistercian Publications, The Liturgical Press, 2011)

Rocher, A.N. (ed.), *Études d'exégèse mediévale offertes à Gilbert Dahen* (Brepols, Turnhout, 2012)

Schachten, W., *Intellectus Verbi: Die Erkenntnis im Mitvollzug des Wortes nach Bonaventura,* Symposion 44 (Freiburg, 1973)

Shanahan, G.B.W., *St Bonaventure's Theology of Discipleship with Special Reference to his Commentary on Luke* (unpublished D.Phil Thesis, Bodleian Library, Oxford, 1993)

Shirley-Price, L. (tr.), *Thomas of Eccleston's The Coming of the Friars* (London, A.M.

Mowbray & Co. Ltd., 1964)

Sinclair, J.D. (tr.), *Dante: The Divine Comedy. 3 – Paradiso* (Oxford, Oxford University Press, 1971)

Smalley, B., *The Study of the Bible in the Middle Ages* (Oxford, Oxford University Press, 1952)

Smalley, B., *The Gospels in the Schools c.1100-c.1280* (London, Hambledon Press, 1985)

Smith, L., *The Glossa Ordinaria: The Making of a Bible Commentary* (Leiden, Brill, 2009)

Spargo, E., *The Category of the Aesthetic in the Philosophy of St Bonaventure* (New York, Franciscan Institute Publications, 1953)

Spicq, C., *Esquisse d'une histoire de l'éxègese latine au Moyen Age* (Paris, J. Vrin, 1944)

Tavard, G.A., *Transience & Permanence: The Nature of Theology according to St Bonaventure* (New York, 1954)

Thompson, A., *Francis of Assisi – The Life* (Ithaca, Cornell University Press, 2013)

Thompson, W., *Fire & Light: The Saints & Theology* (New York, Paulist Press International, 1987)

Valiaplackai, L.J., *The Way of God according to Mar Isaac of Nineveh & St Bonaventure* (Rome, Pontifical Institute of Oriental Studies, 1994)

Vauchez, A., *Francis of Assisi – The Life & Afterlife of a Medieval Saint* (Yale, Yale University Press, 2012)

성경 색인

구약과 외경

요한복음

사도행전

이름 및 주제 색인

하나님의 재창조: 보나벤투라와 누가복음

DIVINE REMAKING: ST BONAVENTURE AND THE GOSPEL OF LUKE

초판 발행_2022년 12월 30일

지은이_더글라스 데일즈 Douglas Dales
발행인_한뿌리
발행처_有하
등록_2014년 4월 24일 제387-3190000251002000000035호
주소_서울특별시 강서구 방화대로44길 49
전화_02-2663-5258, 팩스_02-2064-0777

ISBN_979-11-85927-43-5

Cover and Interior Design by Da Min Chung